JUSTICE, POLITIQUE PÉNALE
ET TOLÉRANCE ZÉRO

Questions Contemporaines
*Collection dirigée par J.P. Chagnollaud,
B. Péquignot et D. Rolland*

Chômage, exclusion, globalisation... Jamais les « questions contemporaines » n'ont été aussi nombreuses et aussi complexes à appréhender. Le pari de la collection « Questions Contemporaines » est d'offrir un espace de réflexion et de débat à tous ceux, chercheurs, militants ou praticiens, qui osent penser autrement, exprimer des idées neuves et ouvrir de nouvelles pistes à la réflexion collective.

Derniers ouvrages parus

Marie-Christine ZÉLEM, Odile BLANCHARD, Didier LECOMTE (dir.), *L'éducation au développement durable. De l'école au campus*, 2010.
Robert HOLCMAN, *Euthanasie, l'ultime injustice*, 2010.
Gilbert BOUTTE, *Nicolas Sarkozy face à la crise*, 2010.
Edward GRINBERG, *L'intervalle. Vers une théorie du dynamisme créatif*, 2010.
Christian MARION, *Participation citoyenne au projet urbain*, 2010.
Albin WAGENER, *Identité(s). Essai à propos d'un fantôme*, 2010.
Jennifer FUKS, *L'anti-américanisme au sein de la gauche socialiste française*, 2010.
Florence SAMSON, *La femme : objet de la gent masculine et des diktats sociétaux*, 2010.
Christian SIMEON (avec la collaboration de Pierre BETBEDER), *L'exclusion, une étape vers d'autres mondes*, 2010.
Maurice BERNARD, *Ombres et lumière. Les élites françaises. Tome III*, 2010.
Maurice BERNARD, *La marche vers le pouvoir. Les élites françaises. Tome II*, 2010.
Maurice BERNARD, *La méritocratie française. Les élites françaises. Tome I*, 2010.
Daniel LAGOT (dir.), *Droit international humanitaire : États puissants et mouvements de résistance*, 2010.

Stéphane ENGUÉLÉGUÉLÉ

JUSTICE, POLITIQUE PÉNALE ET TOLÉRANCE ZÉRO

L'Harmattan

© L'HARMATTAN, 2010
5-7, rue de l'École-Polytechnique ; 75005 Paris

http://www.librairieharmattan.com
diffusion.harmattan@wanadoo.fr
harmattan1@wanadoo.fr

ISBN : 978-2-296-12156-0
EAN : 9782296121560

SOMMAIRE

SOMMAIRE _____ 7
ANALYSER LE CHANGEMENT DE LA POLITIQUE PENALE _____ 9
EVOLUTIONS DU CHAMP INTELLECTUEL _____ 23
LES CHANGEMENTS DE LA JUSTICE AU CONCRET _ 77
CONCLUSION _____ 197
PRINCIPALES SOURCES CITEES _____ 199
ANNEXES _____ 209
TABLE DES MATIERES _____ 231

ANALYSER LE CHANGEMENT DE LA POLITIQUE PENALE

En une dizaine d'années, les cadres de la pensée et de l'action en matière de sécurité et de répression pénale se sont radicalement transformés. Les stratégies de lutte anti-criminelle sont marquées par une réorientation des priorités, tournées vers des buts de défense sociale. Un nouvel environnement intellectuel s'est fait jour, un paradigme pénal se substituant à celui qui avait été consacré au lendemain de la Grande guerre, puis progressivement enraciné au point d'influencer durablement les grands mouvements législatifs entre 1945 et 1995. Le présent ouvrage a pour objectif de rendre compte de ce changement, et de s'interroger sur l'émergence de la nouvelle politique pénale. Il se situe dans le prolongement des travaux qui, tous champs disciplinaires confondus, participent à l'épanouissement de la réflexion sur la politique pénale. En quelques années, la politique pénale est devenue un objet d'investigation dans plusieurs champs disciplinaires. La diversité des projets retenus par la mission de recherche Droit et Justice dans le cadre de l'appel d'offres « parquet et politique pénale » illustre la vivacité de ce thème[1]. Les politiques pénales sont abordées sous des angles divers qui permettent une réflexion de fond sur l'évolution de la stratégie répressive de l'Etat.

L'approche historique permet de contextualiser la réponse pénale, et de valoriser le rôle des professionnels, souvent occulté. Ce courant centre la réflexion sur l'activité des parquets et leur capacité à définir une véritable politique de poursuites. Il récuse

---

[1] GIP 2002, « Dossier politiques pénales. Politiques publiques », Lettre n°13, 8.

toute « conception extensive » qui conduirait à « tout intégrer dans la politique pénale », et ce faisant, présenterait des biais. D'abord, celui d'entretenir une confusion conceptuelle aboutissant à intégrer sous la rubrique « politique pénale » la plupart des éléments qui constituent le droit pénal et la procédure pénale comme branche du droit[2]. Ensuite, l'occultation du « *rôle traditionnel de l'Etat dans l'élaboration comme dans la conduite de la politique pénale* »[3]. Resserrer l'analyse sur l'action du parquet permettrait alors de lire dans la politique pénale « *une politique d'application de la loi pénale et non pas une politique de l'incrimination* »[4]. Cette grille d'analyse voit une relation dialectique entre la naissance d'un « parquet contemporain », l'édiction du code d'instruction criminelle et l'apparition de préoccupations de politique pénale : il y aurait en fait concomitance entre la naissance du parquet et l'émergence d'une notion de politique pénale considérée comme un plan global de gestion d'un contentieux spécifique. Le parquet, en adaptant la loi pénale qui ne relèverait donc pas de ce plan global, conduirait une « politique pénale », en faisant remonter du terrain, des expérimentations qui alimenteront ensuite le travail législatif.

La capacité du parquet à participer à l'élaboration de la stratégie pénale se trouve ce faisant valorisée, le ministère public n'étant plus perçu comme un simple rouage, mais bien comme un acteur capable d'impulser une politique spécifique, puisque la politique pénale n'est pas l'application mécanique du droit.

Au sein de ce courant, une place à part doit être faite aux travaux menés sous la direction de J.-M. Carbasse. Cet auteur propose en effet une analyse supérieure à la précédente. Institutionnelle et politique, cette approche perçoit le parquet comme une institution publique, et un ressort du pouvoir politique. Ce positionnement paraît essentiel pour comprendre ce que les agencements des appareils répressifs et la configuration des politiques pénales, doivent aux choix institutionnels exprimés dans des situations de

---

[2] BRUSCHI C 2002 (Ed), *Parquet et politique pénale depuis le XIXème siècle*, PUF Droit et justice, 19.
[3] Ibid.
[4] Ibid., P.22

rapports de forces politiques. Pour J.-M. Carbasse, l'autonomisation du parquet est consubstantielle de l'institutionnalisation d'un monopole royal puis étatique. A mesure que le domaine royal se différencie de l'Eglise et qu'apparaît un embryon de monopole étatique, le parquet, « *à la jonction de la justice et de la police [...] était une institution essentielle [...] au service de l'Etat* »[5]. De la même manière que la bureaucratie légale rationnelle, née dans le sillage de l'Etat[6] en singularise en France la trajectoire[7], le parquet apparaît comme « *une institution bien française* ». Il va participer au fonctionnement de l'institution royale et de l'administration de l'Etat qui s'autonomise. L'institution (et c'est l'apport majeur de la thèse) est présentée comme éminemment politique : instrument du maintien de l'ordre, le parquet permet l'instauration d'un « *ordre politique déterminé* », voulu par le prince, puis par l'Etat. Le parquet est certes dans l'institution judiciaire, mais avant tout au cœur de l'Etat dont il est un pilier.

Le recul que procure l'analyse de J.-M. Carbasse permet de résorber les faiblesses du modèle précédent : l'appréhension de la politique pénale, comme de toute politique publique, suppose de ne pas se focaliser sur un seul segment de l'appareil étatique. La politique pénale s'exprime par l'intermédiaire du parquet, mais procède d'un jeu institutionnel particulier, non exclusivement pénal d'ailleurs (voyez par exemple les leviers dont dispose l'institution judiciaire dans le cadre de l'assistance éducative), dont la recherche doit rendre compte.

D'autres travaux ont saisi la politique pénale sous un prisme sociologique, et tenté d'appréhender la territorialisation et l'européanisation de la justice comme des preuves de l'existence d'innovation institutionnelles dans l'action des parquets. La politique pénale s'exprime à travers des outils parfois inédits (politique de la ville, traitement en temps réel...) vécus comme des instruments de reconquête de « territoires », ou des moyens en vue de l'élaboration de réponses coordonnées à l'échelle

---

[5] CARBASSE J.-M 2001, *Histoire du parquet*, PUF, Droit et Justice, P.7
[6] WEBER M 1971, *Le savant et le Politique*, Plon.
[7] BIRBAUM P 1978, *La logique de l'Etat*, le Seuil pluriel.

européenne, dans le but de faire échec à de nouvelles menaces criminelles[8]. Ces études démontrent qu'une analyse de l'évolution des politiques pénales, peut difficilement faire l'économie d'une analyse institutionnelle des processus sociaux et politiques où divers acteurs sont préoccupés à pétrir le pénal. On validerait l'hypothèse d'une détermination des politiques pénales par des cadres historiques et sociologiques exerçant une certaine contrainte sur la nature des choix répressifs.

Les enjeux de définition

L'adaptation de la politique pénale est liée à la transformation des cadres intellectuels et des légitimations de l'institution pénale. On assiste à la multiplication de discours contradictoires sur la justice et la politique pénale, exprimant la nécessité de dépasser les solutions traditionnelles, moins adaptées. Certains auteurs redoutent la perte de cohérence de l'action étatique en matière judiciaire, et la rupture de l'égalité des justiciables face à la loi pénale. La politique pénale est décrite comme devant être centralisée, et insérée dans un système de décision, garantissant la cohérence de la réaction pénale, ainsi que son uniformité sur le territoire national. La « perte de cohérence » de l'action pénale est présentée comme une dérive, contraire à la bonne efficience des institutions publiques : « *la politique a horreur du vide. Si l'exécutif abandonne le contrôle du parquet, d'autres pouvoirs sauront le remplacer* »[9]. Il ne serait pas concevable, en régime républicain, d'abandonner la définition des choix de politique pénale aux parquets dont les membres ne sont jamais qu'une émanation du souverain : « *la République, prétend Raoult Béteille, en tant que cliente, en sachant ce qu'elle veut et désireuse de rester maîtresse d'elle-même, a, et devrait garder, non seulement le droit fondamental de donner des instructions à ses avocats à savoir les magistrats du ministère public, mais encore celui de les choisir* »[10]. Le parquetier est, à la manière de

---

[8] DONZELOT J. WYVEKENS A 1998, *La politique de la ville : de la « prévention au traitement »*, ronéo 113 pages.
[9] TERQUEM F, *Le coup d'état judiciaire*, Paris, Ramsay 88.
[10] BETEILLE R, *De l'injustice*, Paris, François Xavier de Guibert, 196.

l'avocat face à son client, à la disposition de la République, dont il exécute les ordres et défend les intérêts.

Confondant « politique pénale » et « action publique », d'autres auteurs pointent l'impossibilité structurelle d'une politique en matière pénale, c'est-à-dire d'un système de réponses coordonnées au phénomène criminel, uniformément appliquée sur le territoire de la République. Insistant sur le poids des spécificités locales, ces discours valorisent l'initiative des agences pénales locales, et donc l'impossibilité dans laquelle se trouvent les parquets d'exécuter mécaniquement les instructions des échelons politico-administratifs supérieurs. L'intervention du garde des Sceaux dans l'exécution de la politique pénale est alors doublement illégitime. D'abord parce qu'elle est inutile, les instructions données par l'administration centrale étant forcément déconnectées de la réalité locale. Nul autre mieux que les parquets ne disposent de l'expertise et de la connaissance des tissus locaux, permettant de doser la réponse pénale, d'opérer les choix en intégrant dans les décisions un principe de contingence : la nature de la réaction pénale dépendrait toujours du contexte qu'elle a vocation à traiter. L'intervention du ministre est ensuite fondamentalement injuste, si l'on considère que l'action répressive repose sur le postulat éthique de l'égalité des citoyens devant la loi pénale. Un parquet autonome garantirait dès lors une politique pénale juste et efficace. Loin d'être la seule « bouche de la loi », le ministère public permet l'ajustement des réponses au contexte des infractions. Les tenants de cette conception valorisent ainsi l'idée que les procureurs de la République, agiraient comme des catalyseurs de la réaction pénale et comme des coordonnateurs de l'action des protagonistes de la justice pénale : le procureur n'est pas « *l'inspecteur des travaux finis. Il n'est plus le chef de gare de triage qui aiguillerait des trains déjà composés. Les parquets modernes travaillent dans de véritables salles de commandement, traitant les procédures en temps réel.*

Et tout cela ne se passe pas dans une France Napoléonienne mais dans une France décentralisée »[11].

Le raisonnement peut très vite devenir prisonnier des enjeux de définition, lesquels sont, en l'espèce des enjeux professionnels. Les définitions proposées de la politique pénale vont de paire avec des tentatives de redéfinition des frontières de l'institution judiciaire. Nous partons du postulat que la politique pénale est une politique publique, quoique spécifique, en raison du mode très particulier d'articulation de la justice au reste de l'appareil de l'Etat. On rappellera, pour reprendre le modèle de Jones, qu'une politique publique peut-être définie de manière séquentielle comme l'articulation de plusieurs phases : l'identification des problèmes, la formulation des solutions, la prise de décision, la mise en œuvre et la terminaison de l'action[12]. La mise en œuvre est « *le processus par lequel des décisions s'accommodent à la réalité, s'ajustent au terrain auquel elles s'appliquent, se moulent dans les routines et situations propres aux metteurs en œuvre* »[13]. La mise en œuvre inaugure, comme le montrent Pressman et Wildavsky, un « *réseau de mise en œuvre* » composé des acteurs et services impliqués par l'exécution du programme considéré[14]. La politique publique est par conséquent l'ensemble des moyens et ressources mobilisés pour appliquer une solution à un problème identifié, et la mettre en œuvre.

Nous définissions alors la politique pénale comme le réseau de décisions et d'actions concrètes qui dynamisent la stratégie de lutte anti-criminelle. C'est une stratégie globale qui est le produit de l'activité de plusieurs intervenants, s'ordonnançant de manière variable à différents moments du fonctionnement de l'appareil de

---

[11] DALLE H., SOULEZ-LARIVIERE, D. « Juges et procureurs », D. SOULEZ-LARIVIERE H.DALLE (Ed), *Notre Justice*, Paris, Robert Laffont, 141 et sq.
[12] JONES C.O 1970, *An introduction to the study of Public Policy*, Belmont Duxbury Press.
[13] THOENIG J.-C. 1985, « L'analyse des politiques publiques », LECA J. GRAWITZ M. *Traité de science politique*, Paris, PUF, 28.
[14] PRESSMAN J.-L. WILDAVSKY A.B. 1973, *Implementation*, Berkeley. Univ. of California.

justice pénale (groupes de pression, administrations centrales, parquets, police judiciaire, juridictions, prisons, services de probation...), de l'élaboration de la loi à l'évaluation, en passant par la mise en œuvre. Nous avons proposé une démarche consistant à partir des deux moments essentiels de la normativité pénale : la criminalisation primaire et la criminalisation secondaire. La criminalisation primaire est la première phase du processus pénal en ce qu'elle permet de formaliser des choix politiques ou philosophiques qui vont orienter la stratégie pénale. Elle renvoie aux processus complexes qui voient la création d'incriminations et l'organisation du fonctionnement des agences pénales à travers l'édiction de règles de procédure. La criminalisation secondaire est quant à elle relative à la répression concrète, à la réception en pratique des choix exprimés en amont. C'est la réponse locale, c'est-à-dire l'ensemble des actions mises au point, parfois spontanément, par les acteurs les plus proches du terrain.

On ne peut ce faisant ramener la politique pénale à l'exercice de l'action publique. Cette dernière se trouve d'ailleurs très largement conditionnée par l'activité des services chargés du recollement des procès-verbaux et des plaintes. Or, ces organismes participent aussi à la politique pénale. Les travaux récents sur l'exercice de l'action publique et le rôle des parquets consistent en fait en des recherches sur la mise en œuvre de la politique pénale, par définition d'impulsion gouvernementale. Rappelons que la mise en œuvre tend principalement à « *obtenir que dans des contextes perturbés, des agents accomplissent des actions qui sont souhaitées par des acteurs publics et qui engendrent la venue de certains effets attendus* »[15]. L'exercice de l'action publique s'effectue à travers des réseaux de mise en œuvre de la politique pénale qui se sont complexifiés, ainsi qu'il sera démontré. Chaque programme pénal génère en fait un système d'acteurs, c'est-à-dire pour reprendre le schéma de Mayntz, des « *structures de mise en œuvre* »[16]. La réponse pénale concrète est co-produite au terme des interactions entre les

---

[15] J.G. PADIOLEAU 1982, *L'Etat au concret*, P.U.F, 139-140.
[16] R. MAYNTZ Ed 1980, *Implementation Politischer Programme. Empirische Forschungsberichte*, Königstein, Athenbaum.

« porteurs de mise en œuvre » (parquets, préfets, élus, police judiciaire) et les ressortissants (prisons, services de probation, services d'insertion, associations de réinsertion, associations de victimes,….).

La politique pénale est donc un système de réponses au phénomène criminel. Les réponses formelles sont mises en œuvre en amont du système pénal. Les réponses concrètes sont produites dans la mise en œuvre des orientations formelles, ce qui laisse aux services juridictionnels, des marges de liberté et une autonomie d'action.

L'analyse de l'adaptation des politiques pénales

Analyser le changement dans la politique pénale revient à décrypter la manière dont ont évolué les modes de production des réponses. Les acteurs chargés de la conduite de la politique pénale sont confrontés, on l'a vu, à la redéfinition des modalités d'exercice des fonctions judiciaires. Le contexte est marqué par l'émergence de questionnements, sur l'unité du corps judiciaire, et l'arrimage de l'institution au reste de l'appareil de l'Etat, à travers notamment les politiques publiques territorialisées. Dans cet environnement marqué par une tension entre centralisateurs et libéraux, on s'interroge sur la manière dont les magistrats, et notamment ceux du parquet s'insèrent dans le système politico-administratif local[17].

La configuration actuelle des institutions judiciaires confère aux services judiciaires, la mise en œuvre des choix de politique pénale arrêtés aux niveaux législatif ou réglementaire. Le magistrat du parquet est structurellement dans une position inédite face à l'Etat, laquelle tient à des raisons historiques. L'évolution de la justice dès le 13ème siècle, sous le jeu conjugué de la « féodalisation des parlements » et l'échec de la réforme judiciaire, a débouché sur la mise en place d'un Etat

---

[17] Sur le concept, Voir. P. GREMION 1976, *Le Pouvoir périphérique*, Paris Seuil ; M. KEATING 1998, *The New Regionalism in Western Europe : Territorial Restructuring and Political Change*, Cheltenham, Edward Elgar.

administratif, bureaucratisé, où la justice va progressivement être reléguée au rang de simple segment administratif, sans pour autant que son mode de fonctionnement soit aligné sur celui auquel obéit l'appareil administratif (logique bureaucratique au sens wébérien). D'où, la double logique « administrative » et « judiciaire » qui se répercute au cœur même des processus d'exécution de la politique pénale formelle : le long de la hiérarchie du parquet, les acteurs cumulent, de manière quasi « schizophrénique », un mode de fonctionnement bureaucratisé et une logique d'action strictement juridictionnelle. Tout se passe comme s'il était demandé à des acteurs, que tout éloigne en apparence de la technocratie d'Etat, d'appliquer plus ou moins mécaniquement des orientations définies sur un mode bureaucratisé.

L'Etat en action en matière de politique pénale révèle un système de prise de décision spécifique, inséré dans une filière hiérarchisée et bureaucratisée, opérant pourtant sur un mode juridictionnel. L'Etat bureaucratique est confronté à la nécessité d'adapter la réponse pénale à la réalité du terrain, en garantissant, au moyen de mécanismes strictement judiciaires, les libertés individuelles et l'égalité des citoyens devant la loi.

Les familles politiques s'accordent tacitement pour que la régulation du système de politique pénale s'effectue par le biais d'un rattachement fort du parquet au garde des Sceaux. On a assisté à la remise en cause apparente de ce compromis, et à la mise en forme de propositions visant à réformer le parquet et les modes d'exécution de ses missions. Dans le même temps, s'opère un basculement au sein du paradigme de la politique pénale, la stratégie étatique paraissant moins dictée par des préoccupations de resocialisation et de reclassement des délinquants. L'équilibre mis en place dès 1945 et mûri sous l'influence de l'école de la défense sociale nouvelle est remis en cause, à mesure que s'accentue une rhétorique sécuritaire, la thématique de la « *tolérance zéro* » irriguant le discours public. Il s'agira ici de reconstituer le processus au terme duquel ce changement se produit, et de rendre compte des dynamiques à l'œuvre. On serait en présence de tentatives visant à moderniser l'appareil pénal et de sécurité et à l'adapter à de nouvelles contraintes (transformation de la criminalité, modification des systèmes d'action en matière de lutte anti-criminelle...). Ces processus se développent dans un environnement intellectuel où apparaît un nouveau discours sur le pénal.

Le positionnement institutionnel de la démarche

Le parquet est, on le sait, l'institution par laquelle s'exerce le monopole étatique de la violence physique légitime. La violence judiciaire, expression de la violence légitime monopolisée par l'Etat est mise en œuvre par le parquet, de manière codifiée et contrôlée. C'est d'ailleurs par le parquet que l'appareil judiciaire est arrimé au reste de l'Etat. Le parquet se situe dans l'appareil politico-administratif ; à sa tête se trouve le ministre de la Justice qui met en œuvre, en matière judiciaire, la politique définie par le gouvernement dans les conditions de l'article 20 de la constitution. L'analyse institutionnelle permet de rendre compte des dynamiques de changement identifiées, en évitant de centrer la réflexion sur « le rôle social du parquet ». Il s'agirait de considérer le parquet comme une institution publique spécifique au sein de l'Etat, qui va faire l'objet de politiques tendant à le renforcer, à lui maintenir son fonctionnement classique, ou le moderniser.

Par ailleurs, le style de la politique pénale, la nature des inflexions dont elle est l'objet dépendent de la configuration des institutions chargées de la lutte contre le crime. Le parti théorique retenu repose ainsi sur le double postulat de l'autonomie de l'instance étatique et sa capacité à structurer durablement le processus politique. L'autonomie de l'instance étatique indique que les politiques publiques ne sont pas de simples reflets des demandes sociales, mais parfois, l'expression de stratégies propres aux acteurs étatiques[18]. L'instance étatique, par l'intermédiaire de ses administrations spécialisées ou de ses

---

[18] Voyez: T. SCKOCPOL « Bringing the State Back In: Strategies of Analysis in Curent Research », P.-B. EVANS, Dietrich RUESCHMEYER, T. SCKOCPOL 1997 (Ed), *Bringing the State Back In*, Cambridge, Cambridge U.P, 9

élites est capable de poursuivre des stratégies, lesquelles ne sont pas de simples reflets de la volonté des groupes d'intérêts. Une telle approche se retrouve chez des auteurs comme A. Stepan qui a mis en évidence la contribution des élites politico-administratives en Amérique latine dans la constitution d'un corporatisme et des mécanismes de dialogue social[19]. Cette posture inviterait à s'attacher à l'émergence de nouveaux acteurs, à la pénétration de nouvelles élites dans le système de politique pénale, où elles assurent la promotion de concepts, de nouveaux schémas et des approches rénovées de la réponse étatique au crime. Ces élites instrumentalisent le pouvoir d'Etat, pour substituer aux anciens modèles théoriques, de nouvelles grilles d'interprétation de la criminalité et de l'action étatique. Ces acteurs ambitionnent, dans des moments qu'il faudra identifier, d'imprimer un « style » propre à la politique pénale[20]. Il est alors licite de reconstituer la manière dont les contextes nationaux permettent le changement dans les politiques publiques, grâce à l'apparition de nouveaux acteurs.

Mais le changement n'est pas seulement le produit de l'action d'élites révolutionnaires, s'emparant des leviers de la politique dans des contextes critiques. Il convient en effet de ne pas sous-estimer les mutations intellectuelles, plus subtiles, inspirées par des « opérateurs intellectuels » dans ces moments particuliers. L'approche en termes de « communautés épistémiques » développée par ailleurs, permet de centrer la recherche sur les activités intellectuelles des acteurs engagés dans la construction des réponses[21].

---

[19] A. STEPAN, *The State and Society : Peru in Comparative Perspective*, Princeton N.Y Princeton U.P 1978.

[20] Cette approche se retrouve dans des travaux comme ceux de TIMBERGER sur les élites militaires lors des révolutions Atatürk, Nassérienne, péruvienne ou Meiji : E. Koy TIMBERGER 1978, *Revolution from Above : Military Bureaucrats and Developement in Japan Turkey Egypt and Peru*, New Brunschwig, NJ.

[21] HASS, P, H. HECLO 1974, *Modern Social Politics in Britain and Sweden*, New Haven, Yale U.P 1974, K. FINEGOLD, T. SCKOCPOL 1982, "State Capacity and Economic Intervention in the Early New Deal", *Political Science*

Il s'agira plus généralement de s'attacher aux transformations dont est l'objet la justice pénale depuis la fin des années 1990. Après l'affirmation, dans le contexte des « affaires politico-financières », de la nécessité d'un rattachement hiérarchique fort de l'appareil judiciaire à l'exécutif par le biais notamment d'un parquet intégré, on a assisté, dans les années 1997-2002 à des innovations intéressantes. Elles ne sont pas sans lien avec la répression de la délinquance des élites politiques, et l'exacerbation de tensions entre juges et politiques. Elles ont vu une manifestation emblématique dans le discours de E. GUIGOU alors garde des Sceaux, qui avait renoncé à intervenir directement dans l'administration de la justice pénale.

Paradoxalement, ce positionnement a permis de véhiculer l'image d'une institution abandonnée à elle même, renvoyée à sa propre capacité à inventer des arbitrages, en fonction des enjeux locaux. Ces innovations sont portées par un discours censé légitimer une nouvelle politique judiciaire : l'accès au droit, la protection des victimes, la politique de la ville, la politique d'intégration sont ainsi les matrices à travers lesquelles s'exprime une volonté de « moderniser la justice », laquelle ne serait plus réduite à la simple expression pénale.

Les innovations ainsi construites doivent intégrer les stratégies des autres acteurs du système local, et de tous les protagonistes des appareils de prévention et de lutte contre la délinquance. La modernisation de la justice pénale passerait alors par l'affirmation de l'autonomie des agences locales, ce qui pose le problème de la régulation de la politique pénale dont l'impulsion est par définition donnée par le garde des Sceaux, mais qui est co-produite par des acteurs issus de segments administratifs différents. Plusieurs initiatives émanent par ailleurs de l'échelon international : le 3ème pilier fait l'objet de stratégies plus visibles d'intégration, la France prenant une part essentielle dans la mise en forme de la politique européenne de sécurité intérieure. La grande criminalité organisée et le terrorisme international, obligent les acteurs nationaux à adapter les réponses étatiques,

---

Quaterly 97 (1982) : 255-78 ; S. ENGUELEGUELE 1998, *Les politiques pénales*, Paris, L'Harmattan.

lesquelles se veulent plus globales mais mieux coordonnées, notamment au sein du G7.

Le matériau et le plan

Matériaux et méthodes

Analyser le changement dans la politique pénale suppose une reconstitution du système des intervenants dans la définition de la stratégie pénale, tant au niveau central qu'au niveau de la mise en œuvre. Nous partirons des organigrammes officiels, et de la composition des instances chargées de la définition des programmes publics. Il s'agira de mettre en évidence le profil des acteurs, leurs communautés intellectuelles de référence, les relations qu'ils entretiennent entre-eux.

La réponse pénale s'élabore au terme d'échanges entre les acteurs politico-administratifs et les membres des communautés épistémiques pénales. Il faudra reconstituer les adaptations dont les communautés épistémiques ont été l'objet depuis dix ans, à partir du dépouillement des revues juridiques et syndicales, l'analyse des manuels de droit pénal pour objectiver une inflexion éventuelle de la doctrine. La vocation d'une communauté épistémique est de produire des modèles théoriques destinés à inspirer l'action. On s'interrogera sur les rapports entre les communautés épistémiques pénales et les forces politiques, ainsi que la pénétration de « nouveaux opérateurs intellectuels » dans la technocratie pénale.

La technique documentaire sera aussi utilisée. L'essentiel du matériau est constitué de documents écrits. Une place particulière est faite à la production intellectuelle des magistrats. Ainsi, les notes au procureur, les notes de réflexion et autres travaux personnels des procureurs et substituts serviront de support à la réflexion, au même titre que les échanges entre les parquets et les autres administrations déconcentrées, ainsi que les circulaires, instructions et directives émanant de l'administration centrale du ministère de la Justice.

Le plan

Le parti a été pris de traiter notre objet de manière séquentielle, afin d'appréhender les dynamiques à l'œuvre, en identifiant les logiques sous-jacentes.

Il conviendra dans un premier temps, d'analyser les mutations dont les communautés épistémiques pénales ont été l'objet depuis le début des années quatre vingt dix. Il faudra ici questionner l'hypothèse de l'apparition d'« opérateurs intellectuels », dont l'action a permis l'éclosion d'un nouvel environnement conceptuel pour la répression pénale. On analysera le déroulement de la joute politique, au cœur des enceintes parlementaires notamment, afin de rechercher si l'enjeu pénal et la question judiciaire conservent leur dimension éminemment mobilisatrice. Dans un second temps, on analyse les changements de la politique pénale au concret.

EVOLUTIONS DU CHAMP INTELLECTUEL

L'élaboration des politiques de lutte contre le crime, est le lieu d'une rencontre entre « droit » et « politique ». Si le droit pénal est le mode d'expression consacré de la réaction étatique contre la délinquance, la doctrine est le lieu de sa mise en cohérence, et de la légitimation des modèles susceptibles d'être retenus dans la loi. Par ailleurs, le système de politique pénale a traditionnellement besoin des « professeurs » pour assurer la production et la reproduction des modèles théoriques qui vont irriguer l'action publique en la matière. En commandant un rapport, en instituant une commission, un groupe de travail, les politiques utilisent les spécialistes du droit pénal et de la criminologie qui leur procurent les légitimations indispensables à l'efficacité de leur action contre la délinquance et la criminalité, les matrices nécessaires à la mise au point des stratégies officielles.

De manière exactement symétrique, la doctrine se sert de ses relations avec les acteurs politico-administratifs dans le cadre de stratégies de différenciation à l'intérieur du champ doctrinal : la participation à une commission de réforme, l'audition par les commissions parlementaires, sont autant de ressources que les professeurs utilisent pour se différencier les uns des autres, ou assurer la légitimation ultime des thèses qu'ils portent[22].

---

[22] On peut ici raisonner par analogie aux processus de production des faits scientifiques. De fait, comme le soulignent B. Latour, et S. Woolgar il n'est pas possible d'analyser l'activité scientifique en tant qu'activité intellectuelle,

Les politiques contribuent donc en retour au prestige des acteurs sur lesquels ils s'appuient. Nous avions montré que le pénal était le lieu du télescopage entre une doctrine universitaire et une doctrine technocratique, cette dernière renvoyant à la production conceptuelle des magistrats, issus des administrations centrales, des hautes juridictions, et des autres professionnels de la lutte anticriminelle (policiers, éducateurs, avocats...). La structuration du champ pénal dépend étroitement du contrôle de ce que nous avions appelé « les situations d'expertise » par les pouvoirs publics : « *La capacité des autorités publiques à contrôler les situations d'expertise qu'elles peuvent enclencher, les autorise à procéder à la sélection des réseaux qui, collaborant avec le pouvoir, participeront à la définition et à la construction des réponses pénales aux problèmes criminels ; elles peuvent du même coup assurer une meilleure visibilité de certains schémas doctrinaux, et instituer une hiérarchie au sein du secteur pénal (...). Cette sélection que le politique réalise entre les différentes communautés épistémiques conditionne l'homogénéité des « milieux d'expertise » et, par contrecoup, l'homogénéité de l'action publique dans le secteur que les autorités envisagent de réformer* »[23].

Cette modalité de la relation entre le savant et le politique a notamment eu pour conséquence, l'institutionnalisation de deux matrices conceptuelles, portées par deux communautés épistémiques pénales opposées, le mouvement de la défense

---

sans distinguer « *la production des faits et les personnes qui jouent un rôle dans ce processus.* » Comme les scientifiques, les professeurs poursuivent des stratégies, essaient de se positionner ou de se repositionner en fonction d'enjeux variés : « *La stratégie individuelle n'est rien d'autre que ce qu'exigent les forces du champ. Ainsi la notion de position est-elle très complexe. Elle est au carrefour de la stratégie individuelle et de la configuration du champ, étant entendu que ni le champ ni l'individu ne sont des variables indépendantes.* » Comme les scientifiques, les professeurs sont « des stratèges, qui choisissent le moment opportun, s'engagent dans des collaborations riches de retombées, évaluent et saisissent des opportunités, et se précipitent sur une information fiable. » B. LATOUR, S. WOOLGAR 1996, *La vie de laboratoire. La production de faits scientifiques*, Paris, La découverte 225-226
[23] S. ENGUELEGUELE 1998, *Les politiques Pénales* Préface Chevallier, Paris PUF pp 157 et sq.

sociale nouvelle d'une part et l'école du droit pénal néoclassique d'autre part.

Les communautés épistémiques pénales sont des réseaux d'expertise et d'action caractérisés par l'adhésion de leurs membres au même paradigme au sens kuhnien[24], c'est-à-dire aux mêmes explications causales des problèmes criminels, au même système de valeurs érigées en références normatives pour la stratégie pénale, et l'adoption du même type de représentation de l'action à conduire face à la criminalité. Les communautés épistémiques pénales sont des groupes d'acteurs unis par la même lecture des problèmes criminels et de l'action à y apporter. Ils sont doublement mus par la détention du leadership dans le champ pénal, et la conquête de positions de pouvoir à l'intérieur ou en périphérie du système politique, dans lequel il s'agit en définitive de faire triompher le modèle théorique préconisé.

La défense sociale nouvelle et l'école du droit pénal néoclassique vont inspirer les politiques pénales, dynamiser les réponses apportées par les forces politiques au problème de la criminalité. Cette relation dialectique entre les communautés épistémiques pénales et le monde de la décision politique apparaît de manière topique lors des alternances, le discours officiel s'appropriant les modèles mis en forme par la défense sociale nouvelle (forces de gauche) ou par l'école néoclassique (forces de droite). On assiste depuis une dizaine d'année à une mutation en profondeur du champ pénal qui, paradoxalement confirme le style de production de la politique pénale que nous avions mis en évidence : concentration de la mise en forme des réponses pénales entre les mains d'une élite organisée en réseaux autour de communautés productrices de réflexions.

On observe d'abord un déclin du mouvement de la défense sociale nouvelle pouvant s'expliquer par l'inachèvement de son renouvellement conceptuel, les bifurcations amorcées à l'intérieur de « l'école des droits de l'homme », composante de la défense sociale nouvelle, et la perte incontestable de positions stratégiques, aux plans national et international. On assiste ensuite à l'apparition de « nouveaux opérateurs intellectuels » qui

---

[24]T. KUHN, *La structure des révolutions scientifiques*, Paris Flammarion 1983

bouleversent les conceptions traditionnelles, et mettent au point des stratégies qui rompent avec les « canons » de la production scientifique. Ces mutations s'expliquent aussi par l'inflexion, indubitable, du positionnement idéologique et stratégique des familles politiques autour du thème de la sécurité, dès 1997 et jusque 2007.

Les adaptations du courant pénal critique

La défense sociale nouvelle et les abolitionnistes

La défense sociale nouvelle s'est très tôt constituée en une puissante communauté épistémique, rassemblant des acteurs, prélevés à différents niveaux de la hiérarchie judiciaire et de l'administration centrale, des commissions législatives et du milieu politique. Elle va, au cours de ses congrès, affirmer une identité et stabiliser une doctrine qui, irriguant la législation pénale pendant plusieurs années, sera considérée, un temps, comme l'horizon indépassable de la réflexion et de l'action en matière pénale et pénitentiaire. Dès le congrès de San Rémo en 1947 consacré à la transformation des systèmes pénaux et pénitentiaires en systèmes d'évaluation et de traitement en rapport avec la personnalité du délinquant, elle fait de l'humanisation, le moteur de la réaction étatique contre le crime, et de la critique du système social, la condition de la compréhension du fait délictueux. Cette stratégie est le thème principal du congrès de Liège de 1949 consacré à « la personnalité humaine du point de vue des droits de la société dans ses rapports avec les droits de l'homme. » Il s'agit d'adapter la politique pénale à la personnalité du délinquant et non l'inverse. L'individualisation du prononcé de la peine et de son exécution sera l'enjeu du congrès d'Anvers en 1954. Se construit un système de représentation de la répression pénale reposant sur la défense des droits et de la dignité de l'homme, derrière le délinquant.

Réfléchir à la construction d'une politique pénale supposant la recherche d'un équilibre subtil entre l'intégrité du criminel bientôt saisi par la loi, et les intérêts de la société. Le Congrès de Milan prend pour thème en 1956 « la prévention des infractions contre la vie humaine et l'intégrité de la personne humaine. » Mais dans le système conceptuel de la défense sociale nouvelle, la logique du système moderne de politique criminelle implique un vaste mouvement de dépénalisation, impliquant la recherche de solutions alternatives, par exemple administratives, aux problèmes criminels. C'est l'objet du congrès de Stockholm de 1958 consacré à « l'intervention administrative ou judiciaire en matière d'enfance et d'adolescence socialement inadaptée. »

C'est de même la défense sociale nouvelle qui permet la nécessaire reconnaissance d'un régime pénal et pénitentiaire pour les mineurs, régime qui sera consacré au niveau international par l'adoption des règles minimas pour le traitement des détenus mineurs. Après le congrès de Belgrade de 1961 (« *dans quelle mesure se justifient les différences dans le statut légal et le traitement des mineurs, des jeunes adultes et des délinquants* »), le congrès de Lecce en 1966 porte sur les interdictions professionnelles comme réponse de politique criminelle[25]. Dans le développement du système de pensée mis au point par la défense sociale nouvelle, le congrès de Paris de septembre 1971 occupe une place centrale, autant il exprime la maturité des schémas théoriques que le législateur français, dès 1972 mais surtout 1975, adoptera dans un vaste mouvement de réforme pénale et pénitentiaire.

Le congrès de Paris porte sur les techniques permettant au juge de faire, le mieux possible, coïncider la peine à la personnalité du délinquant[26]. Le congrès affirme la nécessité d'une approche multidisciplinaire du phénomène criminel, permettant non seulement de cerner au mieux les causes du crime, mais également de construire des réponses adaptées aux contextes du passage à l'acte délinquant. Mais au congrès de Paris, le mouvement de la défense sociale nouvelle se trouve confronté à la nécessité de renouveler son système conceptuel, en particulier face à l'augmentation constante de la délinquance, ainsi qu'à la remise en cause de l'interventionnisme qu'implique la mise en

---

[25] Actes du VIIème congrès international de défense sociale, *Les interdictions professionnelles et les interdictions d'exercer certaines activités*, Cujas 1969
[26] Actes du VIIIème congrès international de défense sociale, *Les techniques de l'individualisation judiciaire*, Milan 1976

œuvre des solutions préconisées par la défense sociale nouvelle, ce que Georges Levasseur appelait le « *mythe du personnalisme* »[27]. S'impose ainsi une conception de la réaction pénale posant la réadaptation sociale du délinquant comme un absolu. Grâce à l'individualisation, notamment judiciaire de la réponse pénale, la délinquance apparaît comme un « sous-produit » de facteurs externes. Ainsi, en 1976, le congrès de la défense sociale nouvelle se donne pour thème « *marginalité sociale et justice* »[28]. Le phénomène criminel peut prendre sa source dans des processus sociaux complexes comme la marginalisation, ce qui, dans l'élaboration de la politique criminelle, appelle à l'adoption d'une démarche pluridisciplinaire permettant de contextualiser la réponse au crime : recourir aux sciences humaines, prendre en compte la personnalité du délinquant avec pour objectif sa réhabilitation et rechercher les moyens d'une politique criminelle équilibrée ; elle aurait pour objectif de «*protéger la société vis-à-vis des criminels, mais en même temps à la protéger du risque de générer des criminels ou des récidivistes, à travers une resocialisation fondée sur une pédagogie de la responsabilité et de la liberté.* »[29]

Le phénomène criminel est perçu comme une conséquence de facteurs liés à l'environnement social. La ville est ainsi considérée comme criminogène, en raison de son effet d'atomisation et de la marginalisation qu'elle génère[30]. Mais l'humanisme de la défense sociale nouvelle paraît décalé par rapport à l'internationalisation des sociétés et du phénomène criminel. L'économie s'internationalisant en même temps que s'accélèrent et s'intensifient les échanges entre les sociétés, les criminels découvrent de nouvelles possibilités d'action. Les Etats peuvent être tentés de radicaliser la réaction pénale face à

---

[27] G. LEVASSEUR, « Rapport de synthèse », *Les techniques de l'individualisation judiciaire*, prec. Cit. 253

[28] Actes du 9ème congrès international de défense sociale, *Marginalité sociale et Justice*, Milan 1980

[29] L. FOFFANI, « Trente ans de congrès sur la défense sociale (de Paris 1971 à Lisbonne 2002) », *RSC* 2002 300 et sq.

[30] Acte du Xème congrès international de défense sociale, *La ville et la criminalité*, Milan 1983

l'explosion du phénomène criminel. Il importe pourtant de réaffirmer la primauté des droits de la personne que ne saurait occulter la tendance répressive des systèmes pénaux. Il est aussi indispensable de privilégier la coopération internationale et la recherche de solutions alternatives à l'incarcération[31].

Pour renouveler son corpus doctrinal, la défense sociale nouvelle va s'approprier des thèmes en prise avec l'actualité. Le congrès de Paris de 1991 permet à l'association d'investir la « *protection de l'environnement* » et les « *droits fondamentaux de la personne* ». Perçues comme des atteintes particulièrement graves à l'ordre social, les infractions à l'environnement doivent cependant faire l'objet de réponses qui ne sont pas obligatoirement répressives.

La dépénalisation est une approche moderne du phénomène criminel, dont la complexité interdit tout dogmatisme, et impose la recherche de réponses diversifiées[32].

A Lecce, en 1996, la défense sociale nouvelle se donne pour thème « *corruption, protection de l'administration publique et indépendance de la justice.* » Elle investit le problème de l'administration de la justice et du gouvernement démocratique, face à la corruption dans l'action politique. La défense sociale nouvelle préconise des solutions variées (droit constitutionnel, droit civil) et le recours aux autorités indépendantes « *pour promouvoir une stratégie globale et équilibrée de lutte.* »

La défense sociale nouvelle, face à l'internationalisation des réseaux criminels, préconise l'élaboration de « *stratégies globales* » impliquant la recherche des moyens d'une collaboration judiciaire internationale. Il s'agit en d'autres termes de recourir face à cette manifestation de la criminalité organisé, aux « *trois boussoles méthodologiques* » de la défense sociale

---

[31] Actes du XIème congrès international de défense sociale, *L'internationalisation des sociétés contemporaines dans le domaine de la criminalité et les réponses du mouvement de Défense sociale*, Buenos Aires 1988

[32] M. DELMAS-MARTY, « Considérations finales », *Actes du XIIème congrès international de défense sociale*, Milano 1993 59 et sq.

nouvelle : « *la méthode interdisciplinaire, la méthode internationale ou comparée, la méthode critique.* »[33]

A Lisbonne en 2002, la défense sociale nouvelle prend pour thème de son 14ème congrès, « *Défense sociale nouvelle et droit pénal pour la protection des générations futures en présence des risques nouveaux.* » La société de défense sociale s'attache à l'examen de la manière dont le droit pénal pourrait être un instrument de protection des sociétés face aux risques nouveaux, liés aux nouvelles technologies. La défense sociale nouvelle a par ailleurs promu un mouvement de désescalade de la répression pénale. L'addendum au programme minimum de 1984 énonçait ainsi que « *la politique criminelle, au sens strict ou plus habituel du terme, se donnera pour tâche d'élaborer une stratégie différenciée de lutte contre la délinquance qui établisse une distinction essentielle entre les phénomènes qui menacent directement les bases même et la survie de la communauté sociale, et la petite et moyenne « délinquance » qui devra normalement faire l'objet de procédés non pénaux (mais très différenciés) de réaction sociale.* »

Pour la société internationale de défense sociale, il s'agira pour le législateur de promouvoir une dépénalisation, c'est-à-dire « l'utilisation, à la place des moyens pénaux ordinaires, des moyens du droit civil, du droit administratif, des organes d'éducation, de santé ou d'assistance sociale. »[34] Ce sera, en fin de compte, trouver des alternatives à la réponse strictement pénale, c'est-à-dire, comme l'écrit Marc Ancel, «*des substituts plus ou moins dérogatoires à une peine de prison toujours considérée implicitement comme la sanction normale.* »[35] M.L. Walgrave, rapporteur général de la 19ème conférence de recherche criminologique du Conseil de l'Europe écrit qu'« *il y a donc des raisons de principe et d'efficacité pour promouvoir davantage la subsidiarité du droit pénal, en développant des stratégies sociales qui pourraient permettre d'éviter le plus possible l'intervention*

---

[33] L. FOFFANI, « Trente ans de congrès sur la défense sociale (de Paris 1971 à Lisbonne 2002) », *RSC* 2002, 311 et suivantes
[34] Programme Minimum de défense sociale, dans les cahiers de défense sociale 1994-1995, 237
[35] M. ANCEL 1981, *La défense sociale nouvelle*, Paris Cujas 277 et sq.

de la justice pénale. Ceci aboutirait en même temps à une justice pénale mieux ciblée, moins surchargée et donc plus efficace. »[36]

Cette conception d'un système pénal en repli est portée à l'extrême dans les thèses des abolitionnistes. Pour L.H Hulsman par exemple, le crime n'est qu'une situation problématique parmi d'autres. Les solutions ne peuvent par conséquent être strictement pénales. Il s'agit d'agir sur l'environnement des criminels, tenter de renouveler les mentalités puis, au stade ultime mettre en place des procédures de résolution des conflits[37]. D'autres auteurs portent la critique du système pénal au point d'en radicaliser la lecture. Tel est le cas de l'italien Versele, auteur du rapport de la 9ème conférence des directeurs de recherche criminologique du Conseil de l'Europe pour lequel, les réformes pénitentiaires ne sont rien d'autre qu'un moyen destiné à renforcer le contrôle des individus[38].

On a cependant l'impression que le discours de la défense sociale nouvelle ne se traduit par aucune solution pratique à la criminalité, laquelle tend à devenir plus violente et plus structurée. La volonté de renouveler plus profondément encore l'appareil conceptuel de la défense sociale nouvelle va se traduire par un basculement des problématiques, au sein du courant critique, vers les questions de procédure pénale. L'humanisme de la défense sociale nouvelle trouve dans la promotion des droits de la personne poursuivie, le moyen d'un nouvel épanouissement. Ce déplacement permet d'affirmer la nécessité de la répression pénale, que l'on ne saurait cependant concevoir s'exerçant sans recul, puisqu'elle suppose, grâce à la contrainte axiologique des

---

[36] Conseil de l'Europe, *Dix-neuvième Conférence de recherches criminologiques. Nouvelles stratégies sociales et systèmes de justice pénale, Rapport introductif*, 5 et sq.

[37] L.H.C HULSMAN, J. BERNAT de CELIS 1982, *Peines perdues. Le système pénal en question*, Pour une synthèse lire : C. VOUYOUCAS 1984, *Vers un système pénal rationnel et efficace. La rationalité dans les alternatives : la procédure simplifiée et la diversion en Grèce*, HEUNI N°3 227 et suivantes

[38] Conseil de l'Europe, *Rapport de la 9ème Conférence des directeurs de recherche criminologique, Aspects juridiques de la perception de la déviance et de la criminalité*, 1972

droits de l'homme mais aussi le recours aux sciences humaines[39], une certaine maîtrise dans le *« passage à l'acte judiciaire »*. L'école du droit pénal des droits de l'homme qui a pour porte drapeau des auteurs tels M. Delmas-Marty ou H. Koering-Joulin, se donne ce faisant à lire comme un courant ambitionnant à dépasser la défense sociale nouvelle qui, au tournant de l'an 2000 paraît ne pas avoir achevé son renouvellement conceptuel.

L'école de défense des droits de l'homme

L'éclosion de l'école des droits de l'homme coïncide avec l'épanouissement de l'Association internationale de droit pénal. Cette association est issue d'une réorganisation de l'Union internationale de droit pénal, le 24 mars 1924[40]. L'Union internationale de droit pénal se créé dans un contexte social et économique particulier des pays industrialisés. Ces derniers sont confrontés au processus d'industrialisation, avec pour conséquences l'exode rural, l'érosion des solidarités traditionnelles et le déclin des zones rurales. Pour faire face à l'apparition d'une délinquance liée à ces mutations sociologiques, on assistait à l'intensification de la répression par la multiplication des incriminations. Von Listz, Prins et Van Hamel nourrissaient alors le projet de rassembler les criminalistes attachés à l'humanisme et à l'universalisme des lumières, pour faire face à une répression pénale débridée. Pour ces auteurs, l'affirmation des droits de l'homme doit justement permettre d'assurer aux personnes poursuivies un minimum de garanties processuelles.

L'association internationale de droit pénal et ses membres vont jouer un rôle central dans la codification pénale. Si la défense sociale nouvelle intervient sur le terrain des incriminations et du traitement des délinquants, l'association internationale de droit

---

[39] Voir par exemple : R. GASSIN 1969, « Confrontation du système de la sanction pénale avec les données de la criminologie et des sciences de l'homme », *Colloque de science criminelle de Toulouse*, 117 et sq.

[40] Voir P. CORNIL 1975, *Réflexions sur le cinquantenaire de l'Association internationale de droit pénal*, RIDP, 387 et sq. ; L. RADZINOWICZ, 1991 *The Roots of the International Association of Criminal Law and their Significance*, Max Planck Institut n°45.

pénal s'attache, elle, aux processus pénaux. Elle s'approprie ainsi le thème de la défense des droits de l'homme dans l'administration de la justice pénale. Comme l'écrit C. Bassiouni, « *l'Association, depuis ses origines en 1899 prend fermement position pour et contribue à promouvoir l'« Etat de droit » et la notion de « procès équitable.» Lors de ses congrès, l'un des sujets concerne toujours la procédure pénale, ce qui inclut la protection processuelle des droits de l'accusé. »*[41] Cette approche renoue avec une tradition de recherche des moyens de lutter contre les crimes internationaux.

Le courant du droit pénal des droits de l'homme inspire au plan national l'essentiel des réformes de procédure pénale, adossées au principe du procès équitable, et celles préconisant l'abaissement des pouvoirs policiers et l'encadrement strict de l'action des agences pénales. Les tenants de cette école partent du constat du primat du « pénal » dans l'organisation de la réaction étatique au crime et à la délinquance. Ils relèvent, au tournant de l'an 2000, le « *succès continu de la rationalité pénale.* »[42] De fait, on assiste à la réaffirmation des fonctions traditionnelles de la peine, perçue comme ayant pour objectifs exclusifs la rétribution, la dissuasion et la prévention. La permanence de cette rationalité s'observe tant au plan national qu'à l'échelon international : « *la justice pénale à l'échelle internationale ne se distingue ici en rien de la justice pénale à l'intérieur des Etats : « rappel à la loi » et « lutte contre l'impunité », souci de faire souffrir, d'avertir et de prévenir semblent plus que jamais légitimer une réaction pénale érigée en paradigme de la réaction sociale ; que l'on se situe dans l'ordre de la répression des crimes les plus graves contre l'humanité ou dans la lutte contre la petite délinquance commise par des mineurs, ce schéma classique reste de mise.* »[43] Le risque relevé par ces auteurs est que le droit pénal soit perçu comme constituant « en soi » une solution. Le droit des droits de

---

[41] C. BASSIOUNI, « L'Association internationale de droit pénal (AIDP) : Plus d'un siècle de dévouement à la justice pénale et aux droits de l'homme. » 1989

[42] Y. CARTUYVELS, « Le droit pénal et l'Etat : des frontières « naturelles » en question », M. HENZELIN, R. ROTH 2002, (Éd) *Le droit pénal à l'épreuve de l'internationalisation*, Bruxelles Bruylant 2002, 26

[43] Y. CARTUYVELS prec. Cit pp 26-27

l'homme considère toujours le « pénal » comme une menace pour les libertés ; c'est « *une des manifestations les plus importantes et les plus flagrantes de la répression étatique.* »[44]

Alors que l'on s'attendrait à ce qu'il fasse de la sûreté individuelle et du procès équitable l'horizon indépassable du « pénal », le droit des droits de l'homme va cependant affirmer la nécessité de combattre l'impunité des auteurs des atteintes les plus graves aux droits humains. Et de fait, les institutions et instruments internationaux mis en forme dans ce contexte (CPI, TPIY, TPIR…) visent à combattre l'impunité des criminels contre l'humanité, l'Etat étant considéré comme le garant des droits fondamentaux. Le régime pénal ainsi mis en forme paraît parfois incompatible avec la préservation des garanties procédurales qu'implique la promotion des droits de l'homme. Ainsi, l'affaire Blaskic (TPIY) met en évidence l'inégalité des armes entre la poursuite et l'accusé, dans la collecte et l'accès aux renseignements dits de sécurité nationale. Ces renseignements stratégiques n'étant accessibles qu'à la seule partie poursuivante[45].

Droit pénal européen

La défense sociale nouvelle qui a inspiré la pensée et l'action en France comme en Europe pendant plusieurs décennies, n'a pas réalisé son aggiornamento. Le modèle de politique criminelle proposé ne semble plus correspondre à une criminalité de plus en plus violente et internationalisée. La brutalité et la radicalisation des organisations criminelles, rendent inaudibles les appels à l'humanisation de la répression pénale. L'augmentation relative de la délinquance juvénile conduit à avoir un regard différent sur la récidive. Le courant de la défense des droits de l'homme emprunte l'humanisme de la défense sociale nouvelle, et son inspiration critique, pour dépeindre le processus pénal comme fondamentalement inégalitaire, puisque l'accusé s'y trouve isolé en face du Léviathan pénal. Le courant pénal critique est moins préoccupé par le traitement pénal, et par la recherche des

---

[44]W. SCHABAS, « Droit pénal international et droit international des droits de l'homme faux frères », M. HENZELIN, R. ROTH (Ed) 2002 supra, 165
[45] TPIY, Procureur C/Blaskic Cas n°IT-95-14 – AR 108 bis

mécanismes qui permettront de réinsérer le délinquant. Il a maintenant pour priorité, la mise au point de mécanismes censés assurer le procès équitable. Il rejoint ce faisant le néo-classicisme contemporain qui recherche par ailleurs à préserver les libertés individuelles face à l'interventionnisme pénal. Le courant va s'approfondir au fur et à mesure des avancées de la construction pénale européenne, présentée comme une nécessité face aux enjeux de la globalisation.

La construction pénale européenne constitue à vrai dire, dans l'esprit de ses promoteurs, le moyen de mettre au point un « modèle juridique » destiné à se diffuser. Comme l'écrit M. Delmas-Marty, « *la construction juridique européenne préfigure une nouvelle conception du futur ordre juridique mondial* » (L'intégration pénale européenne). La promotion de l'Europe pénale s'inscrit aussi dans le cadre de stratégies professionnelles, et d'enjeux d'Ecoles. Le droit pénal européen permettra aux tenants de la défense sociale nouvelle déclinante, mais aussi aux acteurs proches de l'école du droit pénal des droits de l'homme, de valoriser un nouveau « produit intellectuel », sur la scène pénale. Mais le courant du droit pénal européen s'épanouit aussi, comme nous l'avons déjà montré, en raison de l'émergence de problèmes auxquels les Etats membres de l'Union européenne n'étaient pas jusqu'alors confrontés. L'intégration pénale européenne est ainsi liée à l'exacerbation des problèmes posés par les nouveaux groupes criminels, capables de nuire au-delà des frontières étatiques, et de construire des savoir-faire auxquels les Etats européens doivent réagir par la mise au point de stratégies pénales intégrées[46]. Les mutations de l'économie globale qui permettent l'hyper-adaptation des réseaux criminels justifient une intégration pénale plus forte. Cette intégration pénale articule trois dynamiques : coopération, harmonisation et unification.

La coopération suppose un minimum d'intégration normative, conditionnant par exemple la reconnaissance mutuelle d'actes de contrainte pénaux (mandat d'arrêt européen). L'harmonisation implique le rapprochement des systèmes juridiques nationaux,

---

[46] M. Delmas-Marty, *Les forces imaginantes du droit*, Paris le Seuil 2004 241 et sq.

tous soumis à la même norme supranationale, en l'espèce la norme européenne. Les tenants de ce courant distinguent enfin l'unification dite « spontanée », quasi mécanique, les systèmes s'intégrant les uns aux autres sans véritable marge d'appréciation. Ils opposent ce mode d'unification à l'hybridation. Pour M. Delmas-Marty, « *l'unification par hybridation n'est possible que si l'on réussit à rendre les divergences compatibles entre-elles. La démarche suppose l'adoption d'un langage commun, et la mise au jour des relations qui structurent ce langage selon des modèles différents d'un pays à l'autre, en quelque sorte leur grammaire.* »[47] On pourrait prendre pour exemple la création du procureur européen qui procède d'un dépassement des traditions accusatoires et inquisitoriales.

Le droit pénal européen, s'autonomise. Un corps de professeurs et des spécialistes du commentaire juridique apparaît, à mesure que cette « discipline » se différencie des autres branches du droit. Cette dynamique se déploie autour des processus de mise en œuvre de la convention relative à la protection des intérêts financiers des communautés européennes. Depuis 1995, plusieurs instruments juridiques ont été élaborés pour protéger les intérêts financiers de l'Union européenne. Il s'agit de la convention du 27 novembre 1995 relative à la protection des intérêts financiers des communautés et ses protocoles. Il s'agit de mettre en place une base commune pour la défense pénale des intérêts de l'Europe, en particulier lutter contre la fraude à la TVA ou aux aides européennes. Les Etats membres sont invités à prendre des mesures propres à neutraliser les fraudes aux intérêts européens, de la même manière que s'ils luttaient contre des fraudes aux intérêts nationaux. Ce principe d'équivalence entre intérêts financiers nationaux et intérêts européens permet une criminalisation homogène de comportements ciblés : fraude aux dépenses communautaires, fraudes aux recettes communautaires (TVA), corruption active et passive, blanchiment de capitaux sont des incriminations nouvelles que les Etats adoptent progressivement dans le cadre de la dynamique impulsée par la convention dite « PIF. » Les procédures pénales nationales font elles aussi l'objet de codifications sous l'impulsion de l'Union

---

[47] M. Delmas-Marty, *L'intégration pénale européenne*, Inédit

européenne : généralisation de la responsabilité pénale du chef d'entreprise en cas de fraude ou blanchiment de capitaux affectant les intérêts financiers de l'Union, même lorsque l'infraction est commise par une personne placée sous leur autorité ; dispositions relatives à la confiscation et à la saisie des produits de la fraude ou du blanchiment affectant les intérêts de l'Union ; généralisation de la règles ne bis in idem issue de la convention européenne des droits de l'homme. Les dispositifs mis en place dans les législations des Etats membres convergent et on assiste à un phénomène d'imitation, sur la base d'un principe d'assimilation des modèles insufflés par l'Union.

L'épanouissement de cette politique européenne de lutte contre les fraudes aux intérêts financiers des communautés permet l'autonomisation d'un réseau d'acteurs qui poursuit des objectifs professionnels. Création de diplômes et de filières universitaires, thèses de doctorats, stratégies éditoriales et création de revues spécialisées mettent ainsi en évidence la relation dialectique qui toujours s'établit entre la production théorique et les enjeux de différenciation qui lui sont consubstantiels, exprimant eux-mêmes des stratégies professionnelles. Ces acteurs intéressés par la promotion du droit pénal européen partagent les mêmes conceptions de la politique à mener face aux fraudes, et une vision similaire de la stratégie pénale opérationnelle.

Néo-classicisme et écoles criminologiques

Le courant pénal néo-classique insiste traditionnellement sur le libre arbitre du délinquant, et valorise la responsabilité individuelle. La répression doit être tout à la fois juste et utile. Il est, de plus, nécessaire d'individualiser la peine, et que la responsabilité du criminel s'apprécie concrètement. Le juge doit par conséquent disposer d'un véritable pouvoir d'adaptation de la sanction au contexte de la commission de l'infraction. Le néo-classicisme contemporain est de loin le courant conceptuel le plus important. Pour ces tenants au nombre desquels figurent R. Merle (auteur avec A. Vitu du célèbre Traité de droit criminel) et Georges Levasseur, jadis proche du mouvement de la défense sociale nouvelle, il est essentiel d'insister, dans la politique pénale, sur les idées de blâme et de rétribution. La peine perd toute pertinence si elle est dépourvue d'un contenu moral. Mais il ne doit y avoir aucun lien entre le quantum de la peine et la responsabilité pénale, ce qui empêcherait de prendre en compte la personnalité du délinquant. Comme l'écrivent R. Merle et A. Vitu, « *la position néo-classique consiste donc à admettre que sous l'écorce afflictive d'un châtiment le condamné doit subir, lorsque cela s'impose, un traitement criminologique conforme à sa personnalité.* »[48] Si les néoclassiques contemporains récusent en principe la « *dogmatique rétributive* » de l'école classique, ils voient cependant dans la privation de liberté un moyen pouvant déclencher l'amendement. Ainsi, « *rien ne s'oppose donc à ce que les tribunaux prononcent, dans les limites du maximum légal, des peines suffisamment longues qui pourront d'ailleurs être abrégées, le cas échéant, en cours de traitement, par le jeu de la grâce ou de la libération conditionnelle.* »[49]

Des voix très autorisées s'élèvent en faveur d'une répression pénale certaine et dissuasive. Les châtiments doivent être exemplaires, face à une délinquance de plus en plus violente. On assiste à la radicalisation du discours néoclassique, évoquant par certains traits le droit pénal classique, où la peine a une visée essentiellement rétributive et infamante. Le législateur pénal a l'obligation de placer hors d'état de nuire les délinquants, la protection de l'ordre social étant l'objectif prioritaire des pouvoirs publics. Il n'est nullement besoin de se préoccuper de la réinsertion sociale portée par la défense sociale nouvelle. Il convient, par un droit pénal de défense sociale, d'adresser aux malfrats, le signal de la fin de l'impunité[50]. Cette tendance favorable à la radicalisation de la réponse pénale impacte directement la scène criminologique. La problématique criminologique oscille entre les préoccupations victimaires et l'hypertrophie du logos sécuritaire. Comme l'écrit N. Queloz, « *la criminologie actuelle est placée, voire coincée entre une*

---

[48] R MERLE A. VITU, *Traité de droit criminel*, Paris Cujas 6ème édition 141
[49] Ibid.
[50] A. PEYREFITTE 1981, *Les chevaux du lac Ladoga. La justice entre feu et glace*, Paris Plon ; J.-C SOYER 1982, La justice en perdition, Paris Plon ; M.L. RASSAT 1983, Pour une politique anticriminelle de bon sens, Paris, La table ronde.

« victimo-criminologie » et une criminologie de la sécurité : victime et sécurité sont devenus depuis les années 1990 les concepts-clé qui ont envahi, voire monopolisé les discours, les rationalités et les pratiques de la criminologie d'aujourd'hui. »[51] Tout se passe comme si, la défense des victimes et l'identification des techniques propres à assurer la sécurité des personnes et des biens, constituaient les buts exclusifs de la recherche criminologique. Les ressources de l'appareil policier et de la justice doivent être mis au service de la « tolérance zéro », qui devient la nouvelle justification de la répression pénale.

Prévenir et punir : le nouveau paradigme sécuritaire

L'idée de tolérance zéro est apparue en 1982 dans les travaux de Wilson et Kelling, notamment l'article qu'ils publient dans la revue *Atlantic Monthly* intitulé « *fenêtre brisée : la police et la sécurité du voisinage* ». Cette idée part du postulat d'une continuité entre la simple déviance et la criminalité : pour contenir la seconde, il convient, en amont, de contrôler la première[52]. Les politiques de sécurité qui se mettent en place en s'inspirant de cette idée ciblent prioritairement les populations défavorisées. Les populations marginales vivant dans les quartiers dits sensibles deviennent les ressortissants prioritaires des politiques de sécurité. Comme le montre L. Wacquant, ce nouveau paradigme pénal se diffuse grâce à l'action d'organisations qui voient dans l'expansion des politiques répressives, le moyen de réaliser des buts idéologiques. On peut identifier à ce titre la *Fraternal Order of Police*, l'*American Correctional Association*, l'*American Jail Association*, des associations de défense de victimes, gravitant toutes autour de la police ou de l'administration pénitentiaire. Nous questionnerons plus avant ces relations, qui ne sont étranges qu'en apparence.

---

[51] N. QUELOZ, « Quelles (s) criminologie (s) demain ? Quelques scénarios imaginables, notamment au plan suisse », dans B. BRAEGGER et Alii 2004 (Ed) *La criminologie : évolutions scientifiques et pratiques, hier, aujourd'hui et demain*, Zürich, Verlag Rüegger 321-347

[52] M. BARRET, « Paris New-York même combat contre le crime », *Justice* n°167

Tout part en fait des agences publiques américaines préposées à la redéfinition de la rigueur et de la morale pénales. Se met en place un réseau intellectuel et politique qui articule le ministère fédéral de la Justice et le département d'Etat. L'intervention du département d'Etat permet d'activer le réseau des ambassades et en leur sein les attachés, notamment chargés de la sécurité, qui contribuent à l'activisme intellectuel à l'œuvre. Le public coopère ainsi avec le privé, en vue de la redéfinition des nouveaux canons de la politique pénale. Cette proximité facilite d'ailleurs une certaine instrumentalisation des institutions, la prison notamment, à des fins économiques comme nous le montrerons. Le nouveau paradigme pénal se forge ainsi au sein d'associations de promotion d'idées, comme les *think thanks* conservateurs (Fondation Heritage, Manhattan Institute…). L'objectif est de promouvoir des réponses à même d'expurger l'espace social des pauvres, des sans abris, qui constituent aussi la main d'œuvre habituelle des trafiquants de drogue.

Au plan opérationnel, cette politique implique l'augmentation des effectifs et des moyens policiers, l'octroi aux agences locales de « *responsabilités opérationnelles* » et la mise en place d'un dispositif d'évaluation chiffrée des résultats. Cette politique appelle également un quadrillage territorial, permettant des interventions en temps réel sur des zones ciblées. Cette stratégie incite les forces de l'ordre à harceler les délinquants, montrer partout que force doit rester à la loi. On incite les policiers à lutter pied à pied contre le crime.

La conception du pénal ainsi déclinée va ensuite se diffuser à travers le monde, après avoir été expérimentée avec un succès relatif à New-York. C'est à Charles Murray[53] que l'on doit d'avoir inspiré de la manière la plus forte la philosophie de la tolérance zéro en Angleterre autour de l'Adam Smith Institute, et de l'Institute of Economic Affairs[54]. Pour lui, les dépenses pénitentiaires sont à coup sûr des investissements rentables :

---

[53] C. MURRAY 1990, *The Emerging British Underclass*, Institute of Economic Affairs, London; C. MURRAY 1997 (Ed) *Does Prison Work?* IEA, London.
[54] Institute for Economic Affairs 1995, *Charles Murray and the Underclass: The Developing Debate*, London.

« *l'emprisonnement est, à défaut de la peine de mort, le moyen de loin le plus efficace d'empêcher les criminels avérés et notoires de tuer, violer, cambrioler et voler (...) Un système judiciaire n'a pas à se préoccuper des raisons qui poussent quelqu'un à commettre un crime. La justice est là pour punir les coupables, indemniser les innocents et défendre les intérêts des citoyens respectueux de la loi.* »[55] L'accentuation de la répression pénale doit donc aller de paire avec un recul des politiques sociales, la justice ne pouvant se préoccuper de la recherche ou de la compréhension des causes du crime[56]. Ce schéma intellectuel est assumé par T. Blair, mais acclimaté de manière plus distante par L. Jospin en France qui préfère recourir au recrutement important d'adjoints de sécurité dans le cadre de la police dite de proximité. En France aussi, l'Institut Montaigne consacre en novembre 2001, un rapport sur le management public et la tolérance zéro.

Le rapport est produit par le groupe de travail « Management public » de l'Institut. S'inscrivant dans une optique résolue de promotion de la théorie américaine, il « *souligne les dysfonctionnements et les carences d'un management public inadapté : pas d'objectifs clairement assignés, absence de priorité, ambiguïté du concept de police de proximité, mauvaise articulation police-justice, répartition figée et inadéquate des forces de police et de gendarmerie, défaillance de la gestion des ressources humaines.* »[57] Claude Bébéar, président de l'Institut Montaigne rappelle qu'il devient urgent de « *redéfinir les missions des forces de police autour du concept de tolérance zéro.* »[58] Car, malgré l'octroi de ressources budgétaires plus importantes à la sécurité, on assisterait depuis 1997, à une augmentation de l'insécurité.

Cette situation aurait été rendue possible par l'absence en France d'une politique de tolérance zéro[59]. Ce refus d'orienter la

---

[55] Cité par L. WACQUANT 1999, *Les prisons de la misère*, Paris, Raisons d'agir p 43 et suivantes
[56] Pour la critique de ce processus lisez : R. DEBRAY et Al, « Républicains n'ayons pas peur ! », *Le Monde* 4 septembre 1998
[57] Institut Montaigne 2001, *Management Public et tolérance zéro*, novembre p.3
[58] Ibid.
[59] Institut Montaigne 2001, op cit. Page 4

politique pénale vers la tolérance zéro s'explique, selon l'Institut Montaigne, par « *une politique pénale fortement orientée vers la réduction des incarcérations ; des réticences d'ordre idéologique à accepter une politique répressive ; mais surtout un grave défaut de management qui a empêché les gestionnaires publics de donner la priorité à l'efficacité des services et les a conduit à accorder une trop grande importance aux revendications corporatistes et au conservatisme syndical.* »[60]

Préconisant une véritable solution à l'américaine, l'institut Montaigne propose sept mesures, qui ne visent qu'à transposer en France la solution new-yorkaise : «*1. Faire de la tolérance zéro le principe fondateur de la doctrine d'emploi des forces de l'ordre : à tout délit constaté doit correspondre une réponse répressive. 2. Adapter la politique pénale en fonction de l'objectif tolérance zéro. En particulier, revenir sur l'interdiction récente de la détention provisoire pour les petits délits et sur les récentes complications de la procédure pénale qui augmentent le nombre des procédures annulées. 3. Mettre en place un véritable contrôle de gestion des forces de l'ordre, mesurant le temps de travail effectif, sa répartition entre missions et les résultats obtenus. Responsabiliser les cadres et les agents en fonction des résultats. 4. Modifier la doctrine d'emploi des forces mobiles (CRS et gendarmes mobiles) afin de pouvoir, en cas de besoin, les utiliser en appoint des forces de sécurité publiques des zones les plus criminogènes. 5. Appliquer les propositions du rapport Carraz-Hyest sur la redéfinition des zones police et gendarmerie. 6. Transférer 2300 agents de sécurité publique de Paris vers la petite couronne. 7. Transformer 15.000 Emplois de policiers actifs, en fait occupés à des tâches administratives, en emplois administratifs « officiels » occupés par les agents ayant les compétences adaptées.* »[61]

Il convient d'une manière générale de sortir de la situation ambiguë découlant de la mise en place de la police de proximité, en donnant aux forces de l'ordre un but simple et clair, tout en acceptant la possibilité de la surpopulation carcérale présentée

---

[60] Idem
[61] Institut Montaigne op cit page 5

comme un moindre mal[62]. Il convient aussi d'alléger la procédure pénale dont les lourdeurs excessives auraient un effet démoralisant sur les fonctionnaires chargés de la répression pénale, notamment les forces de police. Il faut également, selon l'Institut, manager au concret l'action des forces de police sur le terrain. La redéfinition de la politique de sécurité ainsi préconisée implique de soutenir les policiers, lesquels doivent avoir des instructions claires : « *Si les policiers ne reçoivent pas d'instruction claire sur la nécessité de répondre à tous les délits, c'est que le choix de ne pas intervenir est souvent délibéré, pour ne pas provoquer l'hostilité de la population ou les interprétations malveillantes de la presse. La crainte de donner prise aux accusations d'arbitraire, voire de racisme, semble être un motif très répandu de l'abstention des forces de police.* »[63] La tolérance zéro à la française paraît ainsi coïncider avec le choix d'une répression pénale accrue et assumée, thématique propre à sensibiliser les électorats conservateurs. L'orientation sécuritaire du discours n'est pas étonnante : les forces politiques s'orientent vers la campagne électorale pour les élections présidentielles de 2002.

Cette philosophie de la tolérance zéro est adossée à un « *axiome de la sécurité-première-des-libertés.* »[64] Pour les tenants du constructivisme pénal, proches de la gauche, la tolérance zéro repose de fait sur le postulat de la suspicion généralisée : « *chaque individu-citoyen est appréhendé en fonction de la catégorie délinquante à laquelle il est censé appartenir. Chacun est nécessairement suspect d'avoir commis, de vouloir ou de pouvoir commettre une infraction.* »[65] L'action des services judiciaire se bureaucratise, et le traitement de la délinquance s'inscrit dans une logique de flux. Les magistrats sont sommés d'optimiser leur travail, et de fonctionner comme des managers. Avec la tolérance zéro, « *l'unique but judiciaire est d'accumuler des statistiques pour prouver que la machine fonctionne, que la*

---

[62] Ibid. p. 8
[63] Ibid. page 9
[64] G. SAINATI, U. SCHALCHLI 2007, *La décadence sécuritaire*, Paris, La fabrique éditions, p. 10
[65] Ibid. page 11

justice répond à chaque acte de délinquance, même quand il n'y en a pas. »[66] Il s'agit d'une politique d'intolérance sociale où la répression de la délinquance politico-financière est abandonnée au profit d'une sur-pénalisation des classes populaires.

Toutes ces thèses participent de l'apparition d'un nouveau régime des pénalités, en Amérique du Nord d'abord et ensuite en Europe : il s'agit du processus habituellement décrit comme la nouvelle pénologie. Il convient d'en rendre compte pour comprendre les logiques à l'œuvre.

Le nouveau « régime » du pénal

La nouvelle pénologie prend sa source dans le constat d'échec des politiques de réhabilitation, amenant à trouver de nouvelles justifications à la répression pénale. Pour Feeley et Simon[67], face à l'échec des modèles réhabilitatifs, les systèmes répressifs s'orientent vers le contrôle et la surveillance de groupes sociaux dits « *à risque* ». On recherche avant tout, les moyens divers pour trouver le seuil en dessus duquel les déviances présentent un risque anormal pour les sociétés. Le raisonnement bifurque, de l'individu, sa conduite et sa personnalité, vers le risque que son comportement fait courir à la société. La récidive serait, dans cette optique, le moyen de mesurer *« l'efficacité du contrôle exercé sur des condamnés par la capacité du système à détecter de nouvelles infractions ou les violations de conditions mises à la libération.* »[68] C'est un instrument de mesure du fonctionnement du système tout entier. Les agences sécuritaires semblent d'ailleurs l'intégrer comme un critère d'autoévaluation[69]. Pourtant, autant de rationalisation peut, selon Feeley et Simon, avoir pour effet d'isoler l'institution du reste de la société. La

---

[66] Ibid. page 14
[67] M. FEELEY, J. SIMON 1992, « The new penology : notes on the emerging strategy of corrections and its implications», *Criminology*, 30 449-74 ; M. FEELEY, J. SIMON, «Actuarial Justice : the emerging new criminal law», in D. NELKEN 1994(Ed), *The futures of criminology*, London Sage 173-201
[68] Ph. MARY 2001, « Pénalité et gestion des risques : vers une justice « actuarielle » en Europe ? », *Déviance et société*, vol 25 n°31 p 4.
[69] W. HEYDEBRAND S. CARROLL 1990, *Rationalizing Justice: The Political Economy and Federal District Courts.* New York: State University of New York Press.

nouvelle pénologie « *substitue dans le raisonnement, la faute par la prédiction de dangerosité et le management de la sécurité.* »[70] La délinquance est, en d'autres termes, analysée comme un risque : on parle alors du risque de délinquance. Dans cette approche, les nouvelles technologies sont utilisées pour conjurer, voire éradiquer le risque. La réforme pénale passerait par la mise au point d'un continuum correctionnel et de contrôle où la prison est réservée aux délinquants à haut risque, et les mesures de probation, à tous les autres. Les pénalités sont appréhendées indépendamment de tout paramètre moral.

Le discours est moins préoccupé par le traitement du criminel que par la production des techniques permettant d'identifier, classer et gérer des groupes concernés par la dangerosité. Le but est managérial et ne vise pas à transformer le coupable, par on ne sait quelle technique de réinsertion. Il s'agit de *« réguler le niveau de la violence et non d'intervenir ou de répondre aux déviances individuelles.* »[71] Dans ce schéma, le diagnostic individualisé et les réponses ponctuelles sont relégués au profit de la mise en forme de systèmes de classification agrégés en vue de *« la surveillance, du confinement et du contrôle.* »[72] La description classique et moralisante du délinquant cède la place à la prise en compte du calcul probabiliste et statistique appliqué aux populations[73]. On se sert du langage du management et raisonne en termes d'efficience de la politique gouvernementale ainsi que

---

[70] FEELEY et SIMON 2004 prec cit 306
[71] Stanley COHEN, *Visions of Social Control : Crime, Punishment and Classification*, Oxford Polity Press ; D. GARLAND, P. YOUNG (Eds), *The Power to Punish : Contemporary Penality and Social Analysis*, London Heinemann ; Nancy REICHMAN 1986, «Managing Crime Risks: Toward an Insurance-based Model of Social Control. Research in Law», *Deviance and Social Control*, 8, 151-172 ; Leslie T. WILKINS 1973, «Crime and Criminal Justice at the Turn of the Century», *Annal of the American Academy of Political and Social Science*, 408, 13-29
[72] Diana GORDON, The Justice Juggernaut : Fighting Street Crime Controlling Citizens, New Brunschwig : Rutgens UP 1991
[73] M. FEELEY, J. SIMON, «The new penology: notes on the emerging strategy of corrections and its implications», in P.B KRASAKA 2004, *Theorizing Criminal Justice. Eight Essential Orientations*, Waveland Press Inc, 303.

de risque; on n'appréhende plus, à vrai dire, le crime et les déviances en termes de responsabilité individuelle[74].

Des deux côtés de l'atlantique la stratégie pénale cible plus des groupes de populations et des catégories, que les individus. La nouvelle pénologie ignore la punition ou la réhabilitation individuelle. Elle se donne pour but d'identifier et de gérer les groupes déviants. Elle obéit à une rationalité managériale et non individuelle. Son objectif est moins d'éliminer le crime que de le rendre tolérable dans le cadre d'une coordination systémique des agences publiques[75]. Ce courant fait cependant face à des réticences, d'auteurs attachés au modèle de la réhabilitation. Le modèle réhabilitatif n'a pas démérité et devrait être mieux soutenu malgré les difficultés à le mettre en œuvre[76]. Le comité européen pour les problèmes criminels manifeste, à la même époque, son attachement à ce modèle[77]. En France, en Belgique et en Hollande sont mises en place des politiques globales et intégrées visant, au niveau local à répondre concrètement aux problèmes de sécurité et de troubles sociaux[78]. On assiste aussi à l'extension des fonctions policières, le paradigme de la police de proximité visant, au vrai à canaliser en amont les risques criminels[79]. Dans le même contexte se développent des

---

[74] J. SIMON 1987, «The Emergence of a Risk Society: Insurance Law and the State», *Socialist Review*, 22, 771-800.
[75] M. FEELEY, J. SIMON 2004 prec. cit 305.
[76] S. BODY-GENDROT 1999, « La politisation du thème de la criminalité aux Etats Unis », *Déviance et Société*, 23, 1, 75-89 ; F.T CULLEN, P. VAN VOORIS, J.L SUNDT, « Prison in Crisis : the American Experience », in R. MATTHEWS, P. FRANCIS 1996 (Ed) *Prisons 2000. An International Perspective on the Curent State and Future of Imprisonment*, London Macmillan, 21-52.
[77] CEPC, *Interventions psychosociales dans le système de justice pénale. Actes de la 20ème conférence de recherches criminologiques*, Strasbourg 1993 vol 31
[78] CARTUYVELS Y. 1996, « Insécurité et prévention en Belgique : les ambigüités d'un modèle « global-intégré » entre concertation partenariale et intégration verticale », *Déviance et société*, 20, 2 153-71 ; CRAWFORD A 1997, *The local gouvernance of Crime : appeals to community and partnerships*, Oxford, Clarendon Press ; MARY Ph 1998, *Délinquant, délinquance et insécurité. Un demi-siècle de traitement en Belgique (1944-1997)* Bruxelles Bruylant.
[79] Voyez : ERICSON R.V, HAGGERTY K.D., *Policing the risk society*, Oxford Clarendon Press ; SMEETS S., STREBELLE C. 2000, *La police de*

techniques policières proactives ciblant des populations particulières[80], comme le profilage[81].

Dans l'administration de la justice et les politiques de sécurité, les « nouvelles figures du risque » prennent le visage de groupes sensibles, identifiés à partir de l'ethnie, de l'âge, des comportements sociaux et de l'habitat. Comme le montre bien Ph. Mary, le nouveau modèle de justice pénale à l'œuvre voit dans le crime « *un risque social normal* »[82]. La commission d'un crime n'est pas anormale dans le processus social : il y a, en d'autres termes, une certaine évidence dans l'existence des comportements criminels. Le délinquant est toutefois perçu comme un être rationnel, optimisant en permanence des opportunités et maximisant toujours ses intérêts. Il s'agit alors, pour les administrations publiques investies du maintien de l'ordre et de la lutte contre le crime, de le cantonner, en raison aussi de la nécessité de procurer à la justice criminelle de nouvelles légitimités[83].

Le principe de précaution est érigé en référentiel de la politique pénale, et au plan de la mobilisation des services de l'Etat, la priorité paraît donnée aux agences policières ou d'autres administrations ad hoc (voir les GIR, la FIPN en France) relevant du pouvoir exécutif. C'est en particulier en matière de lutte contre le terrorisme que cette logique d'action se déploie de manière emblématique.

Boaz Ganor a montré que les décisions prises par les pouvoirs publics en matière anti-terroriste sont généralement des réponses intervenant sous la pression de l'opinion publique. Elles sont édictées rarement après une analyse d'impact préalable, ou une

---

proximité en Belgique. Vers un nouveau modèle de gestion de l'ordre ? Bruxelles Bruylant ; MONTJARDET D 1996, *Ce que fait la police. Sociologie de la force publique*, Paris, La Découverte.
[80] Voir sur la police proactive : BIGO D. 1997, « La recherche proactive et la gestion du risque », *Déviance et société*, 21, 4, 423-29
[81] Par exemple : CANTER D. ALISON L. Eds 1999, *Profiling in policy practice*, Oxford, Ashgate
[82] MARY Ph, 2001 prec. cit p 12
[83] Voyez : SNACKEN S., « Justice et société : une justice vitrine en réponse à une société en émoi. L'exemple de la Belgique des années 1980 et 1990 », *Sociologie et sociétés*, Vol XXXIII 1. 107-136

évaluation des stratégies en vigueur[84]. Ces politiques sont dominées par l'exécutif et caractérisées par l'opacité de leur mise en œuvre[85], même si le pouvoir législatif dispose de quelques possibilités d'action et de contrôle[86]. La lutte antiterroriste est le terrain de prédilection du principe de précaution, étant un domaine où la conduite de la politique publique est confrontée à l'incertitude[87]. Les attaques du 11 septembre 2001 ont mis en évidence le caractère transnational des activités terroristes contemporaines. Si dans les années 70 et 80 la lutte contre les groupes terroristes avait révélé leur implantation dans plusieurs Etats qui leur accordaient un soutient, le terrorisme est devenu ces six dernières années un phénomène résistant résolument à une logique de localisation nationale de la menace. Le contre-terrorisme se déploie du coup à travers une communauté politique transnationale, seule à même de localiser, suivre et neutraliser les communautés transnationales à risque[88]. Cette dimension jusque là inconnue des décideurs politiques, commande l'adaptation des modes d'action classiques, et justifie de nouveaux équilibres dans l'articulation des institutions publiques. Ainsi, remarque Gros[89], le rôle de l'exécutif s'est trouvé changé en matière de sécurité nationale, devenant prééminent, alors que selon Uhr, les parlements ont un rôle moindre[90].

---

[84] GANOR B. 2005, *The counterterrorism Puzzle : A guide for Decision-Makers*, New Brunswick : Transaction Publishers, en particulier 296 et sq
[85] Lire l'enquête de Sébastien SPITZER sur l'antiterrorisme français : SPITZER S 2007, *Contre-enquête sur le juge Bruguière. Raisons d'Etat*, Paris Privé.
[86] GROSS O. 2000, « Exception and Emergency Powers : The Normless and Exceptionless Exception : Carl Schmitt's Theory of Emergency Powers and the 'Norm-Exception' Dichotomy », *Cardoso Law Review* 21 : 1825-68
[87] STERN J., WIENER J. 2006, « Precaution Against Terrorism », *Journal Of Risk Research* 9 (4) : 393-447
[88] BECK U. 2002, « The Terrorist Threat : World Risk Society Revisited », *Theory Culture and Society* 19 : 39-55; BECK U. 1997, *The reinvention of politics, rethinking modernity in the global social order*, London, Polity Press, 1997
[89] Locus cit.
[90] UHR J. 2004, « Terra Infirma, Parliament's Uncertain Role in the War on Terror », *University of New South Wales Law* 27 : (2) : 1-15

Les médias contribuent d'ailleurs à cette perception du risque, en ce qu'ils permettent, à travers le traitement journalistique des attentats, la construction d'une image de la société, où elle se trouve exposée au risque et à la « catastrophe ». Les attentats apparaissent comme des « *catastrophes intentionnelles* » ou des « *dangers irréversibles* »[91]. Ces crimes exposent à des désastres irrémédiables. Les décideurs publics sont confrontés à une incertitude majeure, accentuée par l'évidence que la menace est le fait d'acteurs déterminés, de « criminels en guerre ». La situation appelle des réponses fortes, alors que le risque est réel mais incalculable, ce qui accroit la pression s'exerçant sur les décideurs, sommés d'agir. Comme le montre bien Goldsmith, la politique de lutte contre le terrorisme traduit une forme de gouvernance à travers la peur[92], dans un contexte d'anxiété des opinions publiques. Il est nécessaire de prévenir la menace. L'incertitude ne saurait constituer une excuse à l'inaction face à des menaces irréversibles, et l'absence d'évidence du risque n'est pas l'évidence de l'absence du risque. Plutôt que d'attendre la preuve de l'absence d'un risque terroriste, il est préférable d'agir[93]. On ne peut s'abstenir de « faire quelque chose », même si la source de la menace n'est pas clairement identifiée. Dans cette perspective, la « suspicion » doit remplacer la « preuve de la réalité de la menace ». Le principe de précaution implique une utilisation active du doute, ce qui légitime le secret dans les processus décisionnels. Pour Beck, ceux qui définissent la

---

[91] Lire l'analyse de Andrew Goldsmith : GOLDSMITH A 2008, « The Governance of Terror : Precautionary Logic and Counterterrorist Law Reform After September 11 », *Law & Policy* 30 (2) :141-67

[92] ROSEN J. 2004, *The Naked Crowd : Reclaiming Security and Freedom in an Anxious Age*, New York : Random House ; AHMED S. 2003, «The Politics of Fear in the Making of Worlds» *Qualitative Studies in Education* 16 (may-June) : 377-98

[93] Stern et Wiener écrivent: « *Uncertainty is no excuse for inaction against serious or irreversible risk, that absence of evidence of risk is not evidence of absence of risk, and that rather than waiting for evidence of harm to be demonstrated before acting, the burden of proof should be shifted to require sponsors of a risky product or activity to demonstrate that it is safe or else be subject to regulatory restriction or ban.* » STERN J., WIENER J. 2006 op cit 394

problématique légitime en matière de contre terrorisme international, ne sont ni les juges, ni les institutions judiciaires internationales, mais les gouvernements et Etats, incluant leurs services secrets[94]. Il en résulte une simplification de « *l'image de l'ennemi* », construite par les gouvernements et les agences spéciales en dehors de toute participation démocratique. La décision publique relève dans ce contexte, plus du pouvoir exécutif et de ses agences spécialisées, que des experts qui peuvent néanmoins faire écho aux aspirations de l'opinion publique dans un environnement culturel de peur[95].

Le terrorisme international place les principes fondamentaux des démocraties, sous contrainte. La sécurité nationale apparaît comme la matrice permettant d'accorder entre-elles, l'urgence et la légalité[96]. Les restrictions aux libertés publiques sont le prix minimum à payer en vue d'une meilleure sécurité[97]. Les cibles des services de l'Etat, deviennent les migrants, et les ressortissants locaux des diasporas supposées à risque[98]. Les schémas classiques de la légitimation de l'action publique dans les sociétés démocratiques pourraient, ainsi, souffrir quelques atténuations, en raison de l'entrée du monde dans « l'ère de la menace extraordinaire. »[99] Dans le même contexte on assiste à une modification des stratégies de poursuites, au stade de la criminalisation secondaire.

La France est dotée d'un dispositif original depuis 1986[100] qui est internationalement reconnu pour son efficacité. Aux Etats unis, la justice pénale va clairement être instrumentalisée pour être mise

---

[94] BECK U. 2002 op cit 44
[95] FUREDI F. 2002, *Culture of Fear : Risk-taking and the Morality of Low Expectation*, London : Continuum
[96] GROS O. 2000, op.cit 1858
[97] Van MUNSTER R. 2004, «The War on Terrorism : When Exception Becomes the Rule », *International Journal for the Semiotics of Law* 17 : 141-53
[98] VAUGHAN B 2002, « The cultured Punishment : The Promise of Grid-Group Theory », *Theoretical Criminology* 6 (4) : 411-31
[99] GOLDSMITH A 2008, « The Governance of Terror : Precautionary Logic and Counterterrorist Law Reform After September 11 », *Law & Policy* 30 (2) page 154
[100] Voyez : STOLLER I 2002, *Procureur à la 14ème section*, Paris Michel Lafon déjà cité.

au service de la lutte antiterroriste. Dans le prolongement des attaques du 11 septembre 2001, se développe la pratique dite des « *poursuites prétextes* » (*Pretextual Prosecution*), renvoyant aux situations dans lesquelles les poursuites reposent sur la suspicion de la commission d'un crime, mais sont en fait engagées du fait de la commission d'une autre infraction, éventuellement moins grave[101]. La stratégie réfère à la mise en cause d'individus suspects, sans preuve de leur participation à des activités terroristes, mais à l'égard desquels l'action publique s'exerce pour des délits mineurs[102].

Les réponses pénales légitimes sont celles qui permettent de prévenir la société des menaces les plus irrémédiables. Ces transformations du champ pénal sont médiées par l'action d'opérateurs dont les répertoires d'action sont inédits.

Les aboyeurs de la tolérance zéro

Le champ intellectuel en matière pénale est dominé par un nouveau courant théorique qui a insufflé les politiques pénales en Amérique du nord, avant de se diffuser au reste du monde, en Europe notamment. Le modèle dit de la tolérance zéro s'est construit outre atlantique dans un contexte spécifique qui vient d'être décrit. En Europe occidentale et en France tout particulièrement, ce modèle constitue la principale source d'inspiration des communautés épistémiques classiques et néoclassiques à la recherche d'un renouvellement de leur appareil théorique.

La tolérance zéro est utilisée par de « nouveaux experts » en matière sécuritaire. Ce sont souvent des fonctionnaires de police ou des magistrats, des consultants ou experts de divers ordres, collaborant à des centres de recherches (centre de recherche sur les menaces criminelles contemporaines, Institut de criminologie de Paris…) ou exerçant parfois, auprès de banques et d'autres organisations privées, les fonctions de « risk manager. »

---

[101] RICHMAN D.C., STUNZ W.J. 2005, « Al Capone's Revenge : An Essay on the Political Economy of Pretextual Prosecutioin», *Columbia Law Review* 105: 583-639

[102] LOCHNER T. 2008, « Sound and Fury: Pretextual Prosecution and Departement of Justice Antiterrorism Efforts », *Law & Policy* 30 (2) page 174.

Ce sont, d'une manière générale, des « experts en sécurité » qui voient dans la production intellectuelle, des moyens de se différencier sur la scène pénale. Le champ pénal était le lieu d'une rencontre entre les professeurs de droit et les praticiens du pénal. Les stratégies construites par les protagonistes des joutes étant adossées à un style universitaire. Lorsque magistrats, policiers, avocats et professeurs s'affrontaient ou coopéraient pour la construction des légitimations de la politique pénale, le style se voulait technique, en tout cas conforme aux canons de la science pénale. Le thème de la tolérance zéro procure aux nouveaux protagonistes des joutes à l'œuvre, l'opportunité de dépasser ce style éprouvé.

Ces acteurs ont toujours recours à la dramatisation de la situation de la sécurité dans la société. Il s'agit pour eux de décrire une « planète criminelle »[103], un monde en proie au terrible « chaos »[104] généré par un phénomène criminel en perpétuelle expansion. La prolifération criminelle serait liée à l'explosion des trafics, en commençant par le trafic de stupéfiants : il est décrit de manière à produire chez le lecteur, l'impression d'être confronté à un phénomène massif. Une telle stratégie se retrouve par exemple chez F. Falleti et F. Debove : « *Le dernier rapport annuel du PNUCID, organe spécialisé des nations unies en matière de lutte contre le trafic de stupéfiants estime que les recettes illicites de la drogue sont de l'ordre de 400 milliards de dollars (2.400 milliards de francs français) ce qui représente 8% du commerce mondial (...). Ces chiffres illustrent l'ampleur désormais atteinte par le trafic de drogue à l'échelle mondiale.* »[105] Les Etats et les sociétés qu'ils doivent protéger seraient d'autant plus menacées que les organisations criminelles, ces « nouveaux acteurs » de la scène internationale, disposent de très grandes capacités d'adaptation, par exemple en ce qui concerne les routes d'exportation des drogues : « *les organisations criminelles font*

---

[103] FALLETI F., DEBOVE F. 1998, *Planète criminelle. Le crime phénomène social du siècle*, PUF criminalité internationale. François Falleti est un haut magistrat ayant occupé les fonctions de directeur des affaires criminelles et des grâces, avant de prendre la tête du parquet général de Lyon.
[104] RAUFFER X. 2000, *Entreprises, les 13 pièges du chaos mondial*, PUF criminalité internationale
[105] FALLETI F. DEBOVE F. 1998, op. cit. 20

preuve d'une grande capacité d'adaptation en ce qui concerne les routes de transfert des marchandises des zones de production jusque dans les sites de consommation ; ainsi à la traditionnelle route des balkans entravée par la guerre de Yougoslavie, ont succédé des itinéraires plus au nord à travers l'ancienne Europe de l'Est ou des transferts maritimes. »[106]

Les organisations criminelles sont décrites comme s'adaptant aussi dans les mécanismes de production des drogues, qui devient en bout de chaîne relativement autonome de l'approvisionnement: les laboratoires produisant des drogues de synthèse se sont multipliés. Les organisations criminelles se seraient aussi diversifiées, ce qui rend plus pregnante la menace qu'elles représentent pour les Etats. Elles ont investi le secteur très stratégique des matières nucléaires[107] ; elles se sont emparées du marché de l'art[108] et opèrent aujourd'hui, à peine dissimulées dans le monde de la finance internationale.

Les innovations mises au point par les groupes criminels dans les techniques de blanchiment de l'argent sale, révèlent la modernisation des stratégies criminelles : « *Le blanchisseur d'aujourd'hui est un professionnel pragmatique qui a les moyens d'investir une fraction des fonds à blanchir pour recycler efficacement l'argent sale ; il agit rationnellement sur la base d'un arbitrage permanent entre objectifs et contraintes ; il dispose d'une gamme d'outils qu'il peut utiliser seuls ou en combinaison pour monter autant d'opérations de blanchiment que son imagination et ses moyens lui permettent.* »[109]

Les décideurs publics sont dès lors confrontés à plusieurs difficultés. Essayer d'évaluer le phénomène du blanchiment dans

---

[106] Ibid.
[107] FLORY D, « Crime organisé transnational : le trafic illicite de matières nucléaires », *La criminalité organisée*, Paris La documentation française, 83 et sq.
[108] GUILLOTREAU G. 1999, *Art et crime. La criminalité du monde artistique, sa répression*, Paris, PUF, Criminalité internationale. G. Guillotreau est commissaire de police. Elle a été secrétaire générale adjointe de la fédération internationale des fonctionnaires de police.
[109] DUPUIS M.-C 1998, *Finance criminelle. Comment le crime organisé blanchit l'argent sale*, PUF criminalité internationale, 4 et sq.

sa dimension macroéconomique : le crime génère des quantités extrêmement importantes d'argent qui vont grossir le patrimoine des criminels, capables désormais de contrôler des pans entiers de l'économie formelle, au sein de laquelle sont injectées des quantités considérables de liquidités, sans aucun contrôle, alors même que ces flux d'argent proviennent d'activités illicites. Les statistiques officielles sont pourtant incapables de restituer exactement ce phénomène, qui constitue une réelle menace pour la santé des économies, et, potentiellement, un péril pour les fondements de l'Etat. Comme l'écrit M.-C Dupuis, « *l'argent sale présente un risque pour le fonctionnement efficient des marchés dans la mesure où les déplacements de capitaux se font hors de toute logique économique : ceux qui veulent blanchir de l'argent recherchent non pas le meilleur rendement mais le meilleur compromis entre sécurité du recyclage des fonds et objectif de rentabilité de l'opération. Les plus pessimistes soulignent le danger, encore théorique de voir une coalition d'intérêts criminels s'attacher à déstabiliser une économie nationale, par exemple parce que les mesures mises en place par le gouvernement du pays pour luter contre les trafics illicites seront jugées dérangeantes.* »[110]

Une autre difficulté serait de pouvoir lutter efficacement contre le blanchiment qui prolifère en se servant des mécanismes juridiques offerts par le système bancaire formel. Il en est ainsi de la confidentialité garantie par le secret bancaire, notamment en ce qui concerne les comptes numérotés. Sous couvert du secret professionnel, les professions « financières non bancaires » multiplient les brèches dans le front qui doit être fait face à la criminalité financière internationale. La prolifération de cette criminalité néfaste pour la santé des systèmes économiques est facilitée par les banques off shore qui se refusent à regarder la couleur de l'argent confié.

Il n'y a à ces menaces d'autres solutions que la densification du maillage pénal. Il convient de combattre l'opacité des pratiques financières. S'attaquer à titre d'exemple aux sociétés « fantômes » ou « écrans » qui interviennent toujours comme les

---

[110] Ibid. p. 18

« faux nez » des mafieux ; jouant de la fiction et de l'apparence de la réalité procurée par le droit, les délinquants ne se servent des « structures d'apparence » qu'à des fins de « *couverture ou comme appui logistique à des opérations criminelles.* »[111] Moderniser l'arsenal pénal face à cette criminalité, suppose aussi de réintroduire dans le giron du contrôle étatique, les féodalités criminelles financières qui prospèrent en marge du capitalisme. C'est le cas des centres offshore, ou des trusts, particulièrement prisés dans la dissimulation des capitaux occultes. La lutte implique également d'introduire plus de contrôle dans les instruments bancaires au moyen desquels circulent les flux de capitaux, et qui sont prisés des organisations criminelles : mandats, traveller's chèques, bons de caisse, bons du trésor, cyberpaiements.

Pour les auteurs, avec le blanchiment d'argent sale, les sociétés sont confrontées à un péril que les décideurs ne prendraient pas au sérieux. Il y aurait une distorsion entre le coût économique du crime financier pour les sociétés, et l'intensité de la prise de conscience de cette menace par les décideurs. De fait, « le blanchiment a été banalisé et relégué au rang de menace mineure : il est certain que la contamination progressive de l'économie licite ne présente pas un caractère spectaculaire. Et l'existence de quantités floues d'argent sale a graduellement été acceptée comme un fait quasi inéluctable. Témoin par exemple le glissement sémantique qui conduit à parler aujourd'hui de « narco-économies », non seulement au niveau des Etats producteurs de stupéfiants mais également dans le secteur urbain ou périurbain hors contrôle, au cœur des métropoles des pays développés. »[112] Ce qui pose problème au fond, c'est « l'accumulation de capitaux criminels » face à l'économie formelle, laquelle se trouve exposée à la déstabilisation.

La question serait de saisir le crime, l'appréhender de manière efficiente, alors qu'il évolue.

Le grand banditisme lui-même, jadis « domestiqué » par les services spécialisés de la police s'est aussi transformé, ce qui

---

[111] Ibid. p 185
[112] DUPUIS M.-C 1998, Ibid. p 216

rend son appréhension difficile. Selon O. Foll, ancien chef de la police parisienne et ancien directeur général de la police nationale, le milieu du banditisme s'est modifié depuis la « belle époque » : « *L'âge des truands d'abord. Ils sont plus jeunes et manifestent un esprit revanchard que ne montraient pas leurs prédécesseurs. Ensuite, le fait que les noyaux du banditisme se situent, pour la majorité d'entre eux, dans les zones sensibles, lieux désertés par la l'Etat et la police. Enfin, grâce au développement des communications et du réseau routier, le banditisme est devenu interrégional.*»[113] La criminalité la plus dure, imputable pour l'essentiel à de jeunes gens issus de l'immigration, exprimerait une certaine révolte face à l'ordre social. Ces délinquants sont dans un rapport de force à la société et aux forces de l'ordre, optant pour une brutalité jusque là inconnue du « milieu. » L'ascension des jeunes issus de l'immigration maghrébine traduit une certaine « *revanche sociale.* »

Ils ciblent ainsi les symboles de la richesse, attaquant de préférence les banques, les véhicules de transport de fonds ou les magasins de luxe. Ce sont de « *nouveaux venus* » dans le milieu, où ils étaient jadis utilisés comme « hommes de main » par les figures historiques du grand banditisme. Ce nouveau milieu se distingue du précédent par ses habitudes, qui seraient encore mal analysées par les responsables de la sécurité : « *La flambe, la frime, comme ils disent, le besoin d'être enviés, admirés et respectés par leurs proches, leurs amis ou leurs rivaux les taraudent. Il faut encore s'afficher (...). Plus le langage est ordurier, le flingue gros, la musique forte au volant de leurs voitures puissantes, plus les gestes sont amples et les traits de cocaïne épais, plus ils se sentent invincibles et prêts à dévorer le monde.* »[114] Les groupes criminels se constituent dès lors sur la base de rassemblements ethniques ou multiethniques.

La police est déboussolée face à cette menace installée au cœur de zones d'où l'Etat s'est retiré. Elle est en butte aux dysfonctionnements alors que la criminalité prend des

---

[113] FOLL. O., 2002, *L'insécurité en France. Un grand Flic accuse*, Paris Flammarion, page 113
[114] Ibid. page 117

proportions exponentielles ; il y existe une distorsion entre l'ampleur du phénomène criminel, et l'impuissance publique à la juguler : alors que l'inflation du crime donnerait le vertige, et que les comportements des caïds installent l'anomie dans l'échelle des valeurs, notamment auprès des plus jeunes, l'institution est laxiste, essentiellement en raison du fait que les élites sont loin de la réalité sociale qui leur est étrangère. Prôner la tolérance zéro revient dès lors à « *marquer une rupture avec trente ans de tolérance sans borne qui nous ont conduits à une impasse. (...) C'est considérer que tout signe de faiblesse revient à encourager toute une population juvénile aguerrie au calcul du risque.* »[115]

Un ressort de la stratégie de ces locuteurs, est donc l'analyse à plat de la nature, des ressources et techniques des groupes criminels face à l'Etat. Décrites comme des gangrènes qui prolifèrent à l'ombre des Etats, les organisations criminelles en moquent les faiblesses et ridiculisent l'incapacité des appareils institutionnels à les neutraliser. Les groupes criminels se lovent au milieu des sociétés, se déploient à travers ses segments et jouent de l'impuissance des agences étatiques à les saisir. Elles se développent à mesure que s'amplifie l'incapacité notoire de l'Etat à les appréhender. Leur puissance s'épanouit au gré de la faillite étatique en matière sécuritaire. Elles croissent et parviennent à affirmer une légitimité, pouvant être aussi efficiente que celle à laquelle aspirent les appareils légaux. Au vrai, ce sont des « *contre-Etats, ce qui signifie qu'elles s'y appuient et s'y enracinent. Elles s'en nourrissent en profitant des faiblesses. Elles nichent dans ses « creux », c'est-à-dire dans les domaines d'activité et dans les zones géographiques où l'Etat abandonne ses prérogatives. Les mafias, remarque T. Cretin, se plaisent dans l'épaisseur du « maquis » des zones de non droit. Une fois installées, elles prospèrent et aggravent encore la faiblesse qui a favorisé leur installation. Elles sont contre l'Etat (...) tout contre. Elles ne le mettent pas en cause, elles le mettent en échec.* »[116]

---

[115] FENECH. G. 2001, *Tolérance zéro. En finir avec la criminalité et les violences urbaines*, Paris Grasset, page 12
[116] CRETIN T. 1998, *Mafias du monde. Organisations criminelles transnationales. Actualités et perspectives*, Paris, PUF, p163

Leur objectif est de préserver un ordre propice au développement de leurs intérêts, d'où le recours à la corruption. Ces organisations criminelles peuvent en outre constituer une menace pour la sécurité nationale. Face à l'étiolement du pouvoir étatique, ces groupes criminels pourraient prétendre jouer un rôle sur la scène internationale, étant éventuellement dotés de capacités militaires.

L'objectif des locuteurs est de rendre crédible la menace. D'en faciliter la perception, en instaurant au besoin l'impression d'une proximité entre l'univers décrit sur lequel prolifère les « mafias » et le lectorat, généralement constitué par les décideurs politiques, mais également le public des séminaires et formations dispensées par ces experts, qui contribuent ce faisant à la construction d'une nouvelle problématique légitime en matière de sécurité. La stratégie peut alors, de manière optimale, consister en la production d'un « nouveau » savoir sur le crime, censé dépasser les limites de celui ayant jusque là cours. Ce mode d'action se retrouve chez un auteur comme J.-F. Gayraud, commissaire divisionnaire de la police nationale, proche des équipes de recherches mises en place autour de l'Institut de criminologie de Paris 2 et de X. Rauffer.

Ici les organisations criminelles sont décrites comme, « *les entités les plus dangereuses et les plus méconnues du chaos mondial.* »[117] Ce sont les acteurs centraux opérant sur « la face noire de la mondialisation », ce processus qui a permis à la criminalité organisée de revendiquer une position prééminente face aux appareils étatiques et aux systèmes économiques. Ils ont permis la criminalisation du monde, et l'émergence du phénomène criminel comme un fait politique, au cœur même d'un nouvel âge idéologique qui serait un « *âge criminel.* » Avec les mafias, on serait en présence d'un « *vrai pouvoir du monde nouveau* » dont il n'est pas encore aisé de mesurer la puissance. Ici aussi, l'amplitude de la menace tranche avec l'incapacité à la connaître. Il est alors essentiel de se livrer à un changement de paradigme : « *il s'agit ici de modifier le regard quelque peu compatissant et culpabilisant que nous portons*

---

[117] GAYRAUD J.-F 2005, *Le monde des mafias. Géopolitique du crime organisé*, Paris Odile Jacob page 11

traditionnellement sur le fait criminel (...) Le mafieux incarne jusqu'à la caricature le criminel socialement inséré et pénalement invisible. Un criminel logé au cœur et non plus à la lisière de la société. Non dans ses sous-bois sociaux, mais dans ses salons dorés. »[118] Cette description révèle le caractère central des mafias dans la compréhension des sociétés contemporaines, notamment dans leurs dynamiques économiques, puisque les flux criminels irriguent désormais les circuits formels. Pourtant, la connaissance de la réalité mafieuse serait encore très embryonnaire.

L'analyse des mafias serait encore entourée d'un halo de mépris. Il devient, selon les auteurs, urgent d'adapter les outils intellectuels pour les mettre au service d'une connaissance véritablement heuristique du phénomène : « *L'équation du monde moderne comporte donc une variable déterminante en forme d'inconnue : les mafias. Ignorer le paramètre mafieux conduit inéluctablement vers de funestes impasses.* »[119] L'analyse géopolitique des mafias peut être érigée en discipline scientifique. Cette discipline dépasserait les approches traditionnelles du crime et inventerait de nouveaux outils d'analyse. De fait, « *la compréhension de ces entités atypiques que sont les mafias, implique l'utilisation d'outils intellectuels différents de ceux de la criminologie classique (...). Il faut puiser ailleurs, vers des disciplines pour nous originales.* »[120]

Les mafias sont un objet d'étude original, commandant une stratégie de recherche rénovée : les modèles proposés par la criminologie classique reposent sur un tropisme individualiste, alors que la mafia est un phénomène collectif, aux implications géographiques et géopolitiques spécifiques. Si l'Etat demeure l'instance à laquelle reste dévolue la création de liens politiques, la prise en compte des mafias conduit à poser la question de l'existence de nouveaux pouvoirs, et de nouvelles « *sources de puissance.* » Les mafias sont devenues des puissances configuratrices à côté et au même titre que l'Etat. S'impose alors la nécessité de saisir les organisations criminelles en termes

---

[118] Ibid. p 14
[119] Ibid. page 15
[120] Idem page 23

d'organisations et non plus seulement en termes de flux des produits criminels. Car, comme l'écrit justement Gayraud, « *un fait criminel n'existe qu'à travers des acteurs criminels.* »[121] Or, il est indispensable d'en faire une analyse politique, mais également géographique, sociologique, voire biologique, Gayraud parlant de « *biologie du crime organisé* », concept qu'il développe à partir de notions aussi diverses que la « prédation », la « *bête sociale* », le « *parasitisme social* » ou la « *symbiose criminelle.* » La menace criminelle est toujours présentée de manière radicale. C'est le risque d'un brouillage de la division sociale du travail, et la confusion entre le « normal » et le « pathologique ».

Préconiser l'analyse organisationnelle et géopolitique des organisations criminelles permet ce faisant l'autonomisation d'une problématique aspirant à la scientificité. La géopolitique du crime organisé est érigée en une « matière », aspirant à la légitimité dans le champ si mouvant du pénal. Une science du crime organisé, espèce de « mafiologie » émerge et prétend accéder au statut de discipline. Elle est faite d'emprunts à différents champs (sociologie des sociétés secrètes, biologies, polémologie…), ce qui contribue à accentuer un aspect « patchwork » distinctif du discours de ces zélateurs du tout répressif. Ce trait se retrouve dans les travaux construit à partir d'une juxtaposition de la cartographie criminelle et de l'analyse criminologique environnementale, qui permettent l'autonomisation de la « géographie criminelle » ou de « *l'analyse géo-criminelle* »[122]: l'objectif avéré étant de faire de la spatialisation du crime un objet d'étude, en vue de préconiser des solutions opérationnelles, au plus près des territoires[123]. Comme l'écrit à juste titre Pierre Rimbert, ces acteurs développent des « *stratégies de légitimation qui drapent un savoir policier d'une parure savante, donc neutre et*

---

[121] Ibid. 29
[122] Voyez : http://www.geoprevention.fr/10.htlm
[123] BAUER A 2006, *Géographie de la France criminelle*, Paris, Odile Jacob ; BESSON J.-L. 2005, *Les cartes du crime*, Paris PUF ; CAMILLERI G., LAZERGES C. 1992, *Atlas de la criminalité en France*, Paris La documentation Française.

apolitique. »[124] Parfois simpliste, le style emprunte le narratif du journalisme, et opte pour une description romancée des phénomènes pouvant faire penser à la restitution ethnographique de réalités observées.

Ces intellectuels d'un genre nouveau assurent la promotion de leurs thèses en investissant des instances de recherche ad hoc, à la lisière des espaces politico-administratif, universitaire et scientifique. Il en est ainsi de l'institut des hautes études de la sécurité intérieure créé en 1989 et rattaché au ministère de l'Intérieur, qui devient le lieu de la légitimation d'un discours et d'une stratégie gouvernementale en matière de sécurité, tout en « forgeant l'esprit de sécurité intérieure ». En son sein sont dispensées des formations, forgés des concepts (par exemple les contrats locaux de sécurité) et définis les cadres de leur mise en œuvre et de leur évaluation. L'organe de l'institut, les *cahiers de la sécurité intérieure* permet la promotion des thèses ainsi bâties[125]. De la sorte se met en place une véritable communauté de politique publique en matière de sécurité. Elle regroupe les formateurs de l'Institut, ainsi que les milliers d'auditeurs qui s'y soumettent à la formation es-sécurité.

Ce lieu[126] permet plus généralement aux intervenants de compenser des faiblesses méthodologiques[127] et un déficit de légitimité académique, ressource qui distingue historiquement les protagonistes de la scène pénale. Ils s'emploient aussi à essayer de pénétrer l'Université en y dispensant des formations. Ils effectuent, en un mot, un travail de légitimation des nouveaux cadres de la pensée et de l'action en matière sécuritaire, et construisent les canons de la « *bonne pensée sécuritaire.* »[128]

---

[124] RIMBERT P., « Envahissants experts de la tolérance zéro », Le monde diplomatique février 2001 page 20.
[125] Voir ERBES J.-M., « Aux origines de l'Institut », Les cahiers de la sécurité intérieure, n°37 7-15.
[126] Voir aujourd'hui l'Observatoire national de la délinquance.
[127] On peut lire pour illustrer le propos : MUCCHIELLI L. 2003, « Alain Bauer et Xavier Rauffer, marchands de peur, lecture critique d'un étrange « que sais-je ? » consacré aux « violences et insécurités urbaines » sur : http://laurent.mucchielli.free.fr ou http://lmsi.net?article 177
[128] Voir en ce sens : BAUER A. PEREZ E, 2009, *Les 100 mots du crime et de la police*, PUF, Que sais-je?

Le complexe économico-sécuritaire

Analysant l'environnement économique périphérique au système de justice pénale aux Etats-Unis d'Amérique, Shelden et Brown ont montré qu'existait un complexe industriel de la justice criminelle (*criminal justice industrial complex*)[129]. Ce complexe profite directement ou indirectement de l'existence du crime. Il se compose des compagnies de sécurité privées, du complexe pénitentiaire qui dispose d'une main d'œuvre mobilisable, des agences de contrôle des drogues, des sociétés de fabrication d'armement et d'équipements pénitentiaires. Ce complexe intègre aussi les collèges et universités qui proposent des formations portant sur la justice et le crime. Il comprend aussi les mass médias. Les acteurs dans ce complexe sont mus par la maximisation du profit. L'analyse de ce complexe n'est pas récente. Quiney avait déjà présenté son existence comme un problème[130]. Pour lui, il existerait un complexe socio-industriel (*social industrial complex*) dont la justice pénale serait un segment. Il s'agit d'une composante de l'industrie, dans la production et la planification des programmes étatiques de maintien de l'ordre et de contrôle social. Des sociétés privées ont ce faisant trouvé dans cette industrie de la sécurité et du contrôle social, le moyen de réaliser des profits substantiels.

La même dynamique s'identifie en matière sécuritaire. Le raisonnement des « nouveaux intellos » de la justice et de la sécurité comporte toujours la préconisation de solutions qui sont destinées être mises en pratique, notamment par les entreprises. Ces dernières sont « aguichées » au moyen d'un discours qui les érige en cibles des criminels : décrites comme les « *puissances configuratrices du 20ème siècle* », elles seraient les proies véritables des organisations criminelles. Elles doivent alors à leur tour s'adapter, afin de continuer de « *savoir faire des affaires, des profits, dans des pays ou des continents chaotiques, complexes,*

---

[129] SHELDEN R.-G, BROWN W.-B, « The Crime control Industry and the Management of Surplus Population», KRASKA (Eds) 197-213.
[130] QUINNEY R (Ed) 1980, *State and Crime*, New York Longman, 2ème edition.

souvent hostiles. »[131] On élabore des techniques, des solutions, que les entreprises peuvent adapter pour survivre : « *Les entreprises ne peuvent plus négliger ces très réels dangers (nouveaux ou subitement plus graves) dans leurs projets de développement et d'investissement. Ce d'autant que le risque n'est pas seulement pour leur réputation, il est beaucoup plus directement et concrètement pénal.* »[132] Le ton employé se veut dramatique. Il s'agit d'attirer l'attention du lecteur et donc du client, sur le « *péril criminel* », pour en faire une menace réelle, crédible, proche. L'objectif est de dramatiser l'univers de la mondialisation économique, dans lequel se déploient des entreprises, qui ignorent les redoutables risques qui pèsent sur leur développement.

Le champ de la sécurité voit la prolifération d'entreprises spécialisées dans le conseil en sécurité. Les prestations proposées ciblent les administrations locales ou les sociétés privées. Des outils d'analyse, des techniques d'identification des zones criminogènes et des délinquants, et des outils pratiques sont mis au point en vue de leur commercialisation. Le travail théorique développé en amont permet, en aval, de construire des instruments qui sont vendus aux décideurs[133].

Le statut de la tolérance zéro dans le jeu politique

La présence de N. Sarkozy au ministère de l'Intérieur, dès la réélection de Jacques Chirac à la présidence de la République, va marquer et orienter le débat parlementaire sur le pénal jusqu'en 2007. Le contexte est propice à la réaffirmation de l'attachement des forces politiques de droite à un droit pénal « d'ordre », et à une législation préconisant le durcissement de la réaction pénale au crime.

---

[131] RAUFFER X. 2000, *Entreprises, les 13 pièges du chaos mondial*, Paris, PUF page 7
[132] Ibid. page 10
[133] Voyez à simple titre d'illustrations : http://www.geoprevention.fr ; http://www.linkedin.com ; http://www.abassoc.net/fr/ab-associates-fr.html

Les affrontements parlementaires sont centrés autour des thèmes classiques du débat pénal (sécurité/liberté, prévention/répression, ordre/sûreté individuelle). Le thème de la « tolérance zéro », de l'« impunité zéro », va progressivement être approprié par les acteurs politiques, au gré des enjeux parlementaires.

L'examen du projet de loi « sécurité intérieure » en mars 2003 est par exemple, l'occasion d'une confrontation des thèses qui s'opposent habituellement sur les questions pénales et de sécurité. La ficher national des empreintes génétiques constitue un des abcès de fixation de la controverse parlementaire. Ce fichier est perçu à gauche comme totalitaire, attentatoire à la liberté individuelle, en tout cas au service d'une philosophie pénale incompatible avec les droits de l'homme. C'est à termes, le premier pas vers la neutralisation de l'opposition politique et syndicale : « *le fichier est devenu une machine infernale, même ceux qui étaient favorables à sa création pensaient qu'il servirait à confondre les présumés innocent (...). De simples témoins étant passibles de cette peine ; il est recommandé à tout français de pas se trouver près d'une manifestation ou dans un quartier considéré comme difficile.* »[134] A droite, en revanche, il est perçu de manière utilitaire, comme un instrument au service de la lutte contre le crime. Pour C. Estrosi, rapporteur du texte à la chambre, « *qu'il s'agisse d'un prélèvement buccal destiné au fichier des empreintes génétiques ou du recueil d'un échantillon d'écriture, tous ces éléments sont de nature à faciliter l'établissement des faits, dans le cadre d'une enquête. D'autre part, ne seront autorisés que les rapprochements entre empreintes de suspects, à l'exclusion donc des simples témoins.* »[135]

Il n'y a à droite, aucune pudeur à avoir, face à la nécessité de durcir la répression pénale. Confronté au « *choix de ne rien faire* » ou de « *protéger la société* », l'option est très vite prise pour le durcissement de la réaction étatique au crime. La droite exprime ce faisant un volontarisme, qui s'inscrit comme un correctif à son pessimisme ontologique : l'homme est mauvais, en

---

[134] N. MAMERE, JO Ass. Nat 22 janvier 2003
[135] C. ESTROSI, Jo. Ass. Nat 21 janvier 2003

raison de la présence du mal sur terre. Le devoir du politique est d'intégrer cette donnée, et d'opter toujours pour la défense sociale plutôt qu'un optimisme naïf qui expose la société au risque du désordre et de la violence. Cette analyse se retrouve de manière emblématique dans la justification politique de la pénalisation du racolage. Selon N. Sarkozy, « *en rendant le racolage pénalement répréhensible, on pénalise celui qui oblige à y recourir. Je ne prétends pas détenir la vérité, mais je suis au moins convaincu que s'exposer sur un trottoir pour affronter ensuite des rencontre sordides, ce n'est pas la liberté ! Et je crois que ne pas pénaliser le racolage revient à favoriser le proxénétisme (...) Est-il logique de maintenir la situation actuelle, où le racolage actif est pénalisé et le racolage passif légal ?*»[136]

A gauche en revanche, malgré la « mue sécuritaire » de 2001, on affiche le même attachement à la « lecture sociale du crime », la délinquance étant analysée comme un sous-produit des conditions sociales économique et la répression comme une activité continuelle de stigmatisation de populations exclues. Le discours sur la « sécurité intérieure » porté par le nouveau ministre de l'intérieur est ainsi analysé comme l'expression emblématique d'une stratégie de marquage social des marginaux : « *Pénaliser ces populations vulnérables est tout à fait caractéristique d'un retour à l'ordre moral, garanti par la présence policière et sanctionné d'emprisonnement. En réalité, on fait la police des apparences, mais on ne se soucie pas du désordre économique ou écologique, ni du droit pénal du travail, comme le prouvent l'affaire Métaleurop ou celle du Cellatex.* »[137] Ce qui est à l'œuvre n'est rien de moins que « *la stigmatisation d'une population cible, dans une démarche de marquage social qui pourrait presque être qualifiée de réactionnaire.*»[138] A gauche donc, le rappel inlassable de l'urgence dans laquelle se trouvent les décideurs publics confrontés au crime, de prendre en compte la perfectibilité du délinquant, lequel est le produit du contexte social. A droite en revanche, la référence au devoir d'agir,

---

[136] N. SARKOZY, Jo Ass. Nat 21 janvier 2003
[137] N. MAMERE, prec. cit.
[138] Ibid.

puisqu'au politique incombe le rétablissement de l'ordre et de la paix, remis en cause par le crime. Agir, sans craindre d'être taxé de populisme, puisque « *rétablir la sécurité, ce n'est pas faire de la démagogie, mais répondre à la préoccupation majeure de nos concitoyens.*»[139]

La scène parlementaire va, dans ce contexte, être par ailleurs le lieu de légitimation de la nouvelle économie pénale imposée en raison de la modification des rapports de force entre les communautés épistémiques pénales. L'enjeu pénal et le thème de la sécurité demeurent néanmoins de puissantes ressources dans la compétition politique, et dans le jeu parlementaire, ce qui accrédite la thèse d'une instrumentalisation de ces questions, mises au service de buts politiques.

Le 12 décembre 2005, quelques semaines après le retour au calme dans les banlieues françaises, le parlement adoptait une nouvelle loi affichant des choix politiques et idéologiques. Ces choix sont marqués par le renforcement de la répression et la restauration de l'ordre, après une décennie de « laxisme » supposé des institutions policière et judiciaire. Ciblant la lutte contre la récidive des infractions pénales, la loi nouvelle est, on le sait, le produit d'affrontements politiques internes à la droite, à quelques mois du déclenchement de la campagne électorale pour les élections présidentielles de 2007.

A l'occasion d'un déplacement à Toulouse en février 2003, le ministre de l'Intérieur a scellé le sort de la police de proximité. Le démantèlement de la police de proximité a une incidence immédiate sur le fonctionnement de la chaîne pénale : rendre moins facile le dépôt des plaintes, d'où une baisse apparente de la délinquance dans les statistiques policiers. Pourtant, la suppression de la police de proximité n'a pas permis de faire baisser la criminalité, notamment les atteintes aux personnes. C'est dans ce contexte que l'image du récidiviste est mobilisée, et mise au service d'une stratégie d'aggravation de la répression pénale. Comme l'écrit justement S. Portelli, «*pour expliquer la*

---

[139] J.-P. Le RIDANT, Jo. Ass. Nat 21 janvier 2003

persistance et l'accroissement d'une délinquance qu'une politique du tout-répressif ne contient pas, il faut trouver un bouc émissaire. Ce sera le récidiviste. »[140] La récidive va ce faisant être la cible de la politique pénale et de sécurité portée par le ministre de l'Intérieur. Rappelons que, le centre de gravité du système décisionnel pénal a basculé au détriment du ministère de la Justice : la Place Beauvau donne le ton ; Place Vendôme, on s'adapte.

Les solutions contenues dans la loi étaient portées par le ministre de l'Intérieur lequel avait évoqué à diverses reprises l'idée des peines planchers, par exemple le 20 novembre 2003 sur la chaîne de télévision France 2. L'idée a cependant de redoutables adversaires, y compris au sein du gouvernement : le garde des Sceaux lui-même a mis en garde contre la remise en cause, par l'automaticité de la peine, du pouvoir d'individualisation des peines dévolu aux magistrats[141]. Face à l'opposition de la Chancellerie et à la réticence de Matignon, les amis politiques du ministre de l'Intérieur déposent une proposition de loi, le 29 janvier 2004. Rédigée par les députés Estrosi, Garraud et Léonard, cette proposition de loi suggérait l'instauration d'un mécanisme automatique d'aggravation de la peine, en cas de réitération d'un nouveau délit, pour des faits de même nature. Le terrain parlementaire s'annonçant cependant sérieusement miné, il était décidé de reporter l'édiction d'une loi d'instauration des peines planchers. Une mission d'information sur le traitement de la récidive des infractions pénales est instituée, sous la présidence de Pascal Clément, président de la commission des lois à la Chambre, la fonction de rapporteur étant dévolue à G. Léonard.

Cette mission repoussait la solution des peines planchers, tout en reconnaissant la nécessité de durcir la réaction pénale à la récidive. Une dizaine de propositions étaient formulées, écartant astucieusement toute légitimation du système des peines

---

[140] S. PORTELLI 2006, *Traité de démagogie appliquée. Sarkozy, la récidive et nous*, Paris, Michalon, 16.
[141] J. COIGNARD, « Peines planchers pour récidivistes », *Libération*, 7 mai 2007 ; L. MOULOUD, « L'UMP hésite sur les peines planchers », *L'humanité*, 8 novembre 2006.

automatiques. S'agissant des récidivistes sexuels violents, la mission préconisait de rendre d'ordre public, l'exécution provisoire des condamnations prononcées à l'encontre de cette catégorie pénale : « *Désireuse de renforcer la répression de la récidive en matière de violence contre les personnes en s'assurant de l'exécution rapide des décisions de justice, la mission souhaite que l'exécution provisoire soit de droit lorsqu'une peine est prononcée à l'encontre d'un prévenu en situation de récidive légale en matière sexuelle, pour des faits de violence volontaire ou pour des faits commis avec la circonstance aggravante de violence, sauf décision contraire spécialement motivée de la juridiction.* »[142] Elle suggérait par ailleurs de limiter à deux le nombre des condamnations assorties du sursis avec mise à l'épreuve. De fait, parce que les délinquants d'habitude commettent leurs méfaits dans certaines « spécialités », par exemple les vols ou les délits routiers, « *la règle des deux sursis avec mise à l'épreuve ne doit s'appliquer qu'au sein de grandes catégories homogènes de délits. Par souci de simplicité, il est proposé de retenir les catégories d'infractions « assimilées » au sens du droit de la récidive. Rappelons, en effet, que le code pénal comprend aujourd'hui trois catégories de crimes et délits « assimilés » : les vols, extorsions, chantages, escroquerie et abus de confiance ; les agressions et atteintes sexuelles et les homicides involontaires ou les atteintes à l'intégrité de la personne commis à l'occasion de la conduite d'un véhicule.* »[143]

La mission suggère également de dissocier la population pénale dans son droit aux réductions de peines, en fonction de la circonstance de récidive ou de réitération. Le système en vigueur qui accorde une réduction de peine automatique à tous les condamnés ne serait pas satisfaisant, car il ne prend en considération ni la trajectoire initiale du condamné, ni la nécessité de mettre à profit l'incarcération pour travailler à la resocialisation. Ainsi, la commission suggère « *de limiter le*

---

[142] P. CLEMENT, G. LEONARD, *Rapport d'information sur le traitement de la récidive des infractions pénales*, Assemblée Nationale, N°1718 pages 57 et suivantes

[143] P. CLEMENT, G. LEONARD, *Rapport d'information sur le traitement de la récidive des infractions pénales*, Assemblée Nationale, N°1718 op cit

crédit de peine accordé aux condamnés récidivistes à un mois par an au-delà de la première année de détention. Toutefois, la mission ne souhaite pas modifier les règles applicables aux réductions de peines accordées en raison des efforts de réinsertion des condamnés car ceux-ci traduisent une volonté de changement de comportement qui doit être encouragée. »[144]

La commission propose aussi d'assimiler la récidive à toute réitération d'infraction commise avec violence, en assimilant en particulier la traite des être humains et le proxénétisme au sens de la récidive, et en considérant que tout délit de violence volontaire ou commis avec violence constitue une même infraction au sens de la récidive, indépendamment de la nature des faits commis. L'objectif selon la commission est clair : « *il s'agit de sanctionner plus sévèrement un comportement dangereux, car violent, et non s'en tenir à la qualification juridique des faits qui distingue s'il s'agit d'une infraction commise contre les personnes ou contre les biens.* »[145] C'est dans ce cadre que le tribunal correctionnel pourrait relever d'initiative la récidive, dans l'hypothèse où la citation ne la relèverait pas, en raison notamment des délais d'inscription des condamnations au Casier judiciaire. La lutte contre la récidive étant un objectif de la politique gouvernementale, il était suggéré que le garde des Sceaux « *adresse une instruction générale aux parquets les appelant à relever systématiquement la récidive dans leurs réquisitions afin de garantir l'application homogène de la loi sur l'ensemble du territoire et d'apporter une réponse pénale ferme aux récidivistes.* »[146] Dans le même cadre il est recommandé une clarification publique et juridique de la notion de réitération.

Pour les tenants des peines planchers, il s'agissait de prendre date, en attendant des « jours meilleurs », en tout cas plus propices à la traduction législative de l'idée de sanction automatique. Devant la commission, le député Estrosi soulignait que la proposition de loi, co-rédigée par G. Léonard et C. Garraud conservait toute son actualité. Il précisait :

---

[144] Ibid.
[145] Ibid.
[146] Ibid.

« Les cent quatre-vingt cinq députés qui l'avaient signée comptent bien continuer leur « croisade ». Revenant sur le dispositif de sa propre proposition de loi, il a indiqué qu'elle permettait au juge de prononcer une peine minimale ou, au vu des capacités de réinsertion du délinquant, d'y renoncer. Soulignant que, contrairement aux policiers par exemple, les magistrats ne sont aujourd'hui exposés à aucune poursuite ou sanction, il a estimé que sa proposition tendait à responsabiliser les magistrats tout en permettant l'individualisation des peines, ce qui assure la constitutionnalité du dispositif.

Soulignant que le rapport de la mission comportait plusieurs propositions innovantes, il a cependant regretté qu'il n'aille pas au-delà et ne traite pas de la question des peines minimales. Il a donc précisé que s'il ne s'opposerait pas aux conclusions de la mission, il souhaitait toujours en revanche l'inscription à l'ordre du jour de sa proposition de loi. Se faisant ensuite l'écho des initiatives qui sont aujourd'hui lancées en matière de répression des actes de délinquance sexuelle, il a indiqué qu'une proposition de loi sur ce sujet qui ne comporterait pas de mesures suffisamment énergiques ne recevrait pas son adhésion. Rappelant qu'un sondage avait révélé que 79 % des Français étaient favorables à des peines minimales, il a considéré que les récents événements feraient sans doute croître ce chiffre.

Faisant observer que la loi du 18 mars 2003 sur la sécurité intérieure, ainsi que celle du 9 mars 2004 portant adaptation de la justice aux nouvelles formes de la criminalité, avaient permis d'élargir le recours au fichier des empreintes génétiques, il a considéré que les individus aux comportements monstrueux devaient être mis hors d'état de nuire. Regrettant que la Représentation nationale et les gouvernements se soient enfermés, depuis maintenant vingt ans, dans une approche de la délinquance n'ayant permis d'apporter aucune réponse concrète à la société, il a jugé indispensable de redouber de vigilance en cette matière. »[147]

D. de Villepin est, entre-temps arrivé Place Vendôme, le 31 mars 2004. Le 22 avril 2004, il déclarait devant le corps préfectoral : « *Plus d'un tiers des délits sont commis dans notre pays par des délinquants réitérants, et ce taux est en augmentation régulière. Nous souhaitons aboutir à la mise en place d'un dispositif gradué qui prendra véritablement en compte la dangerosité des délinquants d'habitude. C'est aux juges qu'appartient la décision, ce qui exclut toute forme d'automaticité de la sanction.* » Il précisait le même jour que l'individualisation de la peine ne signifie nullement le laxisme. Une nouvelle proposition de loi est déposée par G. Léonard et P. Clément le 1er décembre 2004. Adopté à l'Assemblée nationale, le texte est démantelé par le Sénat. Entre temps, N. Sarkozy est revenu Place Beauvau après avoir été sommé par le président de la République de choisir entre le gouvernement et la présidence de l'UMP. L'interpellation des auteurs du meurtre de Sidi Ahmed à la Courneuve le 19 juin 2005 donne au ministre de l'Intérieur l'occasion de rebondir. Sur place le jour-même, il déclarait que la cité devait être « *nettoyée au karcher.* » Ce sont donc les événements de l'actualité sociale, les drames et faits divers crapuleux, qui procurent au ministre de l'Intérieur, des fenêtres d'opportunité, pour réaliser le changement tant souhaité du régime traditionnel de la récidive en France. C'est ainsi que l'affaire Nelly-Crémel permet la remontée dans l'agenda politique de la question des peines planchers. Cette victime avait été assassinée alors qu'elle pratiquait le jogging dans un bois de la région parisienne. Les soupçons se portent bientôt sur un condamné en récidive, récemment libéré de prison. Interpelé sur le drame, le ministre de l'Intérieur s'attaquait aux magistrats qui avaient remis l'intéressé en liberté. Le contexte permettait de repositionner le thème des peines planchers dans le débat public.

---

[147] Compte rendu de la séance du 7 juillet 2004. Dans : P. CLEMENT, G. LEONARD, *Rapport d'information sur le traitement de la récidive des infractions pénales*, Assemblée Nationale, N°1718 page 79

Par le jeu de la navette parlementaire, la proposition de loi de G. Léonard et P. Clément récemment démantelée par le Sénat revient à l'Assemblée nationale. Sous la poussée des députés sarkozystes, la chambre introduit dans le texte un allongement de la durée d'épreuve avant laquelle le condamné ne peut prétendre à la liberté conditionnelle. Est consacrée une limitation de la libération conditionnelle pour cette catégorie d'auteurs, et une surveillance post-carcérale pour les détenus qui avaient été condamnés pour les faits les plus graves. Adoptée en termes identiques par les deux chambres, la loi était validée par le conseil constitutionnel le 8 décembre 2005.

Cette loi ne se contente pas d'aggraver le traitement pénal des récidivistes. Le système de l'automaticité de la peine "plancher" voulu par le ministre de l'Intérieur est certes repoussé en l'état. Le nouveau dispositif acclimate cependant la conception ambiante d'une réaction pénale plus sévère à la criminalité ; il rend visible, notamment vis-à-vis des électorats, un référentiel de l'action répressive adossé à l'idée d'une moindre tolérance, et d'une moindre « *compréhension* » du crime. Plus généralement, cette loi rejoint le nouveau « *prudentialisme* » sécuritaire, rendu nécessaire par la nécessité d'adopter une stratégie de précaution face à la délinquance. Comme le note S. Portelli, « *l'idée de base est de retenir davantage de condamnés dans les mailles de la récidive en assimilant le plus possible d'infractions les unes aux autres.* »[148]

La loi du 10 août 2007 achève le processus amorcé par N. Sarkozy alors ministre de l'Intérieur en vue de l'introduction en France de peines planchers. Cette loi instaure en cas de récidive de certaines infractions, des peines minimales dans le but d'assurer une répression certaine des délinquants récidivistes ou réitérants. Elle permet d'écarter de plein droit l'atténuation de responsabilité pour les mineurs lorsque ces derniers, notamment âgés de 16 à 18 ans ont commis des infractions graves en état de récidive multiple. Cette loi rend aussi systématique l'injonction de soins dans les cas où cette mesure est encourue. La réforme

---

[148] S. PORTELLI 2006, op.cit page 55

voulue par N. Sarkozy voudrait cadrer l'action des magistrats du siège, lorsqu'ils sont confrontés à des cas extrêmes de récidive : « *l'objet est de donner aux juridictions pénales un cadre ferme et cohérent pour la répression de la récidive et, surtout, de la multi-récidive, afin de renforcer son caractère dissuasif, tout en préservant les possibilités d'individualisation de la peine au regard des circonstances de l'espèce. Les récidivistes ne seront ainsi plus jugés comme les autres criminels et délinquants, mais par référence à des peines nouvelles, qui leur sont propres et qui homogénéisent la répression.* »[149]

Il est de même demandé aux magistrats du parquet de relever de façon systématique la récidive, dans les poursuites. Désormais, pour les crimes commis en état de récidive légale, l'emprisonnement ne peut être inférieur à 5 ans si le crime est puni de 14 ans de réclusion criminelle. Il est de sept ans si le crime est puni de 20 ans de réclusion ou détention criminelle. La peine d'emprisonnement est de quinze ans si le crime est puni de la réclusion criminelle à perpétuité. S'agissant des peines correctionnelles prononcées par conséquent pour une durée égale ou inférieure à dix ans, le sursis avec mise à l'épreuve demeure possible (132-18-1 code pénal). En matière correctionnelle les seuils sont les suivants : un an si la peine encourue est de trois ans d'emprisonnement ; deux ans si la peine encourue est de cinq ans d'emprisonnement ; trois ans si la peine encourue est de sept ans ; la peine plancher est de quatre ans si la peine encourue est de dix ans.

Cette automaticité de la répression ménage cependant le pouvoir d'individualiser la peine. Le législateur a néanmoins souhaité que l'individualisation de la peine opère. Ainsi, en cas de récidive simple ou de multi-récidive de faits moins graves, la juridiction pourra déroger à l'automaticité de la peine, « *en raison des circonstances de l'infraction, de la personnalité de son auteur ou des garanties d'insertion présentées.* »[150]

---

[149] Ministère de la Justice, DACG, SDJPG, BLPG, *Présentation des dispositions de la loi du 10 août 2007 renforçant la lutte contre la récidive des majeurs et des mineurs*, JUS-D-07-30044C, page 2
[150] Ibid. page 6

Garantir la certitude de la répression, préserver la société des agissements de ses membres les plus violents constitue aussi l'objectif de la loi du 25 février 2008 relative à la surveillance et à la rétention de sûreté. La surveillance de sûreté et la rétention de sûreté visent à lutter contre la récidive des crimes graves. Ces mesures ne visent pas tous les condamnés, mais concernent ceux d'entre eux qui ont été sanctionnés d'au moins quinze ans de réclusion criminelle, ainsi que ceux qui ont été convaincus et condamnés pour meurtre, tortures et actes de barbarie, viol, enlèvement et séquestration, commis sur mineurs avec circonstances aggravantes, ou sur une victime majeure. Elles visent en tout cas les condamnés qui présentent une particulière dangerosité et un risque élevé de récidive en raison d'un trouble grave de la personnalité. La rétention de sûreté consiste alors *« dans le placement [des condamnés] dans un centre socio-médico-judiciaire de sûreté, relevant du ministère de la Justice et du ministère de la Santé, et dans lequel [ces condamnés] feront l'objet de façon permanente d'une prise en charge médicale, sociale et psychologique destinée à diminuer leur dangerosité et à permettre la fin de la mesure. »*[151]

La rétention de sûreté concerne *« les personnes dont il est établi qu'elles présentent toujours à la fin de l'exécution de leur peine, une particulière dangerosité caractérisée par une probabilité très élevée de récidive liée à un trouble grave de leur personnalité, qui ne permet pas d'envisager une remise en liberté même sous étroite surveillance. »*[152] La surveillance de sûreté, en revanche, constitue une mesure de sûreté en milieu ouvert, permettant de s'assurer de la personne des condamnés à la fin de leur peine, lorsque leur dangerosité le justifie.

La justice et la peine conservent leur caractère d'enjeux politiques puissamment mobilisateurs. La sécurité est investie par de « nouveaux initiés », dont les caractéristiques s'éloignent de

---

[151] Ministère de la Justice, DACG, *Circulaire relative à la présentation générale des dispositions relatives à la surveillance de sûreté et à la rétention de sûreté*, CRIM 08-17/E8, 17 décembre 2008, page 1
[152] Ministère de la Justice, DACG, prec.cit. Page 2

ceux des « technocrates pénaux » qui ont pensé et construit le système pénal dès la fin de la guerre, puis l'ont consolidé à partir des années 70. Rien de commun à vrai dire entre Marc Ancel ou le président Aydalot, et Alain Bauer ; aucune comparaison crédible, entre le président Schmelck ou le procureur général Arpaillange, et Xavier Rauffer. La production du savoir pénal et criminologique est un enjeu de pouvoir, en raison de l'utilisation pratique qui peut en être faite, pour légitimer leurs choix, par les décideurs publics.

L'arrivée aux sommets du champ de la nouvelle intelligentsia pénale démontre, comme l'indiquait Kuhn, que la succession des paradigmes est également le produit de rapports de force.

LES CHANGEMENTS DE LA JUSTICE AU CONCRET

Les controverses dont le système judiciaire français est l'objet dans les dernières années de la décennie quatre vingt dix, se structurent autour de deux enjeux. Il s'agit d'abord des modes d'articulation de la justice avec l'appareil politique. Perçue comme une simple autorité de l'Etat, la Justice constitue un appareil régalien. Elle est un segment de la puissance publique, se trouvant dans une position de dépendance par rapport au pouvoir politique. L'organisation hiérarchisée du ministère public traduit ainsi la nécessité d'arrimer la justice à un centre d'impulsion unique, duquel émane la volonté politique. Ce mode d'organisation de la justice en général et du ministère public en particulier était classiquement vécu comme nécessaire par toutes les forces politiques. Le rapport de la justice au politique est ainsi, dans le jeu politique, une « zone neutre » : c'est un enjeu sur lequel les composantes conflictuelles du jeu des acteurs politiques, coïncident traditionnellement avec des composantes transactionnelles. L'enjeu est en fait traité sur un mode consensuel, les familles politiques partageant, peu ou prou, la même vision d'un parquet voué au service de l'Etat, donc au parti majoritaire. Cette conception des rapports entre la justice et le politique justifie le contrôle du déclenchement de l'action publique par le parquet.

Cette conception paraissait remise en cause, le dépassement de l'ancien compromis trouvant une manifestation emblématique dans la décision prise par Madame Guigou de ne plus intervenir dans l'activité des agences pénales. L'intervention du garde des Sceaux au moyen de circulaires générales ou d'instructions individuelles est pourtant un instrument de régulation de l'activité des parquets. On a même parfois parlé d'une « culture de la dépendance » de magistrats du ministère public, anticipant l'intervention de la chancellerie, en l'interrogeant sur le sens à donner à l'action publique dans des dossiers particuliers. L'abstentionnisme affiché du garde des Sceaux, rendait une adaptation du système d'autant plus opportune que la réforme du conseil supérieur de la magistrature qui devait parachever la libéralisation du parquet avait échoué. Face à l'intensification des mises en cause judiciaire de membres du parti présidentiel, le chef de l'Etat avait en effet pris l'initiative d'une vaste réforme de la Justice, confiée à une commission présidée par Pierre Truche. La réforme comporterait notamment la libéralisation du fonctionnement du parquet : la réforme que le congrès aurait dû entériner au début de l'an 2000 visait à procurer aux magistrats du parquet des garanties d'indépendance, tout en améliorant la garantie des droits de la défense.

Il existe un second enjeu : la restauration d'un équilibre entre les acteurs de l'instruction pénale. A mesure de l'exacerbation des relations entre juges et politiques autour de la répression des affaires de financement politique, on a assisté à une politisation de la figure du juge passant par l'affirmation du caractère politique de la fonction de juger, et l'autonomie du juge par rapport au politique : prononçant des décisions connotées, incriminant des attitudes et des acteurs jusque là peu exposés à la sanction pénale, les juges célèbrent une indépendance qui jusque là n'était que relative. L'intensification de la répression de la délinquance des élites politiques et économiques a ainsi un double effet symbolique et organisationnel. Le juge se positionne dans un système symbolique : perçu ou décrit comme « *petit* »[153], le juge serait en croisade contre un monde politique et un univers économique redoutables. Il mène une guerre, drapé d'une légitimité qu'il tient directement de la loi, et aspire à faire

---

[153] A. GARAPON 1996, *Le gardien des promesses. Justice et démocratie*, Paris Odile Jacob ; A. GARAPON 1994, « Le juge, un nouvel acteur politique ? » *Cahiers français* n°268.

triompher la morale dans la vie publique[154]. La situation a pour conséquence la focalisation des discours sur l'instruction pénale, et l'hypertrophie des prérogatives des magistrats instructeurs. On a alors assisté au retour de la rhétorique ancienne sur la toute puissance du juge d'instruction, sa propension à cumuler les prérogatives d'un juge avec celle d'un enquêteur, son penchant à recourir à la détention provisoire pour faire pression sur les prévenus. La loi présomption d'innocence procède ainsi de la volonté d'introduire dans la procédure pénale, les moyens de canaliser l'activité du juge d'instruction, en donnant au système un contour plus accusatoire.

Elle amorce un rééquilibrage des forces en présence dans le jeu pénal, qui profitera au parquet, dans le cadre des lois Perben.

Il convient toutefois de construire des interprétations critiques de ces processus, dont la simple description ne saurait tenir lieu d'analyse. Les dynamiques à l'œuvre ont souvent été interprétées à travers le prisme, à notre avis réducteur d'un complot des juges, partis en croisade contre un monde politique et économique aux mœurs dévoyées. E. Zemmour a ainsi pu estimer que « *la dénonciation des frasques de nos hommes politiques n'est ni neutre ni hasardeuse, mais porte un projet, des idées, des hommes. Il en est ainsi de toute avancée juridique ; elle sert une idéologie.* »[155] D'autres travaux ont mis en avant le conflit des légitimités, et la volonté des juges de dénoncer à l'opinion publique, les turpitudes de ses représentants[156]. Dans ces approches centrées sur le rôle des magistrats, Il convient de faire une place à part aux travaux de Violaine Roussel. Cet auteur propose de réinterpréter les discours produits dans ce contexte, à l'aune du jeu des acteurs. Pour elle, l'indépendance répond à des enjeux pratiques pour les acteurs impliqués : il permet de légitimer un nouveau droit de regard des juges sur les conduites politiques, en le présentant comme une attribution naturelle du magistrat indépendant.

---

[154] L. FULLER 1978 « The Forms and Limits of Adjudication », *Harvard Law Review* XCII 353-409.
[155] E. ZEMMOUR 1997, *Le coup d'état des juges*, Paris Grasset 15.
[156] A.G SLAMA 1996, *La régression démocratique*, Fayard 1995.

A l'inverse, le « *nécessaire respect de la présomption d'innocence* » *ou l'exigence d'une « responsabilité » accrue des magistrats sert à présenter publiquement de manière justifiable des tentatives pour limiter l'intervention des juges dans les affaires politiques.* »[157] L'auteur développe ensuite une analyse partant des caractéristiques socioprofessionnelles des magistrats impliqués, ce qui conduit l'auteur à considérer l'activisme judiciaire comme le fait de magistrats socialement « distants » des hommes politiques, ou positionnés dans des univers sociaux dont les pratiques vont avoir un effet d'entraînement[158]. Il faut retenir de ce schéma que l'action des magistrats impliqués exprime une façon de se positionner par rapport aux politiques. Nous optons cependant pour une grille d'analyse centrée sur le processus de construction du changement, toujours contingent. Le processus observé met en présence des groupes d'acteurs poursuivant des objectifs opposés, et ambitionnant de promouvoir des conceptions particulières du rôle social du juge pénal, et des modalités de la production de la politique pénale. L'approche en termes de conflits des coalitions d'intérêts s'avère à cet égard heuristique[159] : la situation met en effet aux prises des acteurs, issus pour l'essentiel du monde judiciaire, ambitionnant au-delà de l'activité strictement judiciaire, de renforcer l'indépendance de la Justice décrite comme un véritable pouvoir.

Sont aussi concernés des professionnels de la politique, essayant d'inventer de nouvelles routines, de nouvelles règles du jeu politique, pour les rendre compatibles avec la situation créée par la montée en puissance des juges. Les premiers essayent de susciter l'adhésion la plus large possible de magistrats et de professionnels du champ judiciaire. Derrière des actions parfois spectaculaires en raison de leur caractère inédit, ou jouant du contexte amplifié par les caractéristiques sociales et

---

[157] V. ROUSEL 2002, *Affaires de Juges. Les magistrats dans les scandales politiques en France*, Paris La découverte 17-18.
[158] Ibid. pp 106-108.
[159] HANK C. JENKINS-SMITH, P. A. SABATIER 1993, «The Dynamics of Policy-Oriented Learning», P.A. SABATIER, HANK C. JENKINS-SMITH (Eds), *Policy Change and Learning. An Advocacy Coalition Approach*, Boulder, San Francisco, Oxford Westview Press 41 et sq.

professionnelles des mis en cause, ces acteurs bousculent les schémas traditionnels, adoptent des attitudes parfois « politiquement incorrectes », en vue de démontrer l'urgence de libérer la justice de l'emprise des hommes politiques. Il suffit de se référer aux activités intellectuelles de ces acteurs pour mesurer l'importance de ce travail de définition et de redéfinition du périmètre de l'institution judiciaire.

Edith Boizette a été doyen des juges d'instruction du Tribunal de Grande Instance de Paris, au pôle économique et financier. Après un passage de deux ans au parquet, elle poursuit, à compter de 1984, une carrière au siège, exclusivement consacrée à l'instruction. Pour elle, même si les magistrats ne sont pas forcément investis d'une mission sociale et d'un rôle collectif, la dégradation de leurs conditions de travail traduirait une volonté de brider, de canaliser leur activité et en définitive de les empêcher de remplir les missions qui leurs sont dévolues par la loi. La faiblesse des moyens du pôle financier démontre la volonté politique de gêner le fonctionnement de l'institution : « *On est en train de ruiner cet effort considérable du fait du manque de magistrats [...]. Eh bien, c'est la Chancellerie qui doit mal faire son travail ! Disons qu'il y a eu un problème matériel, informatique (...) - dans un cas pareil, on se dit : soit c'est une certaine lenteur administrative, soit il existe une volonté politique (...) de freiner un petit peu l'activité de ce pôle ? Oui. Je l'ai dit très clairement à Mme Marylise Lebranchu. Soit la gestion est manifestement fautive, soit il s'agit d'une volonté délibérée de ne pas donner au pôle toute son efficacité* »[160]. La libéralisation de l'institution judiciaire et le renforcement de l'indépendance de la justice passent dès lors aussi par l'augmentation significative des moyens mis à la disposition des juges, investis d'une mission de purification des mœurs politiques et économiques. Cet aspect moralisateur transparaît dans la conception de la détention provisoire.

Pour E. Boizette, la détention provisoire a une dimension, non pas de pré-jugement, mais pleinement morale. En matière de

---

[160] GREILSAMER L. SCHNEIDERMAN D 2002, *Où vont les juges*, Paris Fayard, 48-49.

délinquance économique et financière où les mis en cause sont souvent sur-adaptés intellectuellement notamment, et où les intérêts financiers sont considérables, toute personne poursuivie doit ressentir une gêne, à la hauteur des droits fraudés : « - *La détention provisoire et la caution ne sont-elles pas très utilisées tout simplement aussi parce que les peines encourues au terme du procès – quand procès il y a- sont relativement faibles par rapport aux sommes en jeu dans les abus de biens sociaux ? – Vous avez raison en partie. – Encore une fois, n'est-ce pas une manière de faire le procès avant l'instruction ? – En matière de détention, non. Prenez le cas de Jacques Crozemarie, l'ancien responsable de l'ARC : sa peine a largement excédé sa détention provisoire. Le cautionnement lui, est une forme de pré-sanction, vous avez raison, mais il faut savoir que nous sommes confrontés à des individus susceptibles de fuir à l'étranger. Le dépôt de sept cent soixante mille euros ou d'un million et demi d'euro va-t-il les retenir ? Je ne sais pas. Mais ça les frappe. Je trouve tout de même normal de marquer le coup. Et puis, aussi, de les empêcher d'aller passer leurs vacances au soleil tous les quatre matins [...] Et puis, il faut être honnête et le dire simplement : il faut que ces hommes éprouvent une gêne dans leur vie quotidienne.* »[161] Dans ce discours, les mécanismes pénaux cessent d'être de strictes catégories de l'entendement juridique, pour devenir des ressources dans une activité cognitive. Ils sont appropriés, et réinterprétés par ces « *magistrats d'élite* », au service de la cause à la promotion de laquelle ils participent.

Ces discours sont souvent construits à partir de la métaphore du combat, « *à armes inégales* », entre le magistrat, seul, isolé dans son cabinet et ne disposant que de la procédure pénale, et les acteurs de l'élite politique ou économique, important, jusqu'au cœur des palais de justice, la puissance sociale et économique qui est la leur au dehors. Eva Joly qui a articulé idéalement une carrière au parquet et au siège, et un passage qui l'a marqué, dans un corps d'inspection, considère ainsi que le magistrat est responsable devant l'opinion, du bon achèvement des procédures instruites, mais surtout d'une stricte application de l'égalité dans

---

[161] Ibid. 64

la répression, compte tenu de la disproportion des forces en présence.

Le juge d'instruction serait la seule institution capable d'agir contre la délinquance économique et financière, dont d'autres instances paraissent s'accommoder. Cette délinquance astucieuse, détectée souvent par hasard, ne semble pas traitée de manière prioritaire par les services de l'Etat : « *La coopération des services de l'Etat ne nous est pas d'un grand secours. La direction générale des impôts préfère traiter en direct la plupart de ses contrôles : les plaintes déposées représentent moins d'un pour cent des dossiers effectivement redressés. La COB ne transmet chaque année, au procureur de Paris, qu'une dizaine de cas litigieux, alors qu'une simulation de ses services a prouvé que des établissements bancaires de notre pays pouvaient blanchir deux cent millions de francs en une seule journée.*»[162]

Le ton utilisé trahit une déception face à l'ampleur de la fraude ; le juge est considéré comme seul capable de défendre la société, dans un contexte où « *l'Etat, c'est-à-dire vous, et moi et tous les contribuables, acceptent de s'être fait voler sans réagir.* »[163] Mus par les contraintes de la concurrence économique internationale, l'Etat accepterait maintenant certains travers, inhérents au monde des affaires, alors que les juges ont, dans cette situation, le devoir de veiller scrupuleusement à l'application de la loi ; en matière financière, ils « *poursuivent donc, seuls, des comportements que les gouvernements sont obligés de tolérer, voire d'encourager, s'ils veulent rester en piste dans la concurrence acharnée des places financières entre-elles.* »[164]

Les juges d'instruction sont les héros de la cause de la libéralisation de l'institution judiciaire dans son ensemble. Cette cause s'inscrit au demeurant par rapport à une lecture spécifique du fonctionnement de la démocratie : une justice libre et indépendante garantit la vitalité du jeu démocratique et permet

---

[162] E. JOLY 2000, *Notre justice à tous*, Paris, Les arènes, 173-174.
[163] Ibid., 181
[164] Ibid. 217

l'égalité véritable des citoyens. La sanction judiciaire, notamment lorsqu'elle s'applique aux représentants élus du peuple est non seulement l'expression de la volonté de la loi, mais révèle au plus haut point que les professionnels de la politique n'ont pas une condition différente du commun.

L'observation des affrontements autour de la justice révèle un monde politique acculé, disposant de ressources inadaptées au rapport des forces créé par la montée en puissance des juges d'instruction. Dans ce contexte, des coalitions se constituent pour promouvoir de nouveaux équilibres, de nouvelles routines dans le rapport des politiques à la justice. Les controverses décrites permettent, de manière informelle d'abord, puis plus systématique, la promotion d'innovations dans l'organisation et le fonctionnement de l'institution. Elles ont permis des ajustements dans le système de justice pénale, exprimant la volonté de supprimer le juge d'instruction.

Les mutations identifiées ont été rendues possibles par l'apaisement des affrontements autour de l'organisation de la justice, sa place dans l'Etat, ainsi que par la restauration d'un puissant consensus autour de statut du parquet, courroie de transmission entre le gouvernement et la justice.

Le temps de l'apaisement

A la fin des années 80, le paysage politique est marqué par une tension entre le monde politique dont les membres découvrent la réalité des prétoires, et les juges. Cette affirmation ne doit cependant pas masquer la complexité du phénomène observé. Le monde de la justice dont on parle est celui, feutré des cabinets d'instruction spécialisés dans les contentieux financiers et le droit pénal des affaires. Ces magistrats sont presque essentiellement parisiens, même si les ramifications nationales de certains dossiers politico-financiers ou le caractère emblématique des mis en cause, ont mis en avant des magistrats occupants des positions moins centrales, dans le système judiciaire.

La justice dont on parle n'est par conséquent pas celle du tout venant, la masse du contentieux civil et même pénal où l'institution est aux prises avec l'environnement qu'elle doit régir. Par ailleurs, même si a été déplorée une pénalisation du politique à travers la multiplication des mises en cause pénales de petits élus, les acteurs politiques en cause sont généralement des parlementaires et autres professionnels de la politique, parisiens, occupant souvent des fonctions de direction dans les appareils partisans parisiens. Il est même possible de soutenir, dans ce contexte, l'hypothèse de l'apparition de nouvelles élites au sein de la justice.

Une hiérarchie s'institue de manière informelle au sein de la magistrature entre d'une part les magistrats les plus en vue, juges militants spécialistes des problèmes politico-financiers, et d'autre part le reste du corps judiciaire. Une hiérarchie de même nature se crée, nous y reviendrons, au sein du barreau. La justice pénale est en effet, depuis la quatrième république, désertée par l'élite du barreau. Les pôles de l'excellence sont classiquement constitués par les contentieux économiques et le droit des affaires. L'intensification des affrontements entre juges et politiques va permettre aux avocats de s'adapter, dans des conditions permettant une redistribution du pouvoir symbolique et économique au sein des ordres des Avocats. Le processus n'a rien d'inédit, le barreau s'adaptant en permanence à son environnement, au gré de la fébrilité du politique et du marché.

Ces affrontements ont tendance à s'apaiser, du fait de l'échec de certains juges, la faillite des procédures diligentées à l'encontre d'hommes politiques signant la défaite des magistrats. L'apaisement est aussi dû à l'absence de relais politiques des causes portées par les différentes coalitions, notamment au sein de la campagne présidentielle de 2002. Il a aussi une cause institutionnelle, tenant à la montée en puissance des chambres de l'instruction qui vont être des instruments d'une reprise en main du travail des magistrats instructeurs.

L'échec des « petits juges »

Dès 1991 et jusqu'au mois de décembre 1996, l'actualité judiciaire est marquée par l'intensification des mises en causes d'hommes politiques. L'agenda politique doit prendre en compte l'activité déployée par les juges d'instruction, toujours susceptible d'avoir un retentissement politique. Les mises en examen d'hommes politiques ou de hauts fonctionnaires révèlent, nous l'avons dit, la montée en puissance d'une nouvelle génération de magistrats valorisant à des fins stratégiques, le principe d'égalité des justiciables devant la loi, et promouvant une conception rénovée de la responsabilité des politiques, sommés de s'expliquer devant les juges, statuant au nom de la loi, de leur turpitudes qui démontrent une violation de la confiance de leurs électeurs. Ces magistrats sont à la pointe d'une lutte contre les puissants : leurs décisions sont censées donner corps à des aspirations qui ne parviennent plus à s'exprimer à travers les canaux de la représentation politique classique.

Fraudes aux marchés publics, infraction à la législation monétaire et sur les changes, violation du droit du travail, financement illégal de l'activité politique sont ainsi des incriminations supposées mettre en évidence des violations manifestes d'intérêts sociaux fondamentaux, et principalement ceux des « *gens honnêtes* », souvent de condition « *modeste* ». Cette mobilisation naît au lendemain de la loi d'amnistie de 1990 et du non-lieu rendu par la haute cour de justice dans l'affaire dite du *carrefour du développement*. A la marge de l'arrêt de la haute cour, un des juges exprimera une position que l'on retrouve dans la thématique qui alimente les discours des magistrats instructeurs chargés des dossiers politico-financiers : « *Ce qui est grave, c'est que les fonds impliqués proviennent de l'impôt, qui constitue le budget de la nation, et on a pioché dans ce budget pour effectuer des dépenses somptuaires. La loi d'amnistie était faite sur mesure, nous ne pouvons que le déplorer, mais nous sommes avant tout des magistrats, des spécialistes financiers, et pas des politiques.* »[165] Des hauts magistrats critiquent ainsi publiquement une loi qui, faisant fi du préjudice causé à la nation, a exonéré de toute responsabilité pénale des professionnels de la politique pourtant prévenus de détournement de deniers publics.

T. Jean-Pierre est connu pour sa proximité du syndicat de la magistrature. Il deviendra une figure emblématique du magistrat ayant fait de la lutte contre la délinquance politico-financière une haute cause. C'est ce magistrat qui permettra de faire de l'affaire Urba, l'un des premiers actes de la mobilisation des petits juges face à la délinquance politico-financière. Déterminé, il croisera le fer avec les élites politiques socialistes, comme plus tard, R. Van Ruymbeke, E. Halphen, E. Joly, ou Y. Courroye, entre autres.

Les séismes procéduraux annoncés n'ont pourtant jamais eu lieu. L'impression qui domine, à l'issue de ces années de frénésie pénale, est l'inutilité des procédures déclenchées, et la très faible valeur ajoutée de l'activité des quelques magistrats qui étaient devenus les symboles de la croisade du monde judiciaire contre les politiques et le monde économique. Parfois aussi, la figure des victimes est brandie, pour dépeindre une « machine judiciaire » qui n'aurait pas tenu ses promesses. On se souvient du processus complexe au terme duquel l'affaire dite du sang contaminé a débouché sur des non-lieux, après plusieurs années d'instruction. Renvoyés devant la cour de justice de la République, le chef du gouvernement de 1985 et son ministre de la santé sont exonérés de toute responsabilité pénale. Le secrétaire d'Etat à la santé fait, quant à lui l'objet d'une déclaration de culpabilité, assortie d'une dispense de peine.

C'est donc à la justice pénale, de répondre aux victimes, et de leur apporter des explications sur les raisons pour lesquelles leurs proches ont disparu. Comme l'écrit Jean-François Lacan, l'office du juge Bertella-Geffroy chargée de l'affaire du sang contaminé va consister à « *expliquer pourquoi et comment en*

---

[165] Cité par J.-C. BOUVIER A. VOGELWEITH 1997, *Les affaires ou comment s'en débarrasser*, Paris, La découverte Enquête, p. 25

1985 ont pu être prises les décisions mortelles. »[166] Le magistrat déploie et développe une énergie considérable, nourrissant l'ambition de « *réhabiliter l'image d'une justice plus scrupuleuse.* » Nous démontrerons les ressorts qui vont permettre aux chambres de l'instruction, de devenir un véritable régulateur des « *affaires* », et le moyen de stabiliser la controverse entre magistrats et politiques. Le dossier est renvoyé à l'instruction, la cour d'appel estimant que des irrégularités procédurales obligent le juge à reprendre son œuvre. Le retentissement de cette décision explique vraisemblablement le pourvoi en cassation décidé ensuite par le parquet général. La cour de cassation ayant cassé l'arrêt d'appel, il revenait à la chambre de l'instruction de Paris, autrement composée certes, de reprendre le dossier en vue de son règlement.

Telles sont les conditions dans lesquelles intervient, en cette affaire, une décision de non-lieu au mois de juillet 2002. Après une décennie de procédure pénale, une mobilisation sans précédent de l'institution judiciaire, les attentes des parties civiles, trouvaient ainsi une issue dans une décision, très mal comprise[167], mais traduisant cependant la fin d'un cycle : l'affaire du sang contaminé est emblématique de la nouvelle conception de la responsabilité politique qui s'échafaude au seuil des années quatre vingt dix. Si les hommes politiques et leurs conseillers sont blâmables, c'est parce que les décisions qu'ils ont prises ou qu'ils se sont abstenus de prendre en matière de transfusion sanguine, exprimaient une méconnaissance des intérêts des malades, auxquels on a privilégié des intérêts économiques à court termes. Le juge se devait donc d'agir, et porter la « *cause* » des victimes du sang contaminé, de manière à la promouvoir jusqu'aux prétoires. Les différentes décisions rendues, notamment par la cour de justice de la République, et par la chambre d'instruction de Paris en juillet 2002, montrent que la responsabilité des politiques n'est pas nécessairement soluble dans le procès pénal.

---

[166] J.-F. LACAN 2003, *Ces magistrats qui tuent la justice*, Paris, Albin Michel, p. 31.
[167] Voir J.-F. LACAN locus. Cit. Pages 37 et suivantes.

Plusieurs autres événements judiciaires montrent que le rapport entre juge et politiques se développe dans un nouveau contexte. Parmi les plus emblématiques, il est possible de souligner la relaxe de D. Strauss-Khan, celle de Rolland Dumas (ancien président du conseil constitutionnel), ainsi que le départ de la magistrature du juge E. Halphen.

Dominique Strauss-Khan est ministre de l'Economie et des Finances du gouvernement Jospin lorsque l'affaire dite de la MNEF éclate. A la périphérie de ce dossier qui ne le concerne à vrai dire nullement, le numéro deux du gouvernement, est projeté sur la scène publique au motif qu'il aurait été rémunéré par la MNEF sur un emploi fictif. Monsieur Strauss-Khan, pilier du dispositif politique de Lionel Jospin, est contraint à la démission[168]. Bien que les justificatifs des prestations exécutées par l'ancien ministre soient produits, DSK est tout de même renvoyé devant la juridiction correctionnelle sous les préventions de faux et usage de faux.

Le contexte s'est toutefois transformé à la date où l'ancien ministre comparaît devant le tribunal correctionnel de Paris. Le ministère public abandonne les poursuites. Dans sa décision relaxant Monsieur Strauss-Khan, le tribunal stigmatique l'absence de recul dont ont fait preuve le parquet et le juge d'instruction, lesquels ont exposé la justice à trancher une affaire où elle n'est pas loin d'avoir perdu la face. Les observateurs retiennent les attendus extrêmement sévères du jugement qui, alors qu'il aurait pu se borner à prononcer la relaxe, va stigmatiser de manière inédite les procédés et la démarche intellectuelle des magistrats instructeurs. Pour la première fois depuis « *l'éveil des juges* », la critique semble émaner du sein même de l'institution pénale. Des juges, jouant d'oppositions subtiles, (poursuites/jugement ; instruction/jugement ; instruction = absurdité/jugement = raison….) dépeignent un activisme préjudiciable à l'image de l'institution, et à la qualité de la justice. Ils assurent du même coup la promotion d'une nouvelle

---

[168] Voir pour une analyse de la configuration du jeu politique au moment où surgit l'affaire de la MNEF : D. CARTON 2000, *Cohabitation, intrigues et confidences*, Paris Albin Michel, 27 et sq.

représentation du « *juge responsable* » : il est capable de remise en cause, et ne conçoit pas la poursuite comme une fin en soi. Il sait faire preuve de nuance, détecter les enjeux et les non-dits des procédures qui lui sont déférées. Il a surtout conscience qu'une décision peut être inadaptée et inopportune lorsque, comme dans le cas de Monsieur Strauss-Khan, « *on a contraint inutilement un homme politique de premier plan à sacrifier trois années d'activité dans un des plus hauts postes de la République.* »[169]

Tel est le raisonnement développé aux plus hauts sommets de l'Etat, par un des acteurs les plus importants de la dernière cohabitation, Olivier Schrameck, directeur de cabinet de L. Jospin lorsque survient l'« affaire Strauss-Khan ». Pour lui, la justice est un « aiguillon » nécessaire[170], ce qui a d'ailleurs permis, au cours de la période tendue de la cohabitation, des avancées importantes notamment dans le statut des magistrats du parquets : décision de se conformer à l'avis du conseil supérieur de la magistrature dans les décisions de nomination, cantonnement du secret défense dans les enquêtes ou, décision du ministre de la Justice de ne pas intervenir par des instructions particulières dans le cours des affaires judiciaires. Toutefois, le Juge disposant de garanties lui permettant d'accéder « *à une existence autonome et reconnue* »[171], doit faire preuve de retenue face à la tentation de « *la toute puissance.* »[172] Il doit d'abord s'imprégner des contraintes de l'action gouvernementale. Il lui appartient, ensuite, de ne pas déstabiliser l'action administrative, en faisant primer l'agenda judiciaire sur l'agenda politique : « *Le juge devrait s'astreindre à faire mieux correspondre le temps judiciaire, le temps administratif et le temps politique. Comment ne justifier qu'un ministre aussi talentueux et précieux pour notre vie publique que Dominique Strauss-Khan en soit tenu éloigné pour une durée totalement indéterminée, par les*

---

[169] Ibid. p. 55
[170] O. SCHRAMECK, *Matignon. Rive gauche (1997-2001)*, Paris, Seuil 2001, 75 et sq.
[171] O. SCHRAMECK, op. Cit. 80
[172] Ibid. 81

méandres d'instructions dont personne ne peut prévoir la fin. »[173]

De plus en plus de voix s'élèvent pour dénoncer les conséquences désastreuses des mises en causes judiciaires. Certaines, émanant parfois de mis en causes eux-mêmes, stigmatisent le manque de discernement du juge d'instruction, le caractère débridé de son pouvoir, et sa volonté plus ou moins clairement affichée, de s'en prendre aux politiques et d'une manière générale à toute personne supposée incarner le pouvoir. Cette thèse se lit chez un auteur comme J.-C Mitterrand : « *La sidération, l'abattement et la colère. La justice se comporte parfois comme une fille légère ; elle a ses têtes, ses intuitions, ses intimes convictions. Face à moi, elle portait un masque. Le masque de la justice. Mais ce n'était pas elle. Ce n'est pas moi qui me suis trouvé sur son chemin, c'est elle qui s'y est mise. Justice prédatrice. Un certain goût pour les tableaux de chasse. C'est un paradoxe banal, quand la justice devient le loup : on devient aussi l'agneau. Saisi par le vertige, impuissant, je l'ai vue s'approcher de moi en se léchant les babines pour me prendre dans sa gueule.* »[174] La justice est transfigurée en un fauve, sélectionnant sa proie vouée à la destruction dès l'instant de son choix. La procédure est dépeinte comme un combat à armes très inégales entre le prédateur et celui qu'il veut inscrire sur son tableau de chasse. Le mis en cause est voué à une « *mise à mort sociale* » certaine, dès l'instant où la justice s'est saisie de lui. Car, « *la justice coule aussi sûrement vers la condamnation que le fleuve vers la mer. Tout au plus peut-on espérer, au prix d'un vigoureux effort, aller s'échouer sur la rive et sortir du flot, transi de déshonneur comme le naufragé l'est de froid. On ne peut même pas s'en plaindre.* »[175]

Volonté de réprimer les puissants ou supposés tels, certitude du juge dans son raisonnement duquel le doute serait absent, tout se passe chez ces auteurs comme si le système avait été conçu pour

---

[173] Ibid.
[174] J.-C. MITTERRAND 2001, *Mémoire meurtrie*, Paris, Plon.
[175] Y. BONNET, *La cour des miracles. Que font les juges*, Paris Flammarion 2002, 240.

condamner et vouer au déshonneur. La vérité judiciaire n'a pourtant rien d'objectif. Selon Y. Bonnet, elle « *se situe, non dans la considération objective des faits, mais dans l'interconnexion des neurones d'un personnage qui se fait une « intime conviction » comme on croit en Dieu ou en Staline. Le doute métaphysique n'habite pas ces brillants cerveaux, l'humilité moins encore.* »[176]

Se met en place dans ces discours un système actantiel précis : il y a d'une part le mis en cause, qui est dans les « fers », et qui de ce seul fait est voué à la condamnation ; il est inutile qu'il prouve son innocence, puisqu'il est destiné à subir, après les foudres de l'instruction, le jugement du tribunal. Il y a d'autre part le juge d'instruction, tout puissant et infaillible, qui distribue honneurs et déshonneurs ; un juge pour lequel la détention provisoire est une arme, dont il se sert dans sa croisade contre les puissants. Entre les deux, il y a l'opinion publique, toujours prise à témoin : c'est au peuple que l'on appelle, d'abord pour « *laver son honneur* » et « *tranquilliser sa conscience* », ensuite, pour que le système se transforme. Ainsi, écrit J.-C Mitterrand, « *ce coup de gueule aura peut-être servi à limiter certaines de ces détentions provisoires de type « sanction-pression » pour ceux qui n'ont pas l'opportunité de se faire entendre, par déficit de notoriété, et qui bénéficieront d'une relaxe lors de leur procès, voir d'un non-lieu, beaucoup moins médiatisé.* »[177] Le mis en examen veut, au-delà de son cas, porter la cause plus large de tous les justiciables, souvent anonymes, exposés à la violence de l'institution judiciaire, plaçant la répression et la formalisation de charges au dessus des droits de la défense et de la présomption d'innocence.

C'est dans ce contexte bien particulier que se constitue en 1999, le « groupe Mialet », rassemblant les « *VIP de la Santé* » autour d'une réflexion sur le système judiciaire et la prison. Le « groupe Mialet » est une association qui a pris le nom d'un détenu âgé de 37 ans, fonctionnaire de police prévenu d'appartenance à une organisation terroriste basque. Clamant son innocence, il avait été retrouvé mort dans sa cellule. Les membres de ce groupe

---

[176] Ibid. 254-255
[177] J.-C MITTERRAND, Op. cit. 207

dénoncent la justice pénale qui est dépeinte comme une institution en faillite. Pour eux, « *l'institution judiciaire dans son ensemble, de l'officier de police au magistrat et au gardien de prison, a failli à ses missions. Alors que le droit des malades est une réalité sociale organisée, codifiée, respectée, le droit des prévenus, comme celui des condamnés, n'existe tout simplement pas...De pseudo affaires tonitruantes qui s'achèvent par des non-lieux, ont souligné son inefficacité.* »[178] La police judiciaire use, sous le couvert de l'efficacité, d'armes déloyales. La garde à vue ne répond ainsi qu'à un objectif : « *déstabiliser d'emblée, afin que le piège se referme.* »[179]

Le groupe Mialet rend publique l'expérience de ses membres qui ont connu la garde à vue : « *chaque fois, s'excusant presque, il exprime sa conviction d'avoir vécu une situation extraordinaire, d'être tombé sur des enquêteurs particulièrement sadiques qui l'ont menotté à un radiateur, attaché tout nu sur une chaise, privé de nourriture et de boisson et l'ont menacé de s'en prendre à sa femme ou à ses enfants* »[180] La garde à vue est le lieu d'une pression psychologique, destinée à perdre, celui qui n'est parfois qu'un innocent. Plusieurs expressions sont utilisées pour dépeindre la position du gardé à vue : « *inquiétude* », « *peur du vide* », « *incertitude* », « *souffrances* », « *humiliations* ». Il s'agit de décrire la condition d'hommes, coupés brutalement de leur univers habituel, et abandonnés, dans un cadre extraordinaire, à une « *machine* » qui a pour but ultime de les faire craquer. Tout concourt, au cours de la garde à vue, à la déstabilisation du prévenu : les conditions de l'interpellation, l'utilisation presque systématique des menottes sur des personnes ne présentant parfois aucun danger ni pour eux-mêmes ni pour autrui, l'hygiène des locaux. Il y a aussi, la violence psychologique, consistant parfois à jouer sur la lassitude de la personne, sa fragilité mentale. Mais le « groupe Mialet » déplore des cas de violences physiques. L'intervention de l'avocat dès le début de la garde à vue, avec possibilité de formuler des observations sur le

---

[178] J.-M. BOUCHERON et alii, *Tous coupables. Réquisitoire contre le système judiciaire et la prison*, Paris Balland 2002, 21.
[179] Ibid. 26
[180] Ibid. 28

registre de la garde à vue, n'enlève rien aux droits de la garde à vue où il n'y aurait que très peu de place pour le débat contradictoire, et la prise en compte des preuves éventuellement fournies par les mis en cause.

Car, « *pour les officiers de police judiciaire, il n'est de bon dossier que bouclé, bien ficelé, truffé de procès-verbaux...* « *Une procédure carrée* » *qu'ils transmettent au juge d'instruction avec, si possible, des aveux à la clé, le nec plus ultra !* »[181]. Tout se passe comme si, pour la police judiciaire, la priorité était de transmettre au juge d'instruction, des procédures devant faciliter les poursuites et garantir une condamnation par la juridiction de jugement. Les caractéristiques de la garde à vue, sont cependant très largement dictées par le mode de fonctionnement de l'instruction pénale. Cette phase du procès pénal est déséquilibrée et permet, à un homme seul, le juge d'instruction, de structurer à charge les procédures qui lui sont adressées, et de décider de manière en général défavorable du sort de prévenus, pourtant présumés innocents. Le juge d'instruction semble ne pouvoir fonctionner qu'à charge, étant convaincu que la personne qui lui est présentée est nécessairement coupable des faits qui ont été établis par la police judiciaire.

Là encore, la stratégie du « groupe Mialet » se veut pragmatique : il s'agit de décrire, de manière empirique, l'expérience de ses membres, et de démontrer le dérèglement du système, préjudiciable à la liberté individuelle : « *Le préfet Yves Bonnet, face au juge Laurence Vichnievsky constate : « j'avais l'impression d'être un gibier de potence. » Le directeur de la MNEF, Olivier Spithakis ressent l'agressivité – « une haine palpable »- dont témoigne à son égard le juge Elisabeth Schlanger Salama, de la section financière du parquet de Paris. A Angoulême, l'ancien maire de la ville Jean-Michel Boucheron s'entend avertir par l'un de ses juges, Pierre-LouisPugnet : « je suis là pour que vous réappreniez la morale... » Jean-Christophe Mitterrand dira de « son juge », Philippe Courroye : « Son visage suait la haine. »*»[182] Le sociologue doit bien

---

[181] Ibid. 39
[182] J.-M. BOUCHERON et alii. Op. cit. 49

entendu questionner ces discours, émanant de représentants de l'élite politico-administrative et économique, objets de mises en cause judiciaires. Certains ont adhéré au « groupe Mialet » alors que les procédures les concernant n'étaient pas terminées. Beaucoup des magistrats mis en cause n'ont pas répondu aux critiques dont ils ont fait l'objet. Les discours ainsi livrés n'en dépeignent pas moins un contexte, où l'activité des juges est de plus en plus critiquée. Les personnalités mises en examen sont, dans ce contexte extrêmement labile, autorisées à critiquer l'activité de « leurs » juges, et à suggérer des réformes de la procédure pénale. Elles le font de manière plus véhémente lorsque leur parcours judiciaire se solde par un non-lieu ou une relaxe.

L'activisme des juges est alors assimilé à du saccage, à l'origine d'une souffrance inutile. Ainsi, lorsqu'il est relaxé au terme d'une des procédures pénales les plus médiatiques de la cinquième République, R. Dumas, contraint à la démission de son poste de président du conseil constitutionnel déplorait le gâchis dont étaient responsables les juges qui avaient eu à instruire l'affaire Elf : « *cinq années d'inventions, de trucage, pour en arriver là ! Cinq années de souffrance...*»[183]. Cette séquence se traduit par le constat de l'échec de magistrats qui avaient fait de la « traque » des politiques un objectif prioritaire. C'est aussi, on l'a dit, l'échec d'une certaine conception de la réponse pénale, refusant d'épouser les mouvements de la société, et de s'y adapter.

La démission du juge Halphen exprimerait alors la fin d'une période : celle qui voyait les politiques, en permanence dans la ligne de mire des juges. Eric Halphen trahit lui-même un certain désenchantement, face à un retour en arrière perçu comme la manifestation du pouvoir de l'élite politique face à la justice. Il « *ne crois plus. A une justice égale pour tous. Au fait qu'un homme seul puisse triompher d'une organisation nichée au sommet de l'Etat. Au vol d'Icare. A courir après des moulins en*

---

[183] R. DUMAS, *L'épreuve. Les preuves*, Paris Michel Lafon 366.

trompe l'œil, même le plus déterminé des Don Quichotte finit par se lasser. Ou par devenir fou. »[184]

La stabilisation des affrontements entre juges et politiques est aussi liée à l'absence d'appropriation de l'enjeu des affaires, dans la campagne pour l'élection présidentielle de 2002.

L'absence de relais politiques

La justice pénale et les affaires sont des thèmes quasiment absents des joutes politiques qui se déroulent au cours de la campagne électorale pour les élections présidentielles de 2002. La structure des enjeux et la controverse tranchent radicalement avec les séquences précédentes qui voient une polarisation des affrontements autour des affaires politico-financières, perçues comme menaçantes pour le candidat sortant, J. Chirac. Malgré l'intensité des mobilisations, cet enjeu ne parvient pas à franchir le processus complexe de mise en jeu dans l'arène politique.

Les enquêtes d'opinion réalisées à la fin de l'année 2000 montrent déjà un très faible retentissement public des mises en cause de Jacques Chirac.

Tout se passe comme si les « affaires » n'intéressaient plus qu'un cercle extrêmement réduit d'acteurs, parisiens pour la plupart, et se recrutant essentiellement dans le cercle politico-médiatique. Au lendemain des révélations de l'affaire des marchés truqués d'île de France, l'institut Ipsos met en évidence que « *le solde de popularité du président est…encore largement positif.* »[185]

Pour autant, bien que totalisant un score de 55% d'opinions favorables contre 34% d'avis défavorables, la structure de ce « solde de popularité » enregistre l'impact de la « radicalisation de la cohabitation » : 88% d'opinions favorables à droite (+ 8 points), 42% d'avis défavorables chez les sympathisants de

---

[184] E. HALPHEN 2002, *Sept ans de solitude*, Paris Denoël Impacts, 245-246.
[185] P. HUBERT, S. ZUMSTEEG, « Faible réaction de l'opinion publique aux affaires », *http://www.ipsos.fr/canalipsosarticles/663* .

gauche (- 3 points par rapport à novembre 2000). La révélation d'affaires politico-financières était sans incidence sur les déclarations de candidatures.

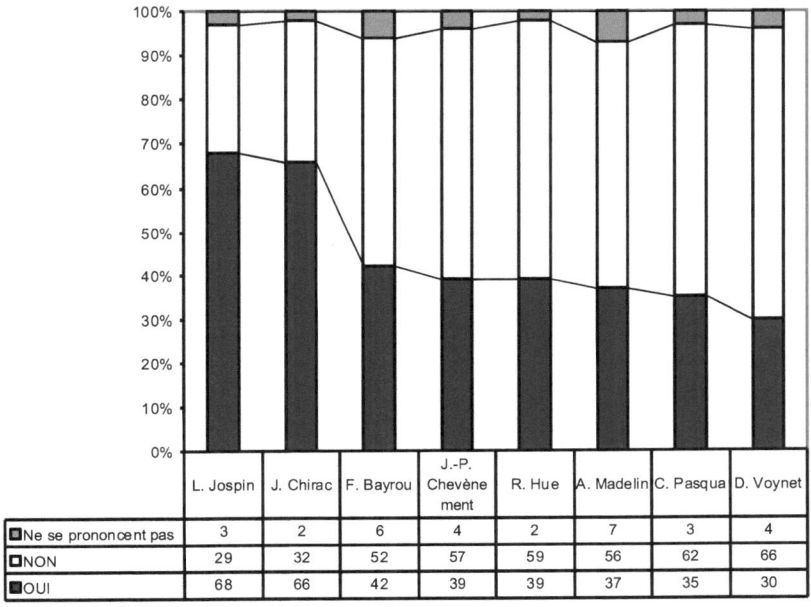

Les affaires de financement illégal des partis politiques

Source : Etude Ipsos/Le point 6 décembre 2000

Pour chacune des personnalités politiques suivantes dites-moi si vous souhaitez qu'elle soit candidate lors de la prochaine élection présidentielle qui aura lieu en 2002 ?

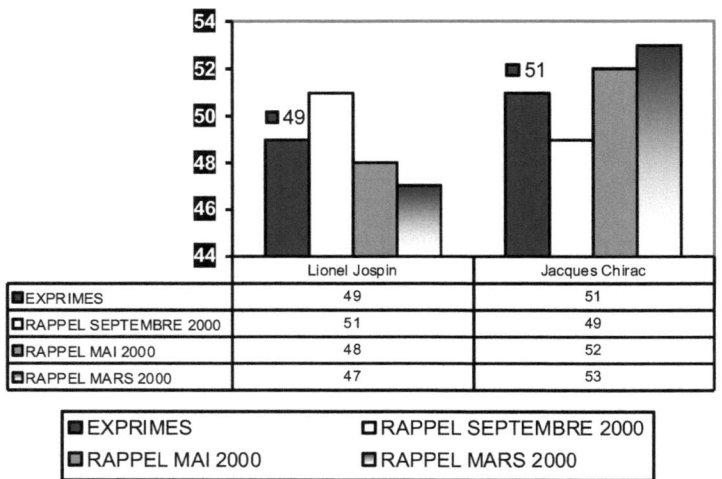

Intention de vote présidentielle au second tour (en %)

Source : Etude Ipsos/Le point 6 décembre 2000

Si le second tour de l'élection présidentielle se déroulait dimanche prochain et si vous aviez le choix entre les candidats suivants, quel serait celui pour lequel il y aurait plus de chance que vous votiez ?

L'action des juges est pourtant globalement perçue comme positive, les Français estimant que les « affaires » touchent toutes les formations politiques, dont les dirigeants sont sommés de s'expliquer devant l'opinion, en tout cas devant les juges.

Dans le domaine des affaires de financement illégal de partis politiques, considérez-vous que l'action des juges, ces dernières années est :

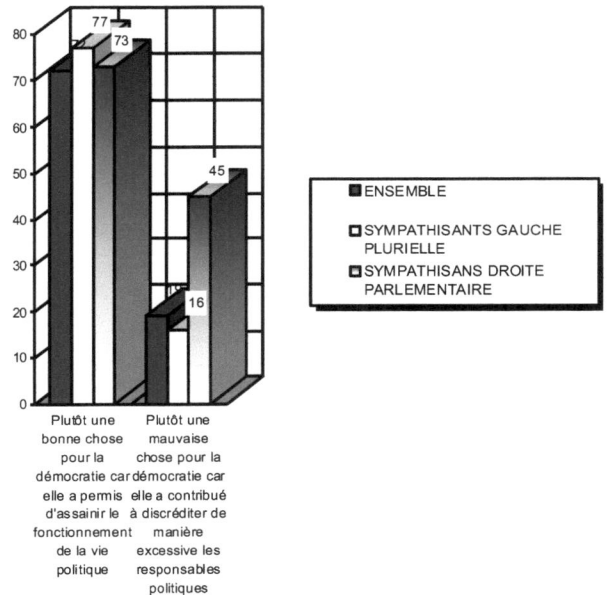

Le jugement de l'action des juges (en %)

Source : Etude Ipsos/Le point 6 décembre 2000

Avez-vous le sentiment que la récente affaire de financement illégal de partis politiques autour des marchés publics des lycées de la région Ile de France :

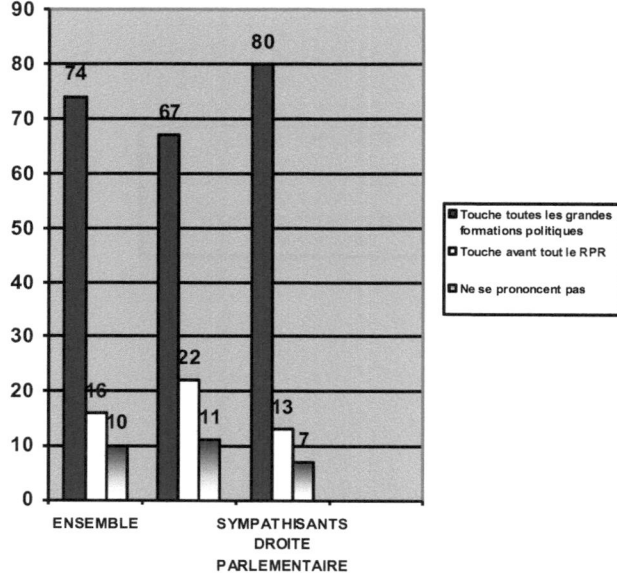

Les partis incriminés dans l'affaire autour des marchés publics des lycées de la région Ile de France (en%)

Source : Etude Ipsos/Le point 6 décembre 2000

Après les récents développements sur les affaires de financement illégal de partis politiques, quelle doit être l'attitude de Jacques Chirac

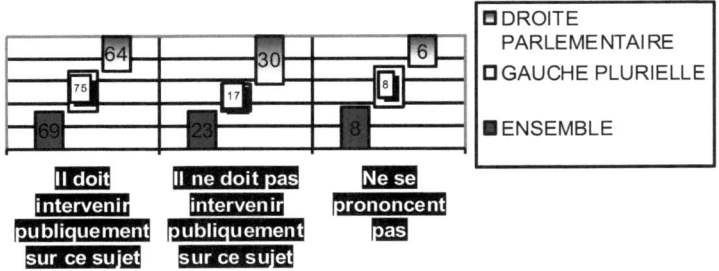

L'attitude de Jacques Chirac

Source : Etude Ipsos/Le point 6 décembre 2000

Ces enquêtes mettent en évidence la très forte résonance sociale de la question des affaires politico-financières, mais une absence totale de répercussion à l'intérieur du jeu politique. Au cours de la compétition pour les élections présidentielles de 2002, il n'y a pas de coup politique, aucune ligne d'action adossée à la question des affaires. Tout va se passer comme si, tacitement, les forces politiques, à l'exception des extrêmes, étaient convenues d'exclure ces thèmes de l'agenda de la campagne électorale. Il suffit de parcourir les programmes judiciaires des candidats pour se rendre compte que l'enjeu des affaires est très faiblement investi, voire absent[186]. Le candidat Chirac s'engage à mettre en place un plan de 6 milliards d'euros sur cinq ans pour permettre à la justice d'exercer son rôle. Il suggère la constitution d'une véritable politique pénale nationale supposant le rétablissement du lien entre la Chancellerie et le parquet ; il préconise, face à la

---

[186] Voir : RTL, Election présidentielle 2002, Thème : Justice, sur l'adresse suivante
http://www.crmiddlebury.edu/public/french/lexique/Elections/fr.news.yahoo.com

montée de l'insécurité, la généralisation de la procédure de comparution immédiate. Jacques Chirac préconise une politique d'aide aux victimes, et suggère que la lutte contre le crime organisé devienne une priorité nationale.

A droite aussi, François Bayrou suggère, sans plus, l'organisation d'un « *Vendôme de la Justice.* » A. Madelin propose un plan de 2 milliards d'euros, avec pour objectifs : « *désembouteiller les tribunaux, humaniser les prisons ou encore créer des établissements adaptés pour les mineurs.* » Entrave au bon fonctionnement de la justice, la loi présomption d'innocence serait révisée. Alain Madelin propose, pour les affaires d'« *appliquer la « tolérance zéro et même la tolérance double zéro, pour les actes de corruption, les trafics d'influence ou les trafics d'armes.* »

Lionel Jospin et le parti socialiste proposent de réformer le conseil supérieur de la magistrature, la constitutionnalisation de l'indépendance du parquet, le désengorgement de la justice, par exemple par la restauration des juges de paix. Robert Hue pour le parti communiste préconise l'augmentation des moyens de la justice et l'amélioration de l'indemnisation des victimes. J.P. Chevènement, qu'E. Halphen a rejoint préconise le rétablissement des instructions au parquet, qui seraient publiques, afin d'éviter les dérives. Dans les cents jours de l'élection du président de la République, une loi de programmation justice/police serait élaborée. N. Mamère propose notamment d'achever la réforme de l'indépendance de la justice, et d'instaurer la tutelle du ministère de la justice sur la police judiciaire. C. Taubira propose d'augmenter les moyens de la justice, et de punir, sans durcir inutilement le dispositif pénal actuel. C. Lepage préconise, outre la reconnaissance du pouvoir judiciaire, l'accélération des procédures, la possibilité de saisine directe du conseil constitutionnel par les justiciables, et la retransmission télévisée des procès. C. Pasqua suggère l'organisation d'un référendum pour rétablir la peine de mort, l'augmentation des moyens de la justice. J.M Lepen envisage une meilleure valorisation du statut des juges, l'empêchement de la politisation de la magistrature, la suppression de l'ENM, et un meilleur arrimage de la police à la justice. B. Mégret a un programme judiciaire quasi similaire. C. BOUTIN demande de rétablir le lien entre le parquet et le garde des Sceaux.

Les candidats les plus significatifs ne reprennent pas dans leur programme la problématique des affaires. Ils suggèrent, de manière très générales, des ajustements du rapport entre le parquet et le ministre de la Justice et de la nomination des juges. Les candidats les moins importants investissent les mêmes thématiques. Mais il s'agit d'enjeux périphériques, faiblement repris dans le débat, à l'occasion duquel personne ou presque ne parle des affaires, celles qui ont secoué jadis le parti socialiste, ni celles qui ont, tout au long de la cohabitation, ébranlé le parti présidentiel. La cohabitation a été placée sous le sceau des affaires, dont on pensait qu'elles pourraient constituer une ressource mobilisable à gauche contre le président en exercice, au même titre que le passé trotskiste de L. Jospin pour la droite. A droite comme à gauche, des équipes se sont constituées pour préparer les affrontements sur la question des affaires[187].

Il ne se produit cependant rien de ce que l'on pouvait attendre. Il y a à cela plusieurs raisons. Une préoccupation sociale ne devient un enjeu politique qu'après son appropriation par des médiateurs. Ces derniers vont la structurer, l'exprimer sous la forme d'une demande sociale, la transformer en problème politique susceptible d'être approprié par les protagonistes du jeu politique. Or, si les revendications des juges et les aspirations en faveur d'une libéralisation de l'institution judiciaire sont appropriées par des coalitions professionnelles (magistrats, avocats...), elles ne sont pas relayées par des acteurs capables de les répercuter dans le jeu politique. Les affaires politico-financières sont restées en périphérie de l'arène politique. Les revendications des juges, et des coalitions pour la reconnaissance d'un pouvoir judiciaire sont demeurées à l'état de problèmes, susceptibles de réponses non nécessairement politiques. Il semble y avoir une raison stratégique à la relégation de ces enjeux par les forces politiques. Les acteurs politiques peuvent

---

[187] Lire in fine : D. BOULARD, H. FONTANAUD, *Opération Elysée*, Paris Rd. Du Rocher 2001.

en effet se trouver en présence d'enjeux clairement exprimés et labellisés, mais ne pas s'en prévaloir en raison du coût politique que représenterait leur appropriation.

Dans la situation politique décrite, la lutte contre les « affaires », constitue un enjeu pour lequel l'investissement des entrepreneurs politiques les exposerait à des coûts élevés. Il convient de rappeler que par une décision très largement commentée, le conseil constitutionnel a, le 22 janvier 1999, estimé que le président de la République bénéficiait d'une immunité pénale. Le 10 octobre 2001, la cour de cassation jugeait que le président de la République ne peut être entendu comme témoins assisté, ni être mis en examen, cité ou renvoyé pour une infraction quelconque devant une juridiction pénale de droit commun. La prescription de l'action publique se trouve suspendue pendant le mandat du président de la République. Ces décisions modifient considérablement le contexte, privant de pertinence des coups politiques adossés aux « *affaires.* » Les conceptions de la fonction présidentielle de L. Jospin l'incitent par ailleurs à réfuter tout usage tactique de cet enjeu. Il faut se souvenir de la manière dont il a contribué à « *neutraliser* » les initiatives du député Montebourg pour renvoyer Jacques Chirac devant la Haute Cour de Justice[188]. Activant les piliers de la majorité parlementaire et notamment le président du groupe parlementaire à l'Assemblée nationale (J.-M. Ayrault), le président de l'Assemblée nationale (R. Forni), et le premier secrétaire du parti socialiste (F. Hollande), il a réussi à dissuader les parlementaires de signer la proposition de résolution du député A. Montebourg, avant de le désavouer publiquement lors d'une séance de questions au gouvernement[189].

Les décisions rendues par la chambre de l'instruction de Paris sur certaines affaires ont, comme on l'a rappelé, modifié la perception sociale du juge, la refonte de la loi présomption d'innocence accentuant l'image d'une institution dont les

---

[188] A. MONTEBOURG 2001, *Proposition de résolution tendant au renvoi de monsieur Jacques Chirac occupant les fonctions de président de la République devant la commission d'instruction de la Haute Cour de Justice*, Paris Denoël.
[189] Lire : G. Benhamou, *Le pacte*, Paris 2005, Ed Privé 55 à 56.

dysfonctionnements pourraient expliquer les problèmes d'insécurité. En outre, comme l'écrit A.-J. Fulgéras, les mises en cause judiciaires constituent toujours pour les pouvoirs, une ressource contre les adversaires, ce qui peut inciter à la prudence. L'émergence d'un dossier politico financier est, dans beaucoup de cas, le résultat d'une « *maïeutique* ». De fait, « *dans la plupart des cas (...) le hasard n'a pas sa place...ou alors il fait trop bien les choses pour ne pas être sous-tendu par une intervention humaine.* »[190]

Tout se passe comme si, dans la lutte sans merci des professionnels de la politique pour le pouvoir, tout pouvait être fait pour que des dossiers, « *patiemment mitonnés* », se transforment au moment opportun en « *effroyables casseroles* », toujours gênantes dans la carrière politique. La justice serait ainsi instrumentalisée, avec d'autant plus de force qu'une fois saisie, elle doit agir. Il faut, pour mesurer la puissance du procédé, relire l'illustration donnée par A.-J. Fulgéras, dont il convient de se souvenir qu'elle a occupé le poste stratégique de chef de la section financière du parquet près le Tribunal de Grande Instance de Paris : « *Supposons qu'un élu souhaite neutraliser un adversaire honni, dont il craint de ne pas triompher à la loyale, par le jeu du débat démocratique. Il cherche un scénario « propre » à le discréditer ou à l'atteindre dans son honneur. Il n'est évidemment pas concevable qu'il porte lui-même ce coup de Jarnac....Il préfèrera introduire dans l'intrigue, en guise de reître, un journaliste naïf (vraisemblable ?) ou complaisant (plus plausible ?), qui portera par sa plume, et par voie de presse, le fer dans la plaie. Peu importe que la turpitude dénoncée soit récente. Il peut ressortir de ses cartons une histoire « gênante », gardée au frais depuis plusieurs années... »*[191]

L'hypothèse peut aussi être faite que les forces politiques en présence n'ont pas pu renouveler leurs ressources pour assumer les coûts liés à ces enjeux, très largement débattus au cours de la cohabitation. Le fait est d'autant plus étonnant que l'on assistera,

---

[190] A.-J. FULGERAS, *Affaires à suivre*, Paris Albin Michel 2002, 88 et suivantes.
[191] A.-J. FULGERAS, prec cit. 90

après la réélection de Jacques Chirac, au renforcement du lien hiérarchique entre le parquet et le garde des Sceaux, exprimant un nouveau positionnement des politiques par rapport à la Justice. Mais Jacques Chirac indiquait dans son programme qu'il instaurerait une politique pénale nationale, coordonnée par le ministre de la Justice, relié hiérarchiquement aux parquets.

Le filtre des cours d'appel

Les chambres de l'instruction vont jouer un rôle régulateur, qui facilitera l'apaisement des affrontements entre les juges et les politiques. Il s'agit d'ailleurs de leur rôle naturel, qui va, dans le contexte analysé, être exercé pleinement et donc prendre une force particulière. La chambre d'accusation est, historiquement l'instance de contrôle des procédures instruites par les juges d'instruction. Dans le cadre de la réforme de l'instruction réalisée par la loi présomption d'innocence, cette instance est devenue la chambre de l'instruction. Dans le ressort de chaque cour d'appel, le président de la chambre de l'instruction instaure traditionnellement un « dialogue » avec les juges d'instruction dont il peut être amené à contrôler les procédures. La chambre d'accusation opère selon la même logique inquisitoriale qui a cours à l'instruction. La loi présomption d'innocence donne à la procédure pénale une orientation accusatoire, puisqu'elle permet aux parties de participer à l'instruction, en demandant au juge l'accomplissement d'actes qu'elles estiment utiles à la manifestation de la vérité.

Le juge d'instruction est resté « *juge enquêteur* », puisqu'il continue de cumuler les qualités du « *juge* » et celles du « *policier.* » Il a néanmoins perdu le pouvoir de placer le suspect sous mandat de dépôt, même s'il est rare que dans le cadre de sa saisine, le juge des libertés et de la détention ne suive pas son « *collègue.* » La logique de fonctionnement de la chambre de l'instruction paraît l'ouvrir à la culture du contradictoire. Les chambres de l'instruction vont, notamment dans des dossiers sensibles, privilégier la discussion contradictoire des charges et des moyens de droit, aux objectifs strictement répressifs et sécuritaires. Lorsque la chambre de l'instruction de Paris, invalide l'instruction dans le dossier du sang contaminé, elle procède à une application implacable du droit au procès équitable. Cette juridiction tranche le droit indépendamment des conséquences sociales, politiques et médiatiques de sa décision. Il en est de même des remises en liberté ordonnées dans les dossiers politico-financiers, ou de l'invalidation complète de pans entiers de ces dossiers.

Les chambres de l'instruction procèdent au recadrage de l'activité des magistrats instructeurs, dont le régime d'action intègre désormais, plus encore que par le passé, le risque d'une annulation en appel. La régulation est facilitée par l'article 175-2 du code de procédure pénale qui dispose qu'en «*toute matière, la durée de l'instruction ne peut excéder un délai raisonnable au regard de la gravité des faits reprochés à la personne mise en examen, de la complexité des investigations nécessaires à la manifestation de la vérité et de l'exercice des droits de la défense. Si, à l'issue d'un délai de deux ans à compter de l'ouverture de l'information, celle-ci n'est pas terminée, le juge d'instruction rend une ordonnance motivée par référence aux critères prévus à l'alinéa précédent, expliquant les raisons de la durée de la procédure, comportant les indications qui justifient la poursuite de l'information et précisant les perspectives de règlement. Cette ordonnance est communiquée au président de la chambre de l'instruction qui peut, par requête, saisir cette juridiction conformément aux dispositions de l'article 221-1. L'ordonnance prévue à l'alinéa précédent doit être renouvelée tous les six mois.* ». Les juges d'instruction sont alors moins tentés de suivre des procédures à rallonge, et d'accomplir des actes qui, par leur multiplication, les écarterait des limites d'ordre public instaurées par la loi présomption d'innocence. L'annulation de toute une procédure n'a plus rien d'exceptionnel. Mais les chambres de l'instruction participent dans le même temps à la réhabilitation de l'image de la justice : il s'agit d'assumer la faillibilité du travail judiciaire, et d'accepter, dans le cadre du jeu normal des institutions, le contrôle et l'invalidation de procédures irrégulières. La personnalité de certains présidents de chambres de l'instruction n'y est pas étrangère[192].

Le juge d'instruction, n'est plus abandonné à lui-même, ni conforté à entretenir le face-à-face et le huis clos avec les prévenus. La loi présomption d'innocence permet aux avocats de participer activement à l'instruction, aux côtés du parquet. Les chambres de l'instruction veulent apparaître comme des instances juridictionnelles « d'arbitrage » entre la défense et le ministère public, ce qui préfigurerait l'introduction d'un système accusatoire à la française.

Une seconde approche de l'activité des chambres de l'instruction est possible : si leurs décisions, souvent spectaculaires dans les dossiers politico-financiers ne feraient que rappeler leur rôle traditionnel de contrôle de l'activité des juges d'instruction, leur. travail participe aussi à la conservation du système pénal. Il est d'autant plus efficace que les magistrats des chambres de l'instruction (et parmi eux les présidents) ont des profils sociologiques les portant « naturellement » à la préservation de l'institution. Le rôle des chambres de l'instruction tiendrait alors à l'action d'un personnel homogène placé à la tête de ces juridictions, unis par une vision convergente de l'institution, et dotés d'un profil sociologique identique.

Les présidents des chambres de l'instruction au 31 décembre 2003, sont en effet majoritairement issus des facultés de droit. Deux sur 31 cumulent un profil droit/science politique, un seul d'entre eux étant détenteur d'une licence en lettres. Ils sont majoritairement titulaires de certificats d'études judiciaires, aucun n'étant issu de l'Ecole nationale d'Administration. Ils sont ainsi majoritairement les produits d'une formation universitaire qui les a préparés, par l'incorporation d'un mode de raisonnement et de réflexes particuliers, à assurer la pérennité du système. Leur structure de carrière exprime également une connaissance indigène du jeu de l'institution judiciaire : articulant majoritairement des passages au siège et au parquet

---

[192] Lire l'entretien de G. Azibert dans : L. GREILSAMER, D 2002. SCHNEIDERMAN, *Où vont les juges ?*, Paris Fayard 193 à 220.

(15 sur 31), ces présidents ont une mobilité qui leur garantit des accélérations de carrière, mais également une meilleure connaissance des modes de fonctionnement des parquetiers et des magistrats du siège. Ces présidents ont rarement consacré toute leur carrière au parquet (2 sur 31). Ils l'ont plus souvent consacrée au siège (13 sur 31), ceux d'entre eux ayant occupé des fonctions de juge étant parfois issus de l'instruction (6 sur 31).

Nous sommes bien en présence d'un personnel homogène par sa formation universitaire et par les traits de la carrière de ses membres. Ces acteurs, portés au culte du précédent et à la conservation du système, ont bridé les initiatives de magistrats instructeurs, « menaçant » la stabilité de l'édifice.

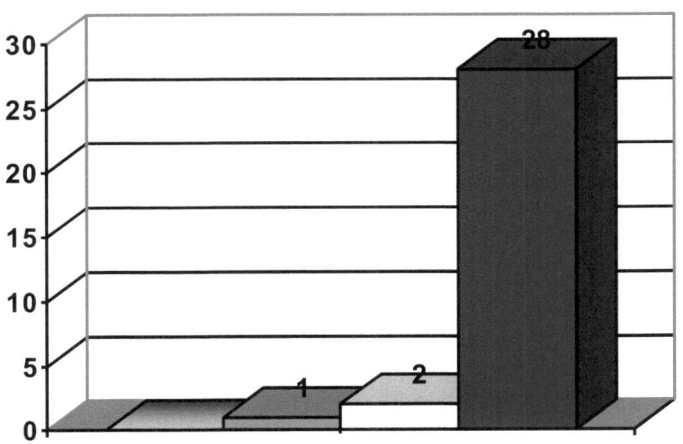

FORMATION UNIVERSITAIRE DES PRESIDENTS DE CHAMBRE D'INSTRUCTION

MODALITES DE CARRIERE DES PRESIDENTS

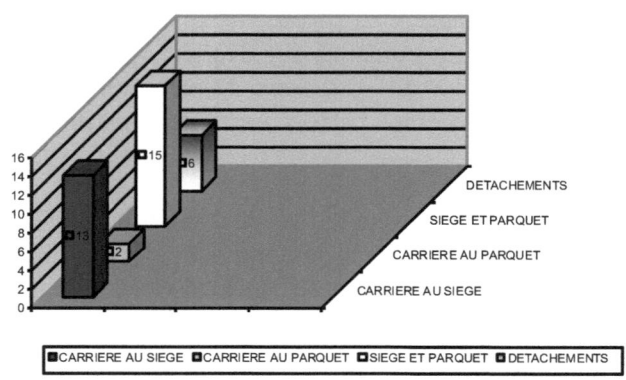

PASSAGE DANS UNE GRANDE ECOLE

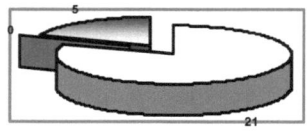
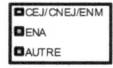

FONCTIONS OCCUPEES AU SIEGE

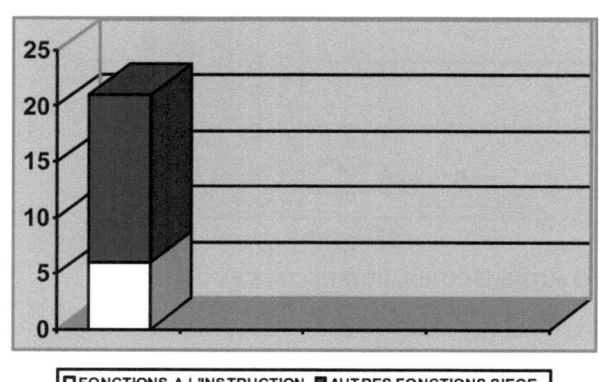

Ces initiatives vécues comme spectaculaires du seul fait de la sensibilité des affaires jugées et du statut social des mis en cause rappellent, si besoin était, que la chambre de l'instruction est une instance de conservation de l'institution, dont elle amplifie le fonctionnement secret et inquisitorial, d'où les reproches qui peuvent être formulés face aux dysfonctionnements emblématiques comme ceux vécus dans l'affaire dite d'Outreau. Mais le rôle joué par certaines chambres de l'instruction exprime aussi, le souci d'une certaine élite judiciaire, bien mis en évidence par ailleurs et notamment par Alain Bancaud, de cultiver subtilement distance et déférence à l'Etat. La noblesse de robe peuplant les chambres d'instruction réaffirmerait ainsi qu'il n'y a de place pour l'autorité judiciaire dans l'Etat, qu'à la condition qu'elle assume son indépendance dans la distance par rapport au politique, tout en lui manifestant une certaine déférence.

Si la chambre de l'instruction participe au recadrage des juges, les avocats jouent également un rôle important dans le processus de neutralisation des affrontements entre juges et politiques.

La nouvelle élite du barreau

Les avocats jouent un rôle essentiel dans la mutation à l'œuvre. Ils vont faire irruption dans le huis clos entre magistrats et politiques. Nombre de magistrats ayant instruit des dossiers sensibles décrivent souvent la « *cohorte d'hommes en noir* », croisant le fer aux côtés des élus. Le pénal s'anoblit. Ce contentieux va permettre l'émergence d'avocats que jusqu'alors l'imaginaire collectif identifiait à la défense des braqueurs et mafieux. Les méthodes d'une défense pénale « *dure* » vont être mises au service des hommes politiques dans leurs affrontements feutrés avec les juges. Les avocats réaffirment ainsi une identité valorisant à tout prix l'autonomie face aux pouvoirs. Cette identité à des racines historiques qu'il faudrait visiter.

Les avocats ont souvent eu partie liée avec le politique qu'ils ont parfois considéré comme mettant en cause leur autonomie. En 1344, le Parlement s'était arrogé le droit de régenter la profession, dont l'opinion publique commençait à moquer les manières. A cette date, il est vrai, le barreau continue de manifester son attachement à des rites désuets ; et si l'on croit encore que saint Yves inspire les avocats, on doute de l'utilité de références et de procédés surannés[193]. L'ordonnance du 11 mars 1344 distingue le titre d'avocat et le droit de plaider. L'organisation de la profession est demeurée souple, mais en fait, c'est le Parlement qui assure désormais la discipline des ordres des avocats, même si chaque barreau acquiert bientôt le pouvoir de décider l'admission de nouveaux membres et d'organiser localement la discipline. C'est véritablement du 17ème siècle que datent les premières manifestations d'indépendance du barreau à l'égard du pouvoir, et que les avocats entrent pour la première fois dans un rapport conflictuel avec l'Etat, inaugurant ainsi une histoire politique des avocats : en 1602, les avocats font grève[194]. Tout au long de l'histoire se met en place au sein des avocats, une forme d'organisation qui se cristallisera au 17ème siècle : le gouvernement collégial. Il traduit la prétention du barreau à s'autoréguler, à l'abri tout à la fois de l'Etat et du marché.

Le gouvernement collégial s'organise, comme l'a montré L. Karpik, autour de trois principes : « *la communauté des égaux* », exerçant la fonction de défense, et partageant les mêmes droits et devoirs ; « *l'intégration sociale non autoritaire* » par laquelle un contrôle social diffus préside à la régulation non coercitive du groupe ; « *des processus de décision fondés sur le plus large consensus* » d'autant nécessaires que les dirigeants, toujours élus, n'ont que des pouvoirs limités[195]. Le barreau contemporain hérite du 17ème siècle une conception particulière de l'autorité qui s'alimente au culte de la distance et de la méfiance à l'égard de l'Etat et du politique. Cette conception récuse toute « *relation*

---

[193] A. DAMIEN 1978, « 19 mai, fête de saint Yves, Patron des avocats », *Gazette du Palais*, 216-218.
[194] A. DAMIENS 1978, « La grève des avocats en 1602 », *Gazette du Palais* 2 novembre 1978, 547-548.
[195] L. KARPIK 1995, *Les avocats. Entre l'Etat, le public et le marché. 18ème – 20ème siècles,* Paris Gallimard.

de commandement obéissance »[196], mais valorise l'indépendance. Cette éthique de l'indépendance et de l'autonomie individuelle, a comme pendant dans l'organisation de la profession, la valorisation du « *moindre pouvoir* » : «*faible différenciation des fonctions, faible capacité de l'autorité à imposer l'obéissance, faible capacité d'action partisane, faible dénivellation entre dirigeants et dirigés, tout, selon L. Karpik, exprime la soumission du pouvoir à la collectivité, tout manifeste l'emprise de la loi sociale qui interdit le commandement.* »[197]

C'est de fait autour de cette conception de l'autorité et du commandement que s'organise l'identité de la profession et qu'elle se structure face à l'Etat, dès après la réforme Maupeou et jusqu'à la première guerre mondiale. Beaucoup d'avocats ont participé au mouvement des Lumières et à la remise en cause de l'ancienne organisation judiciaire. Il est décidé que le corps des magistrats sera constitué par l'élection d'hommes de loi ayant exercé pendant cinq années auprès d'une juridiction. On pense que permettant la fusion du public et du privé dans la magistrature, les avocats peupleront la hiérarchie judiciaire.

Le 2 septembre 1789, les ordres des avocats sont supprimés : « *les hommes de loi ci-devant appelés avocats, ne devront former ni ordre ni corporation, n'auront aucun costume particulier à leur fonction.* »[198] Lorsqu'en 1810 le barreau est rétabli, il va inventer des stratégies d'existence face à l'Etat, mais aussi le marché. Il construit une identité puisant aux principes du barreau classique et s'adossant à une vision libérale de la profession. Malgré le contrôle qu'exerce à distance l'Empire, le barreau promeut une matrice idéologique originale : l'« *économie de la modération* » permet au barreau de se doter de mécanismes de recrutement propres. L'idéologie du désintéressement[199], le rejet des métiers marchands, la référence

---

[196] L. KARPIK, « Démocratie et pouvoir au barreau de Paris », *Revue française de sociologie*, 36 (4) 1986 512 et sq.
[197] L. KARPIK 1995, p. 514
[198] Reproduit dans : J. HAMELIN, A. DAMIEN 1992, *Les règles de la profession d'avocat*, Paris Dalloz 7ème édition, 33.
[199] A. BOIGEOL 1981, « De l'idéologie du désintéressement chez les avocats », *Sociologie et justice*, N°spécial, 78-85.

constante à la morale, s'expliquent par la contrainte qui pèse sur les avocats d'exister, alors même que la profession prétend exister face à l'Etat, le politique et le marché. Elle contribue ainsi à l'institutionnalisation d'un périmètre du barreau vécu comme distant de l'« univers du profit » et des pouvoirs quels qu'ils soient.

Le barreau qui se reconstitue à l'ombre de l'empire permet l'épanouissement de ses membres que la seconde République portera au pouvoir. Mais déjà se pose dans la violence la « *question sociale.* »[200] Peuplé d'Avocats, le parti de la montagne n'est que de peu de poids face à Louis Bonaparte. Les avocats sont victimes de la répression et amorcent un nouveau déclin. Lorsque la République est restaurée, les avocats sont associés aux affaires publiques. Assemblée de juristes, la chambre que les élections de 1881 installent doit affirmer la nouvelle organisation politique. On y dénombre 149 avocats ce qui, signifie que « *plus d'un député sur quatre exerçait la profession d'avocat au moment où il a été élu.* »[201] Jules Grévy, lui-même avocat, sera président de la République. Les avocats forment une élite qui saura instrumenter l'arène politique en en faisant une caisse de résonance des aspirations sociales. Les avocats jouent de fait de leur statut de « porte-parole » pour faire avancer la République : après la barre, la tribune du parlement est devenue le lieu où l'on doit faire entendre les revendications qui montent du peuple[202].

A partir de la première guerre mondiale s'amorce, de nouveau, le déclin : la crise économique a plongé de nombreux avocats dans la misère et le déclassement social. La profession a perdu son statut de porte-parole du public. Il y a aussi les relents

---

[200] Voir : J. CHASTENET 1976, *Une époque de contestation : la monarchie bourgeoise (1830-1848)*, Paris, Librairie académique Perrin, pp 97 à 114 ; M. AGHULON, « 1830 dans l'histoire du 19ème siècle », *Romantisme* n°28-29, reproduit dans M. AGHULON 1980, *Histoire Vagabonde II*, Paris Gallimard pp 31-48.
[201] Y.-H. GAUDEMET, *Les juristes et la vie politique de la 3ème République*, Paris PUF, p 15.
[202] J.-D. BREDIN, T. LEVY 1997, *Convaincre. Dialogue sur l'éloquence*, Paris, Odile Jacob pp 127 à 151.

d'antiparlementarisme auxquels se nourrira bientôt l'extrême droite, liés aux scandales, nombreux, qui mêlent des parlementaires avocats. La parole de l'avocat, loin de rassurer, inquiète ; elle est d'ailleurs souvent associée au « mensonge » et à la « tromperie ». Cohabitent au sein de « *l'avocature* »[203] plusieurs milliers d'avocats, développant des modes d'exercice variés : avocats traditionnels attachés à un mode d'exercice ciblant une clientèle de particuliers ; avocats dit d'affaires, intégrant à leurs stratégies les règles du jeu marchand et les contraintes de l'internationalisation. Entre les deux, des avocats d'un type hybride, dont les pratiques professionnelles se situent à la lisière de l'entreprise artisanale et de l'agence marchande[204]. Les avocats sont absents des lieux de pouvoir : au parlement, ils sont maintenant supplantés par les hauts fonctionnaires ; ils sont rares à occuper des portefeuilles ministériels. Les ténors ne se distinguent qu'à l'occasion d'affaires criminelles médiatisées.

La lutte contre la délinquance politico-financière permet à des avocats, qui pratiquaient jusqu'alors le tout venant de la correctionnelle, de se singulariser et d'apparaître comme les remparts de l'Etat de droit, face au risque d'une répression débridée. Les tactiques importées de la défense pénale classique sont mises au service de l'assistance des hommes politiques. Traque sans relâche du vice de forme, analyse « chirurgicale » des procédures pour y débusquer le moindre vice, harcèlement des magistrats en instrumentant parfois les médias, telles sont, entre autres des ressources dont se servent ces avocats pour anéantir les poursuites dont sont l'objet leurs clients.

Cette nouvelle élite du barreau côtoie les politiques sur les plateaux de télévisions sur lesquels l'affrontement avec les magistrats se déplace parfois. Ces avocats portent de nouvelles causes, il en est ainsi de la réforme judiciaire, notamment au lendemain du scandale d'Outreau.

---

[203] D. SOULEZ-LARRIVIERE 1990, *L'avocature. « Maître, comment pouvez-vous défendre ? »*, Paris, Ramsay.
[204] Voir par exemple : M.-T. MAZEROL, *L'avocat dans un monde en bouleversement. Approche de psychologie sociale clinique*, CRIV n°6 1993.

Le retournement autour de la loi présomption d'innocence et le retour des préoccupations sécuritaires

La loi présomption d'innocence du 15 juin 2000 va connaître une mise en œuvre mouvementée, qui doit être prise en compte dans la succession des événements qui vont conduire à la mise en place d'une nouvelle politique répressive, avant même l'élection du président Chirac, et le lancement des projets de D. Perben, ministre de la Justice du premier gouvernement Raffarin. La loi présomption d'innocence va susciter les inquiétudes des praticiens qui vont très vite déplorer le manque des moyens mis à leur disposition. Dès la parution des premiers textes d'application, les associations de magistrats et de greffiers réclament l'augmentation des moyens matériels pour remplir leurs obligations.

Face à ces préoccupations, Marylise Lebranchu promet, en décembre 2000 un certain nombre d'évolutions budgétaires. Elle charge l'inspection des Services judiciaires d'un rapport d'évaluation des trois premiers mois d'application de la loi. Le 14 juin 2001, un rapport est remis au garde des Sceaux. L'inspection est réalisée sur un échantillon de cinq cours d'appel (Aix, Bordeaux, Lyon, Reims, Versailles) et dix tribunaux de grande instance de leur ressort. Ce rapport considère que la réforme rend nécessaire « *outre un perfectionnement des organisations et des méthodes de travail, que les moyens nouveaux bénéficient aux situations les plus exposées.* »[205]. Car la mise en œuvre de la réforme s'est accompagnée de l'accentuation de la tension pesant sur les principaux acteurs de la chaîne pénale, se traduisant par l'aggravation des conditions de travail. La détérioration est perceptible dès le stade même de l'intervention du juge des libertés et de la détention exposé au « défaut de maîtrise du temps », puisque ce magistrat doit composer avec plusieurs acteurs qui ont une disponibilité variable : « *située au dernier stade du processus de présentation des personnes déférées, l'intervention du JLD est conditionnée par l'accès au dossier et la disponibilité de l'ensemble des*

---

[205] J.-P. COLLOMP, « IGSJ. La loi du 15 juin 2000 », Paris juin 2001 p.12.

acteurs : escorte, juge d'instruction, avocat de permanence ou choisi, éducateur du SEAT lorsqu'il s'agit d'un mineur. La durée des présentations s'en trouve accrue. Cette situation est encore aggravée dans certains tribunaux lorsque, faute de maîtrise partagée de l'outil informatique, les débats contradictoires qui se tiennent durant les permanences de fin de semaine, sont traitées de façon manuscrite. »[206]

C'est au niveau de l'application des peines que la réforme est confrontée à des difficultés d'application. Certaines juridictions de l'application des peines n'ont aucun accès au logiciel GIDE (gestion informatisée des détenus), et ne disposent même pas d'une gestion informatisée des cabinets. Le parquet a connu une très nette dégradation de ses conditions de travail, en raison de nouvelles contraintes organisationnelles : modification du rythme des gardes à vue nécessitant une plus grande présence, plus grande fréquence et allongement des présentations, exigence d'une intervention accrue à l'application des peines, appels en matière criminelle, autant de nouveaux domaines d'intervention du parquet, dont les moyens n'ont pourtant pas été accrus. Il en résulte un amoindrissement des capacités de réponse de toute l'institution, où les niveaux de vacance d'emploi sont déjà importants. Dès lors, « *sous peine d'altérer la capacité de réponse des juridictions, l'application de la réforme appelle un accompagnement qui passe par des mesures d'organisation et un renforcement des effectifs.* »[207] Le 21 mars 2001, quelques jours avant le dépôt du rapport Collomp, le garde des Sceaux indiquait que les préoccupations des magistrats et fonctionnaires des cours et tribunaux appelaient une adaptation nécessaire de l'organisation de l'institution judiciaire. Pour Marylise Lebranchu, « *au-delà des efforts budgétaires qui seront maintenus dans les années à venir, de la prise en compte des sujétions de service liées à la loi du 15 juin 2000, actuellement discutée avec les syndicats de magistrats, et des discussions sur l'ARTT, une réflexion profonde doit être engagée sans attendre*

---

[206] Ibid.
[207] Ibid. P 14

sur l'organisation et le fonctionnement de l'institution judiciaire. »[208]

Le ministre souhaite, dans le contexte de revendications de plus en plus pressantes émanant des fonctionnaires de justice, développer une politique d'amélioration qualitative de son administration, ce qui suppose de ne pas céder aux seules préoccupations matérielles. Pour elle, les impératifs de gestion n'ont pas de sens s'ils étaient confinés à la seule réalisation du chiffre, et à la productivité. La définition d'une nouvelle politique judiciaire suppose une réflexion sur la fonction même de juger : « *nous devons passer d'un débat sur la carte judiciaire à la définition d'une justice de proximité à la fois accessible et de qualité* ». La construction d'un discours managérial est le moyen, pour le garde des Sceaux, de reprendre l'initiative, en intégrant les préoccupations des agents, sans donner l'impression de sacrifier la loi présomption d'innocence aux mobilisations de plus en plus nombreuses et hostiles. Le rapport Collomp est remis au garde des Sceaux le 5 avril 2001.

Dans le champ policier, la progression de la délinquance est interprétée comme liée à la baisse du nombre des gardes à vue et des détentions provisoires, rendue possible par la loi présomption d'innocence. A l'automne 2001, des membres des forces de police sont blessés ou tués en activité, ce qui est à l'origine d'une mobilisation sans précédent des policiers et gendarmes. Le mouvement est très vite récupéré à l'intérieur du champ politique par des acteurs qui, comme C. Estrosi a déposé sur le bureau de l'assemblée nationale, une proposition de loi réclamant l'abrogation de la loi présomption d'innocence. La multiplication des mobilisations syndicales et les critiques provenant de l'opposition obligent le premier ministre, dans le contexte de la cohabitation, à réagir.

Le chef du gouvernement charge J. Dray (PS – Essonne) d'une mission d'évaluation de la loi présomption d'innocence. Le choix de Julien Dray n'est pas neutre. Proche de L. Jospin et impliqué dans la définition de la politique de justice et de

---

[208] M. LEBRANCHU, « Lettre aux magistrats », Paris 5 mars 2001.

sécurité de la majorité socialiste, il appartient à la mouvance réaliste, celle qui a permis à la gauche, depuis le discours de Villepinte, de faire sa mue en matière de sécurité. Ce courant se veut pragmatique face aux exigences de la sécurité, et conçoit la répression pénale comme compatible avec le discours de gauche. L'autre mouvance a pour principal acteur Christine Lazerges, issue de l'université et proche de M. Delmas-Marty. Cette fraction est attachée à la défense des libertés publiques et à la promotion des droits de l'homme. C'est C. Lazerges qui est chargée par l'assemblée nationale d'une mission d'information sur l'évaluation de la loi présomption d'innocence. Le choix effectué par L. Jospin de confier l'évaluation de la loi présomption d'innocence, annonce des inflexions majeures du texte.

Les conclusions du rapport Dray sont très explicites : « *S'il n'y a pas de grand chambardement à apporter à la loi, des précisions, des corrections et des encadrements proposés dans ce rapport nous apparaissent néanmoins nécessaires, à la fois pour assurer une meilleure pratique et pour lever les doutes et des interrogations légitimes des praticiens de la loi. C'est à travers ces modifications que nous améliorerons la procédure pénale, aussi bien en termes d'efficacité retrouvée du travail d'enquête qu'en termes de garantie des libertés publiques et individuelles.* »[209] Le député de l'Essonne formule un certain nombre de propositions, après audition de praticiens, essentiellement issus de la police, de la magistrature et du barreau, dans le cadre d'entrevues qui donnent parfois l'impression d'exutoires à la rancœur policière. L'intervention de l'avocat dès la première heure de la garde à vue est vécue de manière hostile par les fonctionnaires de police qui ne souhaitent pas devoir gérer l'intendance du barreau. Les avocats n'interviendraient d'ailleurs pas systématiquement, lorsqu'ils sont sollicités au cours des gardes à vue.

---

[209] J. DRAY 2001, *Evaluation de l'application et des conséquences sur le déroulement des procédures diligentées par les services de police et de gendarmerie des dispositions de la loi du 15 juin 2000 renforçant la protection de la présomption d'innocence et les droits des victimes*, 19 décembre 2001 p.44.

Cette intervention peut même être le moyen de faire disparaître des preuves ; elle « *ne permet plus la confidentialité de l'enquête. Les réseaux liés au gardé à vue ont le temps de disparaître dans la nature* »[210]. Semblent ainsi être mis en œuvre les oppositions qui structurent le fonctionnement de la chaîne pénale, que la loi présomption d'innocence aurait exacerbé. Les officiers de police judiciaire reprochent au parquet ses exigences procédurales parfois mâtinées de pointillisme. Privilégiant la forme, les substituts ne se préoccupent pas des conditions matérielles d'intervention des fonctionnaires de police. Ces derniers sont contraints de se plier à l'analyse du parquetier : « *les officiers de police judiciaire suivent les remarques du Parquet dans la mesure où ils savent que la garde à vue à laquelle ils auront procédé sera annulée de façon certaine si, en cas de contestation par la défense, le parquet ne les soutenait pas.* »[211]

Le rapport met aussi en évidence une zone de tension dont les mobilisations syndicales notamment se sont fait l'écho. Les fonctionnaires de police vivent les remises en liberté décidées par les magistrats du siège comme une remise en cause de leur travail, ce qui est à l'origine du sentiment d'impunité dans la population. Au niveau du fonctionnement policier, Julien Dray préconise un renforcement de la territorialisation des parquets, garantie d'échanges et de dialogue entre magistrats chargés des poursuites et les fonctionnaires préposés à la répression sur le terrain. Cela permettrait également aux magistrats de prendre en compte le contexte de l'action policière. Le rapport propose aussi la mise en place de réunions régulières associant l'ensemble des officiers de police judiciaire et les magistrats du parquet, par district de police et par compagnie de gendarmerie. Il est aussi recommandé une revalorisation des dispositifs de formation des officiers de police à la culture judiciaire, au moyen par exemple de la centralisation des notes « *dans un cahier de formation et d'information* »[212] Le rapport Dray propose aussi de créer des groupes de contact entre magistrats, avocats et policiers pour

---

[210] J. DRAY 2001, prec. Cit. p 20
[211] Ibid 35
[212] J. DRAY 2001, op. cit. p 37

« *créer un cadre de discussion et de confrontation de ces différents intervenants de la chaîne pénale.* »[213]

Il est notamment proposé l'instauration de la collégialité de la prise des décisions d'incarcération pour éviter « *la personnalisation médiatique.* »[214] S'agissant de l'interdiction du placement en détention des personnes ayant autorité parentale sur mineurs de 10 ans, il était préconisé que lorsque le mis en examen n'a pas informé le juge d'instruction, lors de la première comparution de ce qu'il exerce l'autorité parentale sur un enfant mineur, il se trouve de facto privé de la protection contre l'incarcération. L'enquête sociale ne serait plus systématique en cas de renouvellement de mandat de dépôt. On accorderait aussi au juge des libertés, le droit d'apprécier la situation familiale de l'intéressé, de manière à « *sortir d'une logique de seuils insatisfaisante au regard de l'esprit humaniste qui avait présidé à l'élaboration de la loi.* »[215] On notera aussi la proposition tendant à accorder au ministère public le droit de faire appel des décisions des cours d'assises, tant en cas d'acquittement ou de condamnation.

Ce rapport constitue une précieuse caution technique des projets du gouvernement, élaborée de surcroît sur un mode consensuel, avec la participation des syndicats de policiers et de magistrats. Le 8 janvier 2002, tout en affirmant son attachement aux principes philosophiques dont la loi présomption d'innocence était porteuse, L. Jospin annonce des adaptations du texte vécues comme nécessaires. Reprenant à son compte les séquences ayant abouti à l'édiction de la loi présomption d'innocence, le premier ministre situe son projet entre deux impératifs : la promotion des libertés publiques d'une part, et la préservation de la capacité d'action des agences pénales au concret. L'action du gouvernement ayant abouti au vote de la loi présomption d'innocence s'inscrivait dans un processus précis, où le gouvernement n'avait fait que tirer les conséquences des rapports de force créés par la décision du président de la République de

---

[213] Ibid.
[214] Ibid. 39
[215] Ibid. 42

charger la commission présidée par Pierre Truche, d'une mission de réflexion sur la justice.

La loi du 15 juin 2000 s'inspirait des conclusions du rapport de cette commission, pour mettre en place une procédure pénale moderne et équilibrée entre la nécessaire répression pénale et la sauvegarde des droits fondamentaux et de la liberté individuelle. Dans le cadre des débats parlementaires, majorité et opposition étaient allées parfois au-delà même du projet du gouvernement, le texte étant adopté à l'unanimité de la chambre. Il a pourtant fallu faire face aux contraintes du terrain, les praticiens faisant état « *des difficultés de mise en œuvre pouvant faire obstacle à ce que des procédures visant des délinquants soient menées à bien.* »[216] Invoquant dans le débat parlementaire le rapport rédigé à sa demande par Julien Dray, L. Jospin peut alors adopter une position d'extériorité par rapport aux dynamiques à l'œuvre dans l'arène politique autour de la question de la sécurité, à quelques mois de l'élection présidentielle : « *Devant un risque d'un développement de l'impunité dangereux pour la sécurité de nos concitoyens, j'ai demandé à l'un d'entrevous, J. Dray, de procéder à une évaluation précise et concrète des difficultés rencontrées* »[217]. L'option choisie est de donner à la stratégie judiciaire, une orientation plus sécuritaire. J. Dray aurait, selon L. Jospin, « *relevé qu'en raison d'un formalisme parfois tatillon, la charge de travail des enquêteurs était alourdie, ce qui pouvait nuire à leur efficacité.* »[218]

Le premier ministre propose une réponse reposant sur plusieurs axes. Les dispositions du rapport Dray ne nécessitant pas l'intervention du pouvoir législatif feraient l'objet de circulaires de politique pénale par le ministère de la Justice. Pour le reste, des adaptations législatives seraient introduites, sans toucher au principe de la loi. Alors que la campagne électorale pour les élections présidentielles oblige les principales formations politiques à se mettre en ordre de marche pour les futures

---

[216] L. JOSPIN, JO Ass. Nat. séance du 9 janvier 2002. Voir aussi http://www.premier-ministre.gouv.fr le 11 janvier 2002.
[217] L. JOSPIN, JO Ass. Nat. séance du 9 janvier 2002
[218] Ibid.

échéances, que la sécurité est redevenue un des enjeux majeurs des affrontements politiques, L. Jospin positionne la gauche sur la problématique de l'insécurité. Il s'agit désormais, pour la gauche, d'une valeur assumée. Pour L. Jospin, « *la sécurité de nos concitoyens et la lutte contre l'impunité sont des devoirs de l'Etat. Je pense que le gouvernement et le législateur assument pleinement leurs responsabilités en se montrant capables d'évaluer, sur la base de l'expérience, leur propre texte pour y apporter des adaptations utiles.* »[219] Il est licite, dans ces conditions, de réorienter la stratégie judiciaire, en redéfinissant, pour les rendre plus explicites, les motifs qui peuvent justifier le placement en garde à vue de suspects. Il est impérieux de donner aux forces de police les moyens de répondre concrètement à la délinquance ; c'est la raison pour laquelle le premier ministre approuve la proposition faite par J. Dray, d'élargir les délais de notification des droits aux personnes placées en garde à vue, par les officiers de police judiciaire. De même, il est cohérent avec la nouvelle conception de la sécurité prônée par la gauche, que la répétition d'actes délictueux soit prise en compte pour décider des placements sous mandat de dépôt. Ces orientations sont matérialisées dans une proposition de loi adoptée le 21 février 2002, la loi étant promulguée le 4 mars 2002.

La réponse pénale est de nouveau vécue à travers le seul prisme sécuritaire. La séquence de « tempérance sécuritaire » ouverte à l'unanimité par les parlementaires à l'occasion du vote de la loi présomption d'innocence, est désormais refermée. Tout se passe comme si le traitement de l'insécurité, amplifiée par des faits divers tragiques, passait par la remobilisation de la figure du Léviathan pénal. Dès l'alternance de 2002, la nouvelle majorité revenait sur l'essentiel des dispositions de procédure pénale de la loi présomption d'innocence. A la sortie du conseil des ministres du 17 juillet 2002, le garde des Sceaux diffusait un communiqué annonçant les orientations de la réforme: « *Pour éviter que la complexité de la procédure pénale ne nuise à l'efficacité de la répression, la loi procède à un rééquilibrage et à certaines simplifications des règles, en respectant les principes*

---

[219] Ibid.

fondamentaux de la présomption d'innocence et des droits de la défense. »

Libéralisation judiciaire et parquet

Lorsqu'elle s'installe Place Vendôme en 1997, E. Guigou a pour mission principale de traduire en actes, le discours développé par la gauche tout au long des séquences qui précèdent la dissolution de l'assemblée nationale par J. Chirac, jusqu'aux élections législatives anticipées. Elle a accepté le poste à la conditions de pouvoir agir, en mettant en œuvre le programme présenté aux législatives, sans subir le sort des derniers gardes des Sceaux de F. Mitterrand : «*Puis j'ai rappelé Lionel Jospin et je lui ai posé la question : « Est-ce que tu m'assures que l'on fera toutes les réformes que l'on a proposées (je me souvenais d'Henri Nallet puis de Michel Vauzelle, complètement coincés) sur l'indépendance des magistrats, la fin des instructions individuelles du ministre aux parquets, la fin des tripatouillage dans les affaires, quel qu'en soit le prix ? » il m'a répondu oui.* »[220] Tout en développant une réforme en profondeur de pans entiers du droit (mineurs délinquants, famille, tribunaux de commerce), le nouveau garde des Sceaux adopte une position de neutralité absolue face aux affaires, s'interdisant d'intervenir, pour quelque motif que ce soit, dans le déroulement des dossiers particuliers : « *Les procureurs ne reçoivent plus du ministre des instructions pour accélérer ou retarder certains dossiers, comme cela se pratiquait auparavant. Classiquement, on accélérait les dossiers qui concernaient ses adversaires politiques et on ralentissait ceux qui touchaient ses amis. Désormais, comme on ne fait plus ni l'un ni l'autre, la justice suit son cours.* »[221] Le garde des Sceaux affirme un nouveau style de la politique de l'action publique, prétendant trancher radicalement avec les pratiques antérieures.

L'action publique doit être dépolitisée, libérée du jeu des influences gouvernementales, et placée à l'abri de l'interférence des enjeux politiques. Du même coup, le ministre de la Justice

---

[220] E. GUIGOU, *Une femme au cœur de l'Etat*, Paris Fayard 183.
[221] Ibid. 192

donne à voir l'exercice de sa fonction, comme exclusivement vouée à la coordination, par la loi, de l'action des agences pénales. Les magistrats sont libres, et ont la totale maîtrise de leurs dossiers.

La chancellerie n'est rien d'autre que le « ministère de la loi. » On y réforme les institutions et les mécanismes juridictionnels pour les moderniser, et faire de l'accès au droit et de la qualité de la justice, de nouveaux référents de la politique judiciaire. Lorsque le nouveau garde des Sceaux est interrogé sur le recours toujours possible aux techniques discrètes de l'interventionnisme politique dans la justice, elle dépeint le style qu'elle pratique comme l'antithèse de celui suivi jusqu'alors par ses prédécesseurs : « *Et quand Pierre Méhaignerie vous dit à l'Assemblée nationale que si vous ne donnez pas d'instruction écrites aux parquets il reste toujours le téléphones ? Je réponds à mon prédécesseur que pour éviter la tentation du téléphone, il faut proscrire dans la loi toute instruction individuelle du garde des Sceaux aux procureurs. Si les instructions ministérielles dans les dossiers individuels sont purement et simplement interdites, le garde des Sceaux qui décrocherait son téléphone violerait la loi. Je dis aussi à Pierre Méhaignerie que c'est parce que la loi autorise les instructions écrites que son successeur Jacques Toubon s'est autorisé à envoyer un hélicoptère rechercher un procureur dans l'Himalaya. Et j'ajoute :* « *Si moi ou l'un de mes collaborateurs s'amusait à faire ce genre de chose, inutile de dire que ce serait immédiatement connu !* » *Donc, je demande que l'on ne me fasse pas de procès d'intention. Mais je comprends que l'opposition conçoive un énorme dépit de voir que je fais ce qu'elle n'a pas voulu ou su faire.* »[222]

Il s'agit bien, avec la nouvelle majorité socialiste, d'un mode de gouvernance judiciaire, se différenciant de celui de droite. E. Guigou organise des réunions collectives avec les chefs de cours, pour examiner l'application des réformes, les évaluer et envisager les adaptations. Des chefs de juridiction sont parfois convoqués à la chancellerie, dans le cadre de réunions

---

[222] E. GUIGOU prec.cit. 193

techniques. Les chefs des juridictions plus politiquement sensibles (Corse, Paris, Bordeaux – en raison du procès Papon) le sont aussi. Mais le ministre se vante, de ne jamais pouvoir être suspecté d'influencer ces hauts magistrats : « *Aucun d'entre eux ne pourra jamais dire que j'ai, ne fût-ce que d'un battement de cils, tenté de les influencer en quoi que ce soit. Rien ! Je prends toutes les précautions parce que je sais qu'on est à l'affût de cela.* »[223]

La configuration de la scène politique nationale procure aux socialistes, sur le terrain de la politique pénale, un avantage. Le parti présidentiel a épuisé l'essentiel de ses ressources dans les affrontements sur le terrain judiciaire, ce qui a contraint, on s'en souvient, J. Chrirac à instituer la commission Truche chargée, notamment, de réfléchir à la coupure du « cordon ombilical » entre la chancellerie et les parquets. La campagne électorale pour les élections parlementaires organisées après la dissolution de l'assemblée nationale, place la libéralisation de la justice et la problématique des affaires, en tête des enjeux du moment. Or, les mises en cause judiciaires de plus en plus nombreuses de membres du parti présidentiel, et les attaques ciblant le chef de l'Etat lui-même, disqualifient la droite à prendre quelque initiative que ce soit, sur le terrain de la politique de justice.

C'est justement dans ce contexte que le 19 juin 1997, dans sa déclaration de politique générale, L. Jospin annonce que le gouvernement ne donnerait plus d'instruction aux parquets dans les dossiers individuels. Il s'engage aussi à nommer les magistrats du parquet sur avis conforme du conseil supérieur de la magistrature. Il s'agit là d'un coup direct - pour reprendre la terminologie de M. Dobry[224]- au sens où, dans le contexte tendu du début de la cohabitation, il affecte directement la situation du président de la république qui a nommé la commission Truche,

---

[223] Ibid. 197

[224] M. DOBRY 1986, *Sociologie des crises politiques*, Paris Presses de Science Po 175 et suivantes. Pour l'auteur, les coups directs dans un contexte d'interdépendance tactique élargie « *correspondent à des lignes d'action qui, par elles-mêmes, du seul fait de leur occurrence, modifient la situation des protagonistes d'une interaction donnée.* »

dont on sait qu'elle proposera bientôt, une réforme de la conception traditionnelle des relations entre la chancellerie et le parquet. Et de fait, lors de l'interview du 14 juillet 1997, Jacques Chirac vante les mérites et la qualité du rapport Truche ; il va même plus loin dès lors que de son point de vue, une réforme suppose l'approfondissement de la réflexion sur l'indépendance des juges et leur responsabilité.

C'est dans le cadre d'une réunion au plus haut sommet entre l'Elysée, Matignon, la place Vendôme et leurs plus proches collaborateurs que, le 20 octobre 1997, les grandes lignes de la réforme du conseil supérieur de la magistrature sont adoptées. A l'issue, l'Elysée invite le premier ministre et son garde des Sceaux à « *compléter [la] copie, trop faible selon lui sur la justice de proximité.* »[225] Le 29 octobre 1997, le garde des Sceaux présente au conseil des ministres la réforme du conseil supérieur de la magistrature qui reprend les propositions du rapport Truche. L'Elysée estime qu'à « *défaut d'une solution plus radicale, qui eût exigé des réformes plus profondes, le président de la République retient comme base de travail les idées exposées par le garde des Sceaux.* »[226] L'attitude réservée du président face au projet des socialistes tranche cependant avec la position qu'il exprime à l'issue du conseil des ministres du 15 avril 1998 lors duquel il approuve le projet, et celle qu'il défend face à ses amis politiques du RPR[227]. Le 1er juin 1998 le président réunit les chefs de file de l'opposition, P. Séguin, M. Debré, N. Sarkozy. La réunion se déroule en présence du secrétaire général de l'Elysée, et M. Ulrich, et se déroule dans un climat tendu : « *L'atmosphère est orageuse. Nicolas Sarkozy est rentré de mauvaise grâce d'un week-end de Pentecôte en famille. Le secrétaire général du RPR fait clairement savoir qu'il est contre la rupture du cordon ombilical avec le parquet et qu'il ne votera jamais le projet Guigou. Selon lui, Chirac reconnaît ne pas être un spécialiste de la justice, mais plaide pour « un choix moderne. »* Le président est soutenu par Maurice Ulrich, l'un

---

[225] Voir : M.-B ALLAIRE, P. GOULLIAUD 2002, L'incroyable septennat. Jacques Chirac à l'Elysée 1995-2002, Paris Fayard, P 473 et sq.
[226] Déclaration du porte de parole de l'Elysée, 29 octobre 1997.
[227] Lire M.B. ALLAIRE, P. GOULLIAUD, op. cit. 475 et suivantes

des avocats les plus constants de la réforme. Le sénateur de Paris estime que le projet Guigou donne « entière satisfaction » et qu'il est « dans le droit fil de la déclaration du président » lors de l'installation de la commission Truche. Sarkozy cloue rudement le bec d'Ulrich. *« Maurice, vous n'avez jamais vu un électeur, vous ne comprenez rien à la justice, vous ne connaissez que la justice administrative, le Conseil d'Etat. »*[228] Le projet est finalement adopté le 3 juin 1998 avec les voix d'Alain Juppé, de Jean-Louis Debré et de l'UDF.

Le jour même, après plusieurs réunions organisées entre Matignon et la place Vendôme, E. Guigou présente en conseil des ministres le projet de loi relatif à l'action publique en matière pénale. Il est le complément logique de la réforme du conseil supérieur de la magistrature qui a vocation à accroître la protection statutaire de l'indépendance des magistrats du parquet. La réforme des relations entre la chancellerie et le parquet a pour but d'interdire « *au ministre de la Justice de donner des instructions aux magistrats du ministère public dans des affaires individuelles. Corrélativement, il donne clairement compétence au ministre pour élaborer les orientations générales de la politique pénale. Ces orientations générales seront mises en œuvre par les magistrats du parquet et permettront d'assurer la cohérence de l'action publique sur l'ensemble du territoire.* »[229]

Ce projet reçoit l'approbation du président de la République qui, lors du conseil des ministres expose : « *Au fond, ce que je comprends, c'est que votre projet de loi ne coupe pas totalement le lien, mais prévoit le maintien d'une politique pénale. Il est très raisonnable.* »[230] Le texte est adopté par les chambres où la majorité exprime une nouvelle doctrine relative au parquet. Elle place la libéralisation du parquet dans le droit fil de la révolution de 1789. Ainsi, pour A. Montebourg, « *Tous les régimes, même*

---

[228] M.B. ALLAIRE, P. GOULLIAUD, op. cit. 475
[229] Service de presse du premier ministre, *Communiqué du conseil des ministres*, 3 juin 1998 page 1.
[230] Cite par E. GUIGOU 2000, *Une femme au cœur de l'Etat*, Paris Fayard, op. cit. p 251.

les plus imprégnés de l'idéal républicain, ont agi en la matière comme s'ils avaient été contaminés par les us et coutumes hérités de la monarchie : la justice n'était en vérité que déléguée des mains du souverain, elle pouvait donc être à tout moment reprise, c'est-à-dire reprise en main. »[231]

Réformer le lien entre le ministre de la Justice et le parquet, c'est accomplir l'ambition républicaine d'une justice s'exerçant librement, même au péril des intérêts des puissants, dont elle cesserait de n'être qu'une expression de la volonté particulière.

C'est réaliser, enfin, ce que la troisième République elle-même n'avait pu faire, et placer la loi au dessus des contingences et des intérêts politiques.

La réforme doit permettre de réconcilier l'idéal de la République révolutionnaire, avec l'exercice du pouvoir et le gouvernement en matière de Justice. Elle assure l'égalité de tous devant la loi, et évite de perpétuer la pratique qui a conduit certains ministres à interférer dans le cours de la justice, pour sauver leurs amis politiques :

> « *L'interdiction des instructions individuelles, enfin inscrite dans la loi, matérialise un renversement radical de perspective. C'est d'abord le droit et l'intérêt général plutôt que l'intérêt politique qui, désormais prévaudront. En cas de conflit entre les vœux secrets, exprimés peut-être, du pouvoir exécutif de poursuivre ou de ne pas poursuivre en cas d'apparition d'une infraction pénale, et la décision d'un procureur, la loi préfère à l'arbitraire politique l'application pure et simple de la loi, la même pour tous dont le ministère public est le seul légitime porteur. Les classements sans suite pour la protection des amis politiques en difficulté judiciaire, le découpage autoritaire des procédures en petit lambeaux pour dissoudre les poursuites et protéger quelques notables, les dessaisissements de juges, les*

---

[231] A. MONTEBOURG, *JO Débats parlementaire Ass. Nat* 22 juin 1999.

coups de téléphone allusifs à la carrière, très bonne pratique il y a encore peu, les interminables enquêtes préliminaires, les mutations de procureurs que les intéressés apprennent dans la presse, ces petites pratiques vulgaires qui sont allées jusqu'à l'affrètement d'hélicoptère pour retrouver un procureur à mettre au pas d'urgence, toutes cachées derrière le paravent scandaleux et opaque de l'opportunité des poursuites, sont terminées parce qu'elles sont désormais rigoureusement interdites. »[232]

Malgré les craintes exprimées, à droite notamment, d'une justice abandonnée à un parquet tout puissant, désormais seul maître de la politique pénale, le texte est approuvé, et décrit comme annonciateur d'une consécration en France du principe de la légalité des poursuites. Ce nouvel aggiornamento est cependant combattu par d'autres acteurs. La thématique du « *gouvernement des juges* » est réactivée : au nom de quel principe va-t-on abandonner à des fonctionnaires, la définition, y compris au plan local, des axes de la politique pénale ? Le renoncement du garde des Sceaux à intervenir en matière judiciaire confère aux procureurs, l'élaboration de leur politique pénale ; or, en démocratie représentative, le gouvernement seul est responsable de la conduite des politiques publiques, sous le contrôle du parlement.

Bien plus, une autonomie ainsi laissée au parquet, recèle les germes d'une politisation de la justice. Les choix du procureur ne seraient plus adossés aux seuls énoncés de la loi, mais intègreraient les contingences de la politique et de la vie locales. M. Troper résume bien les axes de cette pensée réfractaire : « *D'abord, les juges disposent d'un pouvoir excessif parce qu'il ne se limite pas à la simple application des lois et qu'il est véritablement discrétionnaire. D'autre part, ils l'exercent pour imposer leurs préférences politiques et leurs idéologies. Enfin, il est inadmissible dans une démocratie qu'un tel pouvoir soit entre les mains d'hommes et de femmes qui ne sont pas élus et n'ont aucun titre à représenter le peuple souverain ; il est notamment*

---

[232] A. MONTEBOURG, JO. Ass. Nat op. cit

intolérable que ces juges puissent s'opposer à des hommes qui, eux, sont élus et expriment seuls valablement la volonté du peuple. »[233]

Par ailleurs, le risque est grand de laisser la justice à la dérive, la République abandonnant son droit inaliénable à choisir ses procureurs et à leur donner les ordres qu'elle juge légitimes. Car, comme l'écrit R. Béteille, « *la République, en tant que cliente sachant ce qu'elle veut et désireuse de rester maîtresse d'elle-même, a, et devrait garder, non seulement le droit fondamental de donner des instructions à ses avocats, à savoir les magistrats du ministère public, mais encore celui de les choisir. Je répète que les juges ne sont pas tenus de briguer ni d'accepter un poste d'avocat de la République, encore que, contrairement à l'avis de certains critiques sans lucidité, l'expérience qu'ils peuvent y acquérir leur soit d'un grand secours quand ils accèdent ensuite à de nouvelles fonctions en revenant au siège et en redevenant totalement indépendants.* »[234]

La condition naturelle du magistrat du ministère public est bien de se trouver dans le giron du pouvoir ; là réside la substance même du poste de procureur, le ministère public étant naturellement en tension vers le pouvoir exécutif d'où il tire sa légitimité. Réformer cet équilibre c'est au demeurant faire perdre tous leurs repères aux parquetiers, et au système judiciaire sa cohérence : « *un système judiciaire ne peut se passer d'une politique de l'action publique homogène et cohérente. Elle ne peut être dépendante des conceptions personnelles des procureurs et des orientations collégiales des parquets locaux.* »[235] Les projets gouvernementaux sont vécus comme recelant le risque d'un éclatement de la justice pénale, dont le procureur, par l'intermédiaire d'un lien hiérarchique fort est le garant de la cohérence. Supprimer ce lien, nécessaire au bon fonctionnement de l'institution serait dès lors

---

[233] M. TROPER, « Existe-t-il un danger de gouvernement des juges ? », D. SOULEZ-LARIVIERE, H. DALLE 2002 (Ed), *Notre Justice*, Paris Robert Laffont 329-330.
[234] R ; BETEILLE 2001, *De l'injustice*, Paris François Xavier de Guibert, p.196.
[235] J.-M VARAUT, *Faut-il avoir peur des juges ?* Paris Plon Tribune libre déjà cité p. 157.

une très grave erreur. C'est la raison pour laquelle, plutôt que de le considérer comme la cause des dysfonctionnements de la justice, « *il faut défendre le procureur de la République. Il est l'expression de la volonté de la nation, le lien républicain. Quel que soit son crédit personnel, brillant un jour, terne le lendemain, le procureur n'a de légitimité publique que dans et par la République. Il faut maintenir le lien entre le ministre de la justice et les procureurs généraux dans un souci de cohérence de la politique pénale. Car on ne peut plus avoir…une justice à Lille et une autre à Marseille, des classements sans suite à Lyon et des poursuites à Paris. Une justice sans lisibilité n'est pas une saine justice.* »[236]

D'autres auteurs proposent une réforme alternative du lien chancellerie parquet, ce qui est la preuve du climat d'incertitude qui règne autour de la réforme que l'on dit imminente. Pour H. Dalle et D. Soulez-Larivière, le « *parquet de demain* » doit comporter des acteurs n'appartenant pas au même corps que les juges, mais nécessairement arrimés au garde des Sceaux, puisqu'ils doivent être liés « *à une institution légitime politique* »[237]. Toute réforme du parquet, suppose d'ailleurs d'assumer l'insertion de cette institution dans le réseau des agences participant à la mise en œuvre des politiques publiques, et qu'elle dispose d'une autonomie statutaire. La conférence des procureurs généraux exprime une position également alternative : il est légitime que le garde des Sceaux donne des instructions écrites dans les dossiers individuels, à la condition toutefois que ces instructions soient légales. La nomination des procureurs ne doit intervenir que sur proposition d'un conseil supérieur de la magistrature placé à l'abri du corporatisme.

Ces controverses s'inscrivent dans une configuration politique particulière qu'il faut décrire.

---

[236] D. TROSSERO 2002, *Procureur de la République. La vérité*, Paris Jacques Marie Laffont, 204.
[237] H. DALLE, D. SOULEZ LARIVIERE, "Juges et procureurs", D. SOULEZ-LARIVIERE, H. DALLE (Ed), *Notre Justice*, Paris Robert Laffont 2002 143.

L'inscription de la réforme constitutionnelle relative au conseil supérieur de la magistrature sur l'agenda du congrès de Versailles s'enlise. A droite, le président est confronté à la fronde notamment des sénateurs RPR qui ne sont pas convaincus de la nécessité de la réforme, et qui ont clairement indiqué qu'ils ne la voteraient pas, bien que voulue par J. Chirac. Persister dans l'idée de convoquer le congrès, l'exposerait au rejet à Versailles de la réforme qu'il a voulue, et qui a été adoptée en termes identiques par les chambres en 1998.

On sait aussi que les jours qui précèdent la date prévue pour la réunion du congrès sont marqués par d'intenses marchandages parlementaires, les députés RPR exigeant de connaître la teneur des textes notamment ceux relatifs à la responsabilité des magistrats. La longueur de ces négociations interparlementaires est déjà décrite comme la preuve de la volonté du gouvernement de ne pas donner à la représentation nationale les éclaircissements qu'elle sollicite. Il y a donc aussi un risque pour L. Jospin, qui contresigne cependant le décret portant report du congrès. A la chambre, le premier ministre fait peser la responsabilité de cette décision, non sur le président de la République, mais sur les parlementaires de l'opposition : « *Par votre attitude vous avez imposé le report au président de la République. Cette décision est la sienne. Je l'ai contresignée en tant que telle car je n'imaginais pas ajouter* à cette situation nouvelle une controverse constitutionnelle sur les prérogatives du président de la République. »[238]

Ne pas mettre en cause le président de la République tout en se drapant derrière le paravent du contreseing d'une décision « imposée » à J. Chirac, donne au chef de la majorité, l'opportunité de clôturer la séquence[239] par un jeu à somme nulle. La réforme du CSM étant enterrée, celle des liens entre chancellerie et parquet se trouve considérablement fragilisée, et à son tour sérieusement en question. D'autant plus que sur la scène syndicale, la réforme est

---

[238] L. JOSPIN, *JO. Ass Nat*, 20 janvier 2000.
[239] Sur cette séquence lire : O. SCHRAMECK 2001, *Matignon, rive gauche*, Paris Seuil déjà cité. S. MALIGORNE 2002, *Duel au sommet*, Paris Seuil ; M.B. ALLAIRE, P. GOULLIAUD, op. cit. p 479-483.

jugée inaboutie. M. Lebranchu qui a succédé à E. Guigou place Vendôme a alors la lourde responsabilité de mettre en pratique une réforme qui était par ailleurs voulue pas la majorité socialiste, et que l'échec du congrès rend déjà obsolète.

La pratique à la chancellerie a certes déjà changé, conformément à la doctrine exprimée par L. Jospin lors de son discours de politique générale, et à la politique d'action publique d'E. Guigou. Le garde des Sceaux doit démontrer que la réforme sera néanmoins mise en pratique, même sans texte. Lors du congrès de l'union syndicale des magistrats du 19 octobre 2001 M. Lebranchu exclut, malgré les critiques du caractère erratique de la politique pénale, tout retour en arrière : « *Mais je reconnais avec vous que nous sommes dans une période de transition. La réforme de la justice est restée inachevée, faute de réunion du Congrès. Le projet de loi relatif à l'action publique en matière pénale, plus connu sous le nom « projet de loi chancellerie parquet » apportait déjà des éléments de réponse. Certaines dispositions ont pu être appliquées, même sans texte. Je pense à l'absence d'intervention dans les affaires individuelles et aux rapports annuels de politique pénale. C'est donc dans cette direction qu'il faut continuer. La réforme de la justice a été entravée. L'institution, et vous tous qui la faites vivre, traversent une période difficile dans laquelle les repères anciens se sont effacés sans être remplacés par un projet entièrement abouti.* »[240]

La politique pénale va devoir s'adapter au concret, en intégrant les contraintes du jeu politique entre la droite et la gauche : une majorité politique qui doit poursuivre son programme malgré les retournements de la conjoncture. Une opposition qui prépare déjà son programme pour les prochaines échéances électorales.

Les enjeux de la réforme de l'instruction

Les affaires politico-financières occupent une position centrale dans la structure des enjeux politiques. Comme l'écrit Y. Bertrand, « *les scandales font partie de la vie politique, comme*

---

[240] M. LEBRANCHU, Intervention au congrès de l'USM, 19 octobre 2001.

l'instrumentalisation des juges (...). En France, c'est le politico-financier, aussi inhérent au pays que les défilés et les grèves dans le service public. Et la gauche n'a rien à envier en ce domaine à la droite : dès qu'une affaire peut déstabiliser l'adversaire, on la sort en utilisant à fond les médias. »[241] La montée en puissance des juges correspond à leur volonté, dans ce contexte, de s'affranchir de cette instrumentalisation, en tentant d'asseoir une véritable autonomie. Pourtant, le politique a repris le contrôle de la magistrature : « *les affaires politico-financières sont passées de mode. Le phénomène s'est éteint de lui-même, sans d'ailleurs produire de véritable effet. Les responsables politiques ont repris les choses en main. On a coupé les ailes des investigateurs financiers, policiers ou magistrats. On a fait comprendre à la Rue des Italiens, siège de la justice financière, qu'elle en faisait trop.* »[242] Les projets politiques préconisant la disparition du juge d'instruction seraient l'expression d'une volonté politique de neutraliser définitivement le problème de la pénalisation du politico-financier. Tel semble d'ailleurs être le ressenti des organisations de magistrats, au gré de diverses affaires ayant mis de nouveau en évidence, une certaine tension entre juges et politiques.

Dans le cadre de l'affaire Borel, ce magistrat français mort dans des conditions suspectes à Djibouti, des juges envisageaient des perquisitions dans les locaux du ministère des affaires Etrangères. Requis pour ce faire, des gendarmes de la section de recherches de Paris refusaient de prêter leur concours aux magistrats. Pour le commandant de la section de recherches, « *ce type d'intervention prendrait nécessairement un sens politique, médiatiquement exploité.* »[243] Les mêmes magistrats décidaient de pratiquer une perquisition au sein de la cellule africaine de l'Elysée, immédiatement présentée par l'exécutif comme étant une place militaire, ne pouvant pas faire l'objet d'une perquisition. Ces événements déclenchaient une réaction ferme du syndicat de la

---

[241] Y. BERTRAND 2009, *Ce que je n'ai pas dit dans mes carnets*, Paris Fayard 191.
[242] Ibid., p 213
[243] Cité dans Syndicat de la magistrature, « Affaire Borrel : la justice entravée », *http://syndicat-magistrature.org/spip.php?article507*.

magistrature. Pour cette organisation, « *les stratégies de diversion adoptées par les hautes autorités de l'Etat afin de gagner du temps sont particulièrement graves, à un double titre : d'une part, elles portent atteinte au fonctionnement normal de l'action judiciaire et à son indépendance ; d'autre part, elles font courir le risque d'une disparition des preuves à l'occasion des changements à venir des cabinets ministériels et de celui du président de la République.* »[244]

Sont ainsi dénoncées les pratiques supposées anti-démocratiques des détenteurs du pouvoir politique, dans le but d'empêcher la justice de suivre un cours normal. La mutation de Marc Robert, procureur Général de Riom, décidée dans l'intérêt du service est, dans ce même contexte, décrite comme visant à punir un magistrat qui a pris ses distances avec la politique judiciaire du gouvernement. Cela traduirait une remise en cause de l'indépendance de la Justice, phénomène qui aurait tendance à s'accentuer[245], puisque le procureur général d'Agen Bernard BLAIS avait connu un sort presque identique en 2007, conduisant les magistrats à dénoncer « *une véritable caporalisation des magistrats du parquet, inédite dans un Etat de droit, [rappelant] que les procureurs généraux qui ne sont pas des préfets de justice bénéficient comme les autres magistrats de règles statutaires protectrices.* »[246]

Tous ces événements s'inscrivent dans un contexte où le garde des Sceaux redéfinit le cadre de ses rapports avec les parquets, dont il prétend être le chef. Le ministre s'estime fondé à donner des instructions spécifiques en fonction des réalités propres à chaque ressort. Ainsi, dans la circulaire annuelle de politique pénale pour 2009, le garde des Sceaux formule des orientations assorties

---

[244] Ibid.
[245] Syndicat de la magistrature, « Quand le ministre de la justice prend les procureurs généraux pour des valets de la République », *http://syndicat-magistrature.org/spip.php?article906*.
[246] Nouvel Observateur, « La mutation du procureur général d'Agen mobilise les magistrats », 4 octobre 2007 ; France Sud Ouest, « Rachida Dati veut muter de force le procureur général d'Agen », Revue de presse n°221 du 29 octobre au 4 novembre 2007.

d'injonctions et de recommandations pour chaque parquet. Ces orientations reposent sur les « données des parquets », qui sont en fait des indicateurs statistiques, les parquets étant évalués en fonction de leur taux de réponse par indicateur (appel du parquet, utilisation des alternatives aux poursuites, alternatives à l'incarcération).

C'est dans ce contexte que la suppression du juge d'instruction devient une priorité politique.

Le « fiasco » de l'affaire dite d'Outreau conduit à la constitution d'une commission parlementaire chargée de rechercher les causes des dysfonctionnements de la justice dans ce dossier et de formuler des propositions pour éviter leur renouvèlement. La commission s'est naturellement penchée sur la question de la suppression du juge d'instruction. Elle a opté pour son maintien, estimant que les dysfonctionnements étaient imputables à l'isolement du juge d'instruction, et à la dilution des responsabilités dans la chaîne pénale. Le rapporteur optait pour la conservation d'un juge d'instruction à la française, dans le cadre cependant d'une refonte de son mode de fonctionnement : « *Par pragmatisme, votre rapporteur, conscient de l'importance des traditions juridiques, ne croit pas à l'efficacité, et donc à l'opportunité, d'un « grand soir » procédural (...). Votre rapporteur est favorable, plus qu'à la suppression du juge d'instruction au nom d'une doctrine juridique, certes cohérente mais inapplicable dans notre pays, aux vertus de la collégialité et du contradictoire.* »[247] Les dérives des magistrats instructeurs peuvent être canalisées par l'instauration d'un principe de fonctionnement collégial, ce qui permettra de compenser l'écueil que constitue parfois le très jeune âge des juges d'instruction.

Il n'est cependant pas nécessaire, selon le rapporteur, d'exiger un âge minimum à l'entrée à l'Ecole nationale de la magistrature. Il est en revanche pertinent d'instaurer un stage probatoire,

---

[247]P. HOUILLON, *Rapport fait au nom de la commission d'enquête chargée de rechercher les causes des dysfonctionnements de la justice dans cette faire et de formuler des propositions pour éviter leur renouvèlement*, N°3125, 6 juin 2006 page 343.

s'exerçant par exemple au sein d'une formation de la cour d'appel. S'impose ce faisant une nouvelle conception du statut de magistrat instructeur : « *dans la mesure où tous les praticiens s'accordent à reconnaître que la collégialité est une garantie puisque la vérité judiciaire a plus à gagner à l'échange d'arguments qu'au monologue, la collégialité doit être comprise comme la volonté d'instituer le plus en amont possible de la procédure pénale un travail d'équipe, pour faire échec le plus tôt possible à tout risque d'erreur.* »[248] La collégialité de l'instruction implique que les investigations soient confiées à un collège de magistrats, dirigé par un magistrat du premier grade, totalisant au minimum sept années d'ancienneté dans le grade. Le modèle rejoint le système mis en place en 1985 par R. Badinter alors garde des Sceaux. Mais comme la réforme Badinter, les propositions préconisées par la commission parlementaire d'enquête n'auront aucune suite.

Le 13 octobre 2008 le président de la République et le premier ministre signent une lettre de mission adressée à l'avocat général Philippe Leger, lui confiant la présidence d'un comité de réflexion sur la justice pénale. Le comité aurait pour mission de « *dégager les lignes d'un code pénal et d'un code de procédure pénale rénovés, qui répondront à la fois à l'exigence de protection des droits des personnes mises en cause (en introduisant notamment dans notre droit la procédure de l'habeas corpus), qui donnera aux victimes toute leur place à toutes les phases de la procédure et qui permettra aux services enquêteurs ainsi qu'à la justice de disposer des outils les plus efficaces pour lutter contre la délinquance et la récidive.* » Le 10 décembre 2008, le garde des Sceaux saisissait l'avocat général Léger d'une mission supplémentaire, consistant à consacrer un habeas corpus à la française, en raison des excès que recèleraient les mandats d'amener et les conditions de leur exécution : « *L'usage des mandats de justice et leurs conditions de mise à exécution constituent une problématique susceptible d'entretenir une confusion entre les pouvoirs d'enquête et les pouvoirs juridictionnels du juge d'instruction. Confier au même magistrat des pouvoirs aux objectifs contradictoires n'est pas de nature à*

---

[248] Ibid. pages 361 et suivantes.

offrir les garanties qu'une société moderne doit apporter à ses citoyens. »[249] Le pouvoir exécutif entreprend ainsi de se procurer des légitimations à la réforme de la procédure pénale qui impliquerait la suppression du juge d'instruction. L'argumentation du garde des Sceaux reprend la thématique à présent récurrente de l'impossibilité d'un cumul par les juges d'instruction, de fonctions policières et juridictionnelles.

La composition du comité confirme une structure habituelle des instances de réflexion ou d'expertise constituées en matière de réforme judiciaire. Sur 18 membres, huit sont magistrats. On compte quatre avocats et deux universitaires.

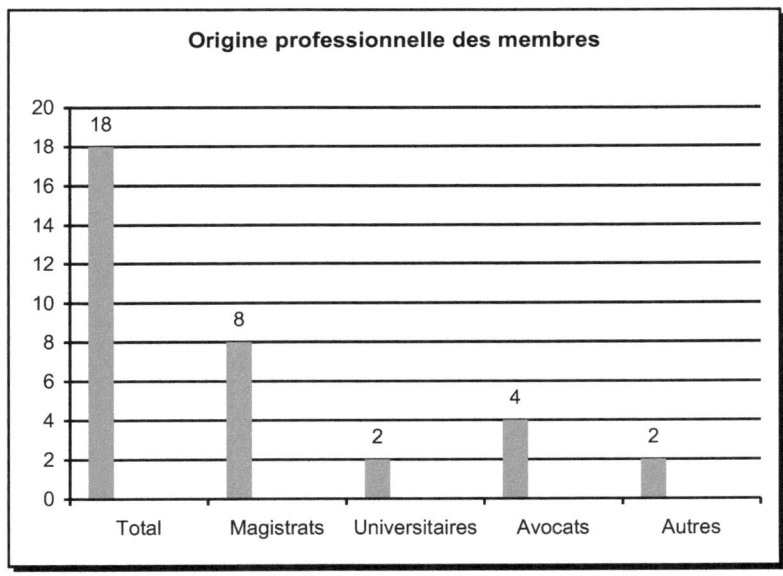

Les magistrats judiciaires en activité composant le comité, se répartissent de manière égalitaire entre le siège et le parquet, les avocats étant majoritairement parisiens. Il n'y a aucun membre de l'administration centrale du ministère de la Justice.

---

[249] Ministère de la Justice, La garde des Sceaux Ministre de la Justice, *lettre du 10 décembre 2008*.

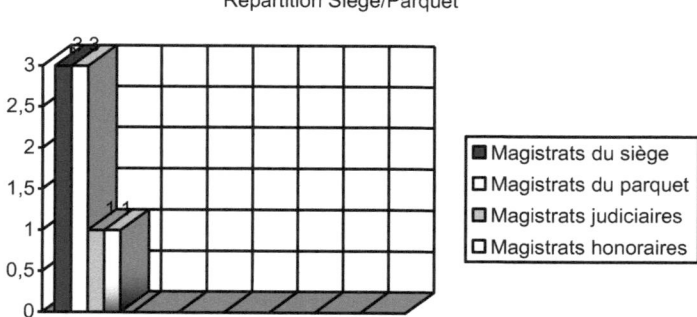

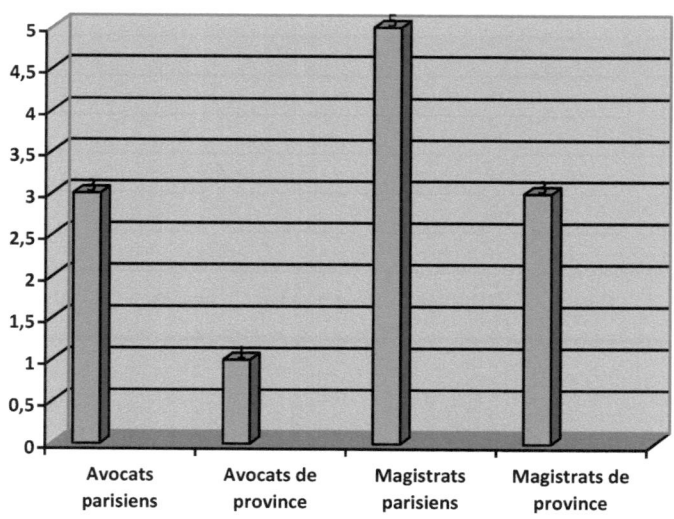

Le 7 janvier 2009, le président Sarkozy déclarait, à l'occasion de ses vœux au monde judiciaire : « *La procédure pénale ne doit plus avoir le culte de l'aveu, elle doit avoir le culte de la preuve. L'exigence de contradiction n'est pas respectée. Le juge d'instruction en la forme actuelle ne peut être arbitre. Il est donc temps que le juge d'instruction cède la place à un juge de l'instruction qui contrôlera le déroulement de l'enquête mais ne la dirigera plus.* »[250] Le président de la République exprimait ainsi son souhait de rénover la procédure pénale à la française, ce qui passe par la suppression du juge d'instruction dans ses contours actuels[251].

Le comité Léger propose de modifier radicalement la procédure pénale française notamment en transformant le juge d'instruction, pour en faire un juge de l'enquête et des libertés. Selon une opinion majoritaire au sein du comité, le juge d'instruction est aujourd'hui entouré d'ambiguïté : « *il cumule les fonctions d'un juge avec celles d'un enquêteur. En d'autres termes, il n'est pas totalement juge et pas totalement enquêteur. Il est à la fois Maigret et Salomon (...)* »[252] La pratique révèlerait d'ailleurs que ce juge « *ne peut agir avec une stricte neutralité et n'est pas totalement un juge.* »[253] Ce fonctionnement paradoxal s'inscrit d'ailleurs dans une « diversité des cadres d'enquête », proprement illisible pour les citoyens, et impropre à permettre un véritable travail d'équipe. Seul le parquet serait à même de garantir une enquête rapide, collégiale et efficace, notamment dans un contexte de complexification de la criminalité. Les membres du comité considèrent ainsi que « *le parquet est l'institution judiciaire la mieux adaptée à ce travail d'enquête en équipe de plus en plus nécessaire pour les affaires complexes ; sa nature ainsi que sa structure donnent aux magistrats la possibilité d'agir, avec la*

---

[250] Déclaration de M. Nicolas Sarkozy, Président de la République, sur les réformes présentes et futures dans le domaine de la justice, notamment en matière pénale, à Paris le 7 janvier 2009.
[251] A. SALLES, « M. Sarkozy envisage de supprimer le juge d'instruction », *Le Monde* 6 janvier 2009.
[252] Ministère de la Justice, *Rapport du Comité de réflexion sur la justice pénale*, 1er septembre 2009, page 6.
[253] Ibid. page 7

police judiciaire, selon des principes de hiérarchisation interne, d'indivisibilité et d'indépendance. »[254] Le recours au parquet est aussi décrit comme le moyen de garantir les libertés individuelles, parfois bafouées dans le recours systématique à l'instruction. Le juge d'instruction est un témoignage du passé. Institution insolite, ne répondant plus aux exigences des temps présents : « *la majorité des membres du comité estime que la procédure d'instruction – qui n'a pratiquement plus d'équivalent en Europe – n'est plus adaptée à notre temps en ce qu'elle n'améliore ni l'efficacité de l'enquête, ni la protection des droits fondamentaux des mis en cause et des victimes.* »[255]

Mais la modernisation de la procédure pénale française qui serait désormais structurée autour du parquet, implique la création d'un cadre unique d'enquête, le procureur de la république étant directeur unique d'enquête. Du fait de la suppression du juge d'instruction, les investigations pénales seraient exécutées sous la direction du parquet. Ici, le procureur pourra exécuter lui-même des enquêtes ou les déléguer à des services spécialisés. Le procureur de la République serait, dans ce système, l'autorité naturelle de poursuite, la décision de renvoi n'étant pas susceptible de recours, si ce n'est devant la juridiction de jugement. C'est devant le juge de l'enquête et des libertés que la décision de classement sans suites pourrait être contestée.

Cette architecture rénovée pose cependant la question des contrepoids à instaurer pour contrebalancer les pouvoirs du parquet. Le comité préconise le maintien de l'opportunité des poursuites, le ministère public demeurant libre de l'orientation à donner aux affaires dont il s'est saisi. Il est également recommandé de maintenir le rattachement de la police judiciaire à l'autorité administrative. Le comité s'est enfin prononcé en faveur du maintien du lien organique entre le parquet et l'exécutif : « *il n'est en effet pas envisageable que le pouvoir exécutif, qui tire sa légitimité du processus démocratique, ne puisse pas définir la politique pénale et la faire appliquer harmonieusement sur*

---

[254] Ibid.
[255] Ibid.

l'ensemble du territoire de la République.»[256] C'est en instituant un juge chargé de contrôler la loyauté et la légalité de l'enquête que les contrepoids à l'hypertrophie du parquet seront trouvés. Il convient aussi de renforcer de manière significative les droits de la défense et le droit des victimes. C'est le juge de l'enquête et des libertés qui autorisera les mesures attentatoires aux libertés individuelles.

La consécration de ce juge « nouvelle manière » sonne le glas de l'instruction à la française. Le rapport Léger donne au pouvoir la caution technique pour supprimer le juge d'instruction. La réforme est clairement perçue comme la prise de contrôle politique de la justice[257] et suscite des réactions parfois hostiles des professionnels. Pour le juge Thiel, «*Ce n'est pas une réforme de la procédure pénale qui aboutit à la suppression du juge d'instruction. La commande par le président de la République en janvier dernier lors de la rentrée de la cour de cassation est la disparition du juge d'instruction, elle est la clé de voûte, l'objectif de la réforme. Le rapport Léger n'est que la mise en musique des desiderata du président de la République.*»[258] Evoquant le risque d'une intrusion du politique dans les affaires les plus sensibles, ce magistrat énonce : «*Je pense aux 5 % d'affaires les plus sensibles, les affaires économiques, politiques, de santé publique, de terrorisme, d'homicides involontaires liées aux catastrophes aériennes... Elles seront traitées par un accusateur public qui concentre tous les pouvoirs. Ces enquêtes sensibles étaient jusque-là placées sous l'œil vigilant du pouvoir politique, elles se dérouleront désormais sous son influence directe. Le corollaire indispensable serait de rendre le parquet indépendant, mais le rapport Léger ne le prévoit pas.*»[259] R. Badinter voit dans la

---

[256] Ibid. page 11
[257] Par exemple : « C. BARBIER et autres, Sarkozy fait main basse sur la justice », *www.lexpress.fr/actualite/societe/justice/sarkozy-fait-main-basse-sur-la-justice_762954.html* ; G. GAETNER, « Sarkozy et les juges, le coup d'éclat permanent », *www.lexpress.fr/actualite/societe/justice/sarkozy-et-les-juges-le-coup-d-eclat-permanent_763260.html*; J.M. PONTAUT, « Le « j'accuse » d'Eva Joly », *www.lexpress.fr/actualite/societe/justice/le-j-accuse-d-eva-joly_762896.html*;
[258] Le Républicain Lorrain, 1er septembre 2009.
[259] Ibid.

réforme une « *OPA du pouvoir sur les affaires les plus importantes* ».

La réforme est perçue comme une revanche du politique sur les juges, qui accentuera les travers du système pénal à la française, désormais abandonné au seul contrôle du pouvoir exécutif : « *En transférant leurs prérogatives aux procureurs, le système judiciaire fait un bond de plusieurs décennies en arrière. Les juges d'instruction étaient autonomes; par définition, les procureurs et leurs substituts sont soumis au ministère de la Justice. (...). Depuis des lustres, les politiques et la classe dirigeante au sens large nourrissent un désir de revanche sur ces petits juges coupables de se mêler avec trop de vigilance des affaires des puissants. Il y eut des excès? Certes. On pouvait les corriger de bien d'autres manières, comme l'expliquent tant de juristes. La solution choisie par le président de la République donne satisfaction aux revanchards. Exit les petits juges: les grandes manœuvres d'étouffement pourront reprendre.*»[260] Le rapport Léger parachèverait la volonté des politiques d'être définitivement affranchis des juges, lesquels avaient tenté de contrôler le jeu politique. Pour R. Godeau, «*voilà des années que les gouvernements ont tenté de court-circuiter le juge d'instruction. Par exemple en donnant plus de pouvoir au procureur dans les enquêtes préliminaires. En réduisant le nombre d'ouvertures d'informations judiciaires. En ce sens, le rapport Léger va au bout de la logique.*»[261]

L'équilibre de la politique pénale qui se dessine s'organisera désormais autour d'une seule institution : le parquet. L'imposition de cet agencement trahit la fin d'une séquence où la toute puissance du juge d'instruction amenait un affrontement, entre juges et politiques. C'est dans ce contexte qu'il convient, à notre sens, de situer les initiatives de deux acteurs collectifs internationaux : le conseil consultatif de juges européens et le conseil consultatif de procureurs européens. Ces instances ambitionnent d'affirmer la nécessaire autonomie de l'instance judiciaire, face aux pouvoirs, comme pour relativiser le caractère

---

[260] L. JOFFRIN, « Editorial », *Libération* 2 septembre 2009.
[261] R. GODEAU, « Editorial », *L'Est républicain* 2 septembre 2009.

inéluctable d'une réforme pénale consacrant un parquet tout puissant et subordonné à l'exécutif.

Dans les avis rendus le 8 décembre 2009 à l'attention du comité des ministres du Conseil de l'Europe, le conseil consultatif de juges européens et le conseil consultatif de procureurs européens[262], adoptaient la déclaration dite de Bordeaux, rappelant l'importance des juges et procureurs, tous deux magistrats, dans une société démocratique. Le rôle important joué par ces acteurs judiciaires commanderait, une protection forte de leur statut, en particulier celui du ministère public : « *L'application de la loi et, le cas échéant, le pouvoir d'appréciation de l'opportunité des poursuites par le ministère public pendant la phase préalable au procès, exigent que le statut des procureurs soit garanti par la loi, au plus haut niveau, à l'instar de celui des juges. Les procureurs doivent être indépendants et autonomes dans leur prise de décision et doivent exercer leurs fonctions de manière équitable, objective et impartiale.* »[263] Il s'agirait de garantir une indépendance statutaire, impliquant la mise au point de mécanismes destinés à empêcher que les magistrats ne soient soumis à des influences ou pressions dans l'exercice de leurs fonctions. L'objectif est aussi d'assurer une certaine sûreté dans le déroulement leur carrière : « *leur recrutement, leur carrière, leur sécurité de fonction, y compris le déplacement de fonctions qui ne peut être effectué que conformément à la loi ou soumis à leur consentement, ainsi que leur rémunération, doivent être protégés par la loi.* »[264]

---

[262] Créé en juillet 2005, il a pour rôle de préparer le travail du comité directeur de politique criminelle. Il va jouer le rôle de forum pour l'institutionnalisation d'une définition des missions du parquet, compte tenu des avancées de la jurisprudence de la cour européenne des droits de l'homme, et de la recommandation 2000/19, qui deviendra ma matrice intellectuelle de la définition du rôle du ministère public. Voyez : O. de BAYNAST, « Le conseil consultatif des procureurs européens », *Revue pénitentiaire et de droit pénal*, n°2 avril-juin 2008 265-274.
[263] Conseil de l'Europe, *Avis n°12 (2009) du conseil consultatif de juges européens et avis n° 4(2009) du conseil consultatif de procureurs européens à l'attention du comité des ministres du conseil de l'Europe sur Juge et procureurs dans une société démocratique*, Strasbourg, 8 décembre 2009.
[264] Ibid.

Les avis envisagent, dans une société démocratique au sein de laquelle le ministère public serait hiérarchisé, des instructions destinées à garantir l'efficacité des poursuites. Dans tous, les cas, « *les instructions envers les procureurs doivent être faites par écrit, dans le respect de la loi et, le cas échéant, conformément à des directives et critères préalablement publiés. Toute révision, autorisée par la loi, d'une décision de poursuite ou de non poursuite prise par un procureur, doit être faite de manière impartiale et objective.* »[265] Car « *Le pouvoir judiciaire se fonde sur le principe de l'indépendance à l'égard de tout pouvoir extérieur et sur l'absence tant de toute directive émanant de qui que ce soit que de hiérarchie interne. Son rôle et, le cas échéant, celui du jury, est de juger régulièrement les causes portées devant lui par le ministère public et par les parties. Ceci implique l'absence de toute influence illicite exercée par le ministère public ou la défense.* »[266]

Conduire la politique pénale dans ce contexte impose aussi d'intégrer les mutations de l'environnement.

L'innovation dans la justice au concret

La configuration du jeu politique à l'approche des échéances présidentielles et législatives de 2002 rend difficile l'innovation par le parlement. La réforme législative est d'autant moins évidente sur le terrain strictement pénal que les forces politiques en présence n'ont pas intérêt à continuer d'épuiser leurs ressources dans la compétition parlementaire, à quelques mois des campagnes électorales. La différenciation des produits des entreprises politiques impliquées dans la compétition s'opère sur d'autres scènes, notamment par le biais de transactions avec les organisations syndicales de policiers s'agissant de la droite, ou les clubs de réflexion. Pour les acteurs gouvernementaux chargés de la définition de la politique pénale, la réponse prend essentiellement la forme de circulaires mais aussi d'interventions sur les scènes internationales et européennes. Adapter le système de politique

---

[265] Conseil de l'Europe, *Avis n°12 (2009)*, op.cit
[266] Ibid.

pénale aux évolutions du contexte, c'est repositionner l'instance judiciaire dans les territoires, et définir les nouveaux référents de l'action de la justice, aisément lisibles pour les justiciables : accès au droit, aide aux victimes, constituent ainsi, entre autres, les nouveaux axes de la stratégie élaborée place Vendôme, ayant vocation à être mis en pratique par des acteurs organisés en réseau.

La reconquête des territoires

Depuis le discours dit de Villepinte, on a assisté à un repositionnement de la gauche sur le terrain sécuritaire. Le thème de la sécurité est maintenant perçu comme ne relevant plus du tabou, pour des formations politiques dont l'essentiel du discours valorise traditionnellement la prévention et une démarche compréhensive de la délinquance. C'est dans ce cadre qu'une orientation plus répressive est donnée à la politique pénale du gouvernement de L. Jospin, dans le but de rapprocher la réponse des attentes des justiciables : « *le gouvernement souhaite faire progresser le taux d'élucidation des infractions touchant la vie quotidienne de nos concitoyens. Il a décidé de donner la priorité à la mission de la police judiciaire pour mieux identifier les auteurs des infractions à la loi pénale, amplifier la réforme pénale, lutter contre l'impunité et la récidive et améliorer l'efficacité du traitement des procédures ainsi que l'effectivité de la réponse judiciaire.* »[267] Lutter contre l'impunité de délinquants parfois multirécidivistes, protéger les citoyens des méfaits de criminels installés dans la délinquance, traiter les nuisances occasionnées dans la vie quotidienne par ces personnes, tels sont les nouveaux contours du discours officiel d'une gauche qui s'efforce d'assumer sa mue sécuritaire. Mais cette stratégie passe par la mise en cohérence de l'application de la loi pénale sur tout le territoire, impliquant dans le prolongement d'une conception assumée du rôle du parquet, la reconceptualisation des modes d'expression concrète de la politique pénale.

Il incombe au garde des Sceaux de définir les orientations nationales de la politique de sécurité, en relation avec le ministère

---

[267] Ministère de la Justice, DACG, SDAPG, *Action publique et sécurité*, Crim. 01.04/E-09.05. 2001 p.3.

de l'Intérieur, à travers notamment la mobilisation intensive du conseil de sécurité intérieure. Les procureurs généraux sont chargés de la mise en œuvre de ces orientations définies par le biais d'instructions de politique pénale, censées exprimer « *les priorités dans la conduite de l'action publique notamment dans le domaine de la lutte contre la délinquance économique et la criminalité organisée.* »[268]

La construction d'enjeux locaux de la sécurité

Les chefs des parquets sont destinataires, de circulaires dites thématiques, visant à dynamiser l'action des procureurs et substituts dans des secteurs spécifiques de la politique pénale. La mise en œuvre locale de ces orientations doit permettre à la justice d'affirmer une présence institutionnelle forte, et d'assurer la reconquête de territoires supposés perdus, risquant, à la veille d'échéances électorales majeures, de se trouver à la portée de l'extrême droite.

Se mettent ainsi en place de véritables communautés de politique publique, rassemblant des acteurs unis localement, au moins en apparence, par l'impératif de décliner la stratégie pénale nationale en vue d'améliorer la situation de la sécurité.

Ce dispositif valorise d'abord la position du procureur général. Ce haut magistrat est chargé de « *veiller à l'application de la loi pénale sur toute l'étendue du ressort de la cour d'appel [et il est] le garant de la cohérence et de l'harmonisation de la politique pénale au sein des politiques publiques.* »[269] Organe du gouvernement au plan local, il réunit régulièrement les procureurs, mais il assure également une concertation externe à l'instance judiciaire. Dans un contexte institutionnel rénové, où la sécurité est perçue comme un objectif commun à tous les acteurs de la sécurité, le procureur général anime des scènes locales dédiées à la mise en forme d'enjeux locaux de la sécurité. Ce sont les conférences d'action publique qui, du point de vue de la gestion publique, font basculer la définition de l'ordre et de la sécurité

---

[268] Ministère de la Justice, prec.cit p3.
[269] Ministère de la Justice prec.cit p.3.

publics, des préfectures vers les parquets généraux. Le procureur général est ainsi l'instrument de la conquête de périmètres institutionnels dont est habituellement exclue l'instance judiciaire. Les conférences d'action publique dont la composition a vocation à être désectorisée, « *fixent un cadre concret de communication sur les priorités de politique pénale arrêtées au plan national et adaptées au plan régional. Elles organisent la concertation sur les conditions de leur mise en œuvre et de leur évaluation.* »[270]

Le procureur général est en théorie libre de définir la composition de ces instances, même si, la chancellerie a suggéré que certains acteurs pourraient y être associés : « *Il me paraît opportun de préciser les points suivants : elles doivent nécessairement réunir les chefs de service de la police nationale et les commandants d'unité de la gendarmerie, être ouvertes aux magistrats du siège et aux responsables territoriaux de l'administration pénitentiaire et de la protection judiciaire de la jeunesse. Elles peuvent être ouvertes en fonction des sujets abordés aux préfets et aux membres du corps préfectoral chargés de la sécurité ou de la politique de la ville, aux services de l'Etat intervenant en matière répressive, aux représentants d'autres départements ministériels (éducation nationale...). Peuvent également y être associés : les barreaux, les chefs de greffe judiciaire, les responsables d'associations notamment celles habilitées par la justice. La direction des affaires criminelles et des grâces peut y être invitée.* »[271]

La conférence d'action publique place donc la mise en forme locale de la politique gouvernementale en matière de justice et de sécurité, sous la responsabilité du procureur général. Le dispositif obéit à une spécialisation des intervenants, les acteurs judiciaires et les représentants des forces de police étant fortement représentés. La spécialisation est également thématique, rendant possible l'association d'autres administrations déconcentrées, le préfet pouvant « seulement » être associé. Mais le dispositif reste aussi centralisé, puisque les informations et les solutions données d'un point de vue opérationnel aux problèmes locaux doivent faire

---

[270] Ibid. p.5
[271] Ministère de la Justice, DACG, SDAPG, *Action publique et sécurité*, prec. Cit. p 6

l'objet d'une remontée en temps réel des informations : « *le procureur général veillera à recevoir régulièrement des procureurs de la République une synthèse qui portera notamment sur les événements marquant de la délinquance urbaine ayant justifié la mise en place de dispositifs particuliers, les réunions de police judiciaire qu'ils auront présidées, les actions significatives des contrats locaux de sécurité, la création et le suivi de groupements locaux de traitement de la délinquance.* »[272]

En préconisant cette architecture, la chancellerie fait sienne une très grande partie des conclusions du rapport de J. Dray, sur l'évaluation de la loi présomption d'innocence. Souhaitant laisser respirer l'institution, désormais « à l'abri » des pressions politiques, la place Vendôme définit les cadres d'une nouvelle gestion de la politique pénale, où les parquets restent néanmoins arrimés à l'administration centrale, et donc au pouvoir étatique. De fait, si les procureurs généraux sont destinataires de synthèses émanant des parquets locaux, l'administration centrale est elle-même rendue destinataire « d'un bilan de ces synthèses. »

Les procureurs de la République ont ensuite un rôle plus empirique, mais tout aussi central. Ils sont investis de la mise en œuvre opérationnelle des orientations arrêtées au niveau gouvernemental, déclinées conceptuellement par le procureur général, dans le cadre des conférences d'action publique. Choisir les sites prioritaires, doser l'intensité de la réponse notamment répressive par contentieux, par zone géographique, répartir les moyens, affirmer la présence judiciaire face aux forces de police, tels sont, entre autres, les axes d'une stratégie qui donne au procureur, les moyens de gouverner son parquet. Cette gouvernance hybride, en ce qu'elle articule des composantes judiciaire et administrative vise, en fin de compte à « *l'harmonisation de la politique pénale et des réponses judiciaires dans le ressort de [la] cour d'appel.* »[273] Elle suppose une certaine capacité d'anticipation du procureur, et repose sur son aptitude à valoriser tous les canaux de l'information locale en matière de sécurité. Ce faisant, le procureur ne ferait que mobiliser

---

[272] Ministère de la Justice, DACG, SDAPG, op.cit.
[273] Ibid.

les dispositifs mis en forme dans le cadre de la politique de contractualisation en matière de sécurité. Le chef du parquet local échangerait les informations disponibles avec les services déconcentrés de l'Etat, tous secteurs confondus (éducation nationale, préfecture, environnement, protection judiciaire de la jeunesse, services d'insertion…) pour établir un « *diagnostic commun de sécurité.* »

Ces échanges visent à établir la cartographie locale de la délinquance, et la pertinence des réponses mise en œuvre, dans le cadre d'une démarche systémique où l'évaluation est censée nourrir l'action : « *Le diagnostic commun de sécurité implique la communication régulière entre les services de l'Etat chargés de la sécurité et les parquets des éléments statistiques dont ils disposent, relatifs à l'état de la délinquance, ses caractéristiques par catégories d'infractions, par lieux de commissions de celles-ci et par type de délinquants. Il doit aussi porter sur les différentes modalités de réponse pénale ainsi que sur tout élément utile relatif aux délais de jugement et d'exécution de la sanction.* »[274] Le procureur de la République réunit aussi localement les membres des services chargés des enquêtes pénales, et met en œuvre des « *stratégies communes de sécurité* », en associant les administrations déconcentrées, les élus et les autres acteurs de la politique locale (bailleurs sociaux, instances consulaires…).

Cette politique vise, à la veille d'échéances électorales, à démontrer que la justice est proche des citoyens. Elle est en lien avec le référentiel de la police dite de proximité, opérationnel depuis 1997, participant de l'idée que le recul de la délinquance et de l'insécurité suppose une action résolue sur ses facteurs et notamment urbains, à travers une « cogestion » de la sécurité. Pour les tenants de ce référentiel, les politiques de sécurité supposent un certain décloisonnement des dispositifs classiques. Elles impliquent « *la nécessité pour les gouvernements d'impliquer, dans la détermination et l'élaboration [des] actions de prévention, les ministères à vocation sociale (éducation, logement, santé) et les ministères à vocation économique (trésor, emploi, science et*

---

[274] Ministère de la Justice, DACG, SDAPG, op.cit. p. 8

technologie), dans le cadre de politiques intégrées. »[275] La lutte contre la criminalité suppose une action sur ses causes, l'implication des acteurs locaux, et une volonté politique nationale pour faire de la justice une priorité, à la manière du programme national suédois de 1996[276].

S'agissant du fonctionnement policier, il s'agit de l'adosser aux principes de la police communautaire[277] : contraindre la police à prendre en compte les spécificités de l'environnement sur lequel elle est censée agir, et l'inciter à accepter « *que la collectivité ait son mot à dire dans la conception, la gestion et l'exécution des services de police* »[278] ; considérer la politique de sécurité comme équivalente aux autres politiques publiques, mais nullement prioritaire par rapport à celles-ci ; déterminer l'intensité de la fonction policière en fonction des besoins perçus comme légitimes par l'environnement social ; impliquer la communauté dans le travail policier ; favoriser « *la participation préventive de la collectivité.* »[279] Telle est au demeurant la ligne officielle, exprimée par le premier ministre, notamment à la suite du conseil de sécurité intérieur du 8 juin 1998, sur le terrain très sensible de la délinquance des mineurs :

> « *Les orientations du gouvernement sont les suivantes : Agir sur l'environnement des jeunes : en responsabilisant les parents et en permettant aux familles d'exercer leurs responsabilités éducatives ; en renforçant le rôle de prévention de l'école ; en*

---

[275] Voyez : M. CHALOM, L. LEONARD 2001, *Insécurité. Police de proximité et gouvernance locale*, L'harmattan, 127 à 146.

[276] On peut se reporter à l'analyse qui en est faite par CHALOM et LEONARD pages 133 à 135, et lire, d'ailleurs également cité par les auteurs : Ministry of Justice 1997, *Our Collective Responsibility : A national Programme For Crime Prevention,* Stockholm, National Council For Crime Prevention.

[277] Qui s'oppose à « la police de résolution des problèmes » (problem-oriented policing). Voir J.-P. BRODEUR « Prévention et activités policières au Canada et au Québec », Centre International pour la Prévention de l criminalité, Inédit 1998.

[278] C. MURPHY, G. MUIR, Les services de police communautaire : un examen de la question, Ottawa, Ministère du Solliciteur général 1985 pages 46 et sq. Aussi cité par CHALOM et LEONARD page 81.

[279] Ibid.

améliorant l'accès des jeunes à l'emploi ; en protégeant les mineurs de l'effet de certains médias ; en s'attaquant aux trafics, notamment de drogue, dans lesquels les mineurs peuvent se trouver impliqués.

Apporter une réponse systématique, rapide et lisible à chaque acte de délinquance quel qu'il soit : pour les affaires les moins graves, les mesures d'avertissement, de rappel à la loi, de classement sous condition et de réparation seront systématisées ; pour les affaires les plus graves, les prises en charge seront diversifiées et les sanctions renforcées et adaptées. (...)La réalisation des objectifs énoncés ci-dessus implique non seulement une forte mobilisation des services de l'Etat, mais également le recours à de nouvelles méthodes d'intervention, privilégiant l'action partenariale dans un cadre territorialisé. »[280]

Le ministère de la Justice et le ministère de l'Intérieur édictent des circulaires, qui visent à différencier des réponses spécifiques en matière de justice et de police de proximité. Parmi les plus importantes, on peut citer la circulaire du 13 juillet 1998 relative à la politique pénale d'aide aux victimes d'infractions pénales[281]. Cette circulaire ambitionne d'améliorer les réponses données par l'institution judiciaire à la victime d'infractions pénales. L'objectif est de faire à la victime, toute sa place dans le procès pénal « *qui, centré sur le débat entre la société et le délinquant, paraissait l'exclure.* »[282]

---

[280] Premier ministre, *Circulaire relative à la délinquance des mineurs : mise en œuvre des décisions adoptées par le Conseil de sécurité intérieure*, NOR PRMX9803249C p.1 ; voir aussi sur la mise en œuvre : Ministère de la Justice, *Circulaire d'orientation sur l'organisation des services au niveau départemental*, 15 mai 2001, PJJ 2001-04 DIR/15-05-2001, NOR JUSF0150069C.
[281] Ministère de la Justice, Le garde des Sceaux, *Circulaire relative à la politique pénale d'aide aux victimes d'infractions pénales*, NOR JUS A 980177C, 15 juillet 1998.
[282] Ibid. p.2

Pour renforcer l'action en faveur des victimes, le parquet doit les informer systématiquement des décisions prises sur l'action publique. La décision de classement sans suite sera ainsi motivée et notifiée à la victime. Cette dernière doit être en mesure de donner son avis avant la mise en place de mesures de réparation ou de médiation pénale. La victime recevra une information simple et claire sur ses droits et la possibilité pour elle d'être indemnisée lorsque le parquet a pris la décision de poursuivre, y compris lorsqu'il a été décidé de recourir aux procédures rapides à type de comparutions immédiates. Au stade de l'audience, le ministre de la Justice demande que l'intérêt des victimes soit pris en compte dans la détermination de la sanction : « *Je demande donc aux magistrats du ministère public de requérir, à chaque fois que la gravité de l'infraction et les antécédents de son auteur le permettent, des mesures d'ajournement avec mise à l'épreuve, de sursis avec mise à l'épreuve, de travail d'intérêt général. Dans le même esprit, lorsqu'il apparaît opportun d'ouvrir une information judiciaire ou d'utiliser la procédure de comparution immédiate avec jugement différé, la demande de placement sous contrôle judiciaire avec cautionnement peut constituer une réponse adaptée aux attentes de la victime.* »[283] La prise en compte des intérêts des victimes se poursuit au stade de l'exécution des peines, de manière à assurer une indemnisation concrète, et « *amener les condamnés à assumer les conséquences de leurs actes.* » L'institution judiciaire veillera à examiner les demandes d'aménagement des peines en fonction des efforts fournis par les condamnés pour réparer les préjudices découlant des infractions commises.

La politique d'aide aux victimes passe aussi par une meilleure association de la société civile à la politique pénale. Il est prévu la désignation dans chaque cour d'appel d'un magistrat délégué à la politique associative. Ce magistrat est chargé « *d'impulser, coordonner, soutenir et évaluer l'ensemble des actions mises en œuvre par les juridictions dans le cadre de l'aide aux victimes, de la prévention de la délinquance et de la récidive ainsi que de la*

---

[283] Ibid. P.3

médiation pénale et civile. »[284] L'institution judiciaire doit aussi mieux s'appuyer sur l'Institut national d'aide aux victimes et de médiation (INAVEM) qui a mis en place un réseau d'acteurs locaux dont les compétences sont extrêmement variées (police, avocats, élus, assureurs...), afin que la victime d'une infraction pénale puisse trouver le plus rapidement possible après l'infraction, l'interlocuteur qui l'aidera à faire valoir, au mieux, tous ses droits. Mais cette politique suppose le renforcement des liens entre l'institution judiciaire et les associations de victimes, qui sont de véritables ressources que la justice devrait mobiliser.

Développer une politique publique en faveur des victimes est un aspect de la stratégie à l'œuvre place Vendôme. Alors que la majorité subit des attaques de l'opposition dont on a vu qu'elle remobilisait ses électorats autour du thème de l'insécurité, il s'agit de démontrer que le gouvernement est attentif aux préoccupations des victimes de la délinquance quotidienne. Il s'agit pour le gouvernement de s'engager en faveur « *de véritables actions de « réconciliation sociale » (...) une telle solidarité [nécessitant] un effort conjoint de tous les partenaires agissant au niveau local ou national.* »[285] Cette politique cible les territoires. Elle se veut partenariale et contractuelle : elle ambitionne d'associer la société civile à la définition des axes de la stratégie pénale et de sécurité. C'est en ce sens qu'est renforcée la dynamique des contrats locaux de sécurité. Ces contrats sont, selon le ministère de l'Intérieur, « *l'expression d'une politique globale qui prend en compte la prévention, la répression et la solidarité. Dans ces trois aspects, ils reposent sur le partenariat et la proximité de l'action par rapport aux citoyens en matière de police, de justice et d'éducation civique.* »[286] La lutte contre l'insécurité dans le cadre de cette logique partenariale suppose dès lors la recherche d'un cadre territorial adapté. Elle commande aussi une mobilisation des administrations déconcentrées, ce qui justifie le décloisonnement

---

[284] Ministère de la Justice, Le garde des Sceaux, *Circulaire relative à la politique pénale d'aide aux victimes d'infractions pénales*, NOR JUS A 980177C p.4.
[285] Ibid. p.5
[286] Ministère de l'Intérieur, Circulaire relative aux contrats locaux de sécurité, NOR INTK9900134C, 7 juin 1999, J.O. N°136 du 15 juin 1999 p. 8719.

caractéristique du fonctionnement des bureaucraties locales, et la promotion de véritables partenariats publics.

Pour le garde des Sceaux, « *tous les services et l'autorité de l'Etat doivent être associés à l'élaboration des contrats locaux de sécurité et à leur mise en œuvre (...). Il conviendra également d'associer à cette démarche les magistrats du siège concernés. Les services de police et de gendarmerie. Les chefs de circonscription de sécurité publique, ceux des services des renseignements généraux, ceux de police judiciaire, les commandants de compagnie et de brigade de gendarmerie doivent participer aux différentes phases de la vie des contrats (...). Le contrat local de sécurité sera aussi l'occasion d'organiser la complémentarité des actions de la police nationale et de la gendarmerie avec celles des polices municipales dans le cadre des contrats de coordination.* »[287] Il est ainsi décidé d'arrimer les initiatives de tous les acteurs publics locaux, aux objectifs arrêtés dans le contrat local de sécurité, perçu comme la charte d'une politique pénale décentralisée et territorialisée.

Impliquant les services de la protection judiciaire de la jeunesse, ceux de l'éducation nationale, de la jeunesse et des sports, de l'action sanitaire et sociale, cette politique pénale serait dépourvue d'efficience sans partenariat avec les organismes à vocation sociale, et les acteurs locaux socio-économiques.

C'est dans ce même cadre que s'inscrivent les circulaires des 23 décembre 1998 et du 15 décembre 1999 relatives aux réponses judiciaires aux actes de violence urbaine. Il s'agit de mettre en place des stratégies adaptant localement la réaction du système pénal à son environnement, ses particularités, mais aussi les attentes des administrés. Le même objectif se retrouve dans la circulaire interministérielle du 5 septembre 2001, relative à la mise en œuvre d'actions répressives ciblées contre les infractions

---

[287] Ministère de l'Intérieur, Circulaire relative aux contrats locaux de sécurité, NOR INTK9900134C, 7 juin 1999.

commises en bande et les trafics locaux[288]. Il s'agit de prendre des initiatives pour « *mieux coordonner les services de l'Etat notamment les services de police ou de gendarmerie d'une part, la justice d'autre part, afin de rendre plus lisibles les actions menées en ce domaine.* »[289] La direction générale de la police nationale a expérimenté sur des sites prédéfinis, des actions « coup de poing », visant à démanteler des trafics locaux, affirmant ainsi la présence de l'Etat républicain sur des territoires abandonnés.

Ambitionnant de prolonger ces initiatives, dans le cadre d'une stratégie affichée de reconquête des territoires prétendument perdus, abandonnés aux mafias et aux caïds locaux, le gouvernement invite préfets et procureurs à investir le terrain au moyen de l'appareil et des forces répressifs : « *les préfets et les procureurs de la République auront à définir et à prescrire la mise en œuvre d'actions concertées sur des sites où la cohésion sociale est parfois mise en péril par la présence de bandes ou la prédominance de l'économie souterraine.* »[290]

Ces dispositions expriment une volonté de rendre la justice visible, puisqu'elle est censée répondre aux attentes des citoyens, et notamment de ceux qui vivent dans les quartiers dits sensibles. Il appartient aux chefs des parquets, mais aussi aux préfets de sélectionner les zones sur lesquelles doit porter la réponse, en concertation très étroite avec les chefs de service de police et de gendarmerie intéressés : on observe ce faisant un déplacement de l'équilibre du pénal des commissariats de police vers les palais de justice.

Il n'est pas pertinent de déployer une force qui excèderait ce qui est strictement nécessaire. Il est en revanche indispensable de neutraliser la délinquance qui gêne la vie des français : « *l'objectif poursuivi est de réprimer les actes de délinquance de voie publique et de violence urbaines causés par les personnes agissant*

---

[288] Le garde des Sceaux, Le ministre de l'Intérieur, *Mise en œuvre d'actions répressives ciblées contre les infractions commises en bande et les trafics locaux*, NOR INT K0100256C, 5 septembre 2001.
[289] Ibid. p. 1
[290] Ibid.

en bande, mais surtout d'agir sur une délinquance moins visible qui s'alimente de la première et qui contribue à désorganiser socialement et en profondeur certains quartiers, notamment par le développement d'une économie souterraine (trafics locaux de stupéfiants, travail illégal, trafic de faux documents, recels organisés de véhicules, d'accessoire de véhicules, de téléphones portables, de biens de consommations....). »[291] Les opérations ciblées à conduire associent tous les services et administrations susceptibles de permettre la détection en amont de fraudes et situations illicites : services fiscaux, douanes, inspections du travail sont de ces acteurs dont la logique va être ponctuellement adaptée aux impératifs de la répression pénale pour déterminer les actions ciblées à initier en priorité, suivant une logique où s'articule renseignement opérationnel, et utilisation de la force policière.

Ainsi, si le mode opératoire privilégié par le gouvernement est le désenclavement institutionnel consistant à associer des administrations obéissant parfois à des logiques de fonctionnement différentes (services fiscaux et inspections du travail par exemple), le recours à la contrainte s'avère toujours indispensable. Dès lors, « *des renforts ponctuels de forces mobiles pourront si nécessaire être sollicités par les préfets et fournis dans les conditions habituelles par les services compétents du ministère de l'Intérieur.* »[292]

La répression pénale concrète passe par l'identification en amont d'objectifs de délinquance à traiter : les procureurs de la République et les préfets ont, avec l'appui d'administrations spécialisées, défini les domaines de l'intervention publique (travail clandestin, aide au séjour d'étrangers en situation irrégulière, trafic de véhicules volés...) ; les services opérationnels doivent alors effectuer « *l'identification et l'interpellation des délinquants d'habitude ou à l'origine des trafics (...) que ce soit dans les lieux de commission d'infractions ou dans les secteurs*

---

[291] Le garde des Sceaux, Le ministre de l'Intérieur, *Mise en œuvre d'actions répressives ciblées contre les infractions commises en bande et les trafics locaux*, NOR INT K0100256C, prec. Cit p.2
[292] Ibid.

considérés comme base de repli. »[293] La politique pénale associe ce faisant une logique de police administrative valorisant la collecte du renseignement pré-opérationnel et le maintien de l'ordre, à une logique strictement judiciaire. Le type des réponses judiciaires (comparutions immédiates ou ouverture d'informations judiciaires) dépendant de la complexité des dossiers traités. La priorité du gouvernement est de jouer du levier de la dissuasion pour lutter contre la délinquance, et de manifester publiquement un investissement très fort du problème de la délinquance : « *Sur un plan général il est nécessaire que ces actions soient à la fois fortement dissuasives vis-à-vis des délinquants, et constituent pour les habitants du site retenu un signe perceptible de l'engagement de l'Etat et de ses services, et de la justice pour assurer leur sécurité.* »[294] Ce dispositif sera redéployé dans le cadre des GIR.

La circulaire du 30 janvier 2002[295], à quelques mois des élections présidentielles, s'attaque à la délinquance en col blanc, en incorporant à la réponse étatique des dispositifs mis en forme, comme on le montrera au plan européen. A travers ce texte, le gouvernement ambitionne de sensibiliser les parquets à la criminalité d'affaires, celle qui prend sa source dans les dérives de l'économie capitaliste : pour lutter contre les réseaux du blanchiment de l'argent salle au moyen notamment d'un renforcement de TRACFIN, les nouveaux dispositifs incitent à un recours plus systématique à la qualification d'association de malfaiteurs, impliquant un renversement de la charge de la preuve de l'absence de participation à une organisation criminelle, preuve qui incombe désormais à la personne poursuivie. Le droit de la concurrence et de la consommation est modernisé, pour faciliter la répression des fraudes, et autres ententes illicites dont le consommateur est toujours la victime. Les agents de la direction de la concurrence de la consommation et de la répression des fraudes se voient octroyer de nouvelles prérogatives et des pouvoirs d'enquête élargis. De même, tout en dépénalisant de

---

[293] Ibid. p.3
[294] Ibid.
[295] Ministère de la Justice, DACG, SDJPS, *Présentation des dispositions de la loi n°2001-420 du 15 mai 2001 relative aux nouvelles régulations économiques*, NOR JUS D.02.30027C, pages 1 à 16.

vastes pans du droit des sociétés, de nouvelles incriminations sont créées en lien avec l'institution de la société par actions simplifiées.

Cette même volonté d'axer la politique pénale sur les territoires anime l'action du ministère délégué à la Ville, à l'origine du concept de « politique judiciaire de la ville ». Dépassant le strict cadre sécuritaire, elle participe de l'idée, défendue par la majorité socialiste, que la lutte contre l'insécurité commande un dépassement des canons habituels : « *Tout en s'affirmant comme une politique publique à part entière, la politique judiciaire de la ville doit tenir pleinement compte de la singularité des missions de la justice et de l'indépendance de l'activité juridictionnelle.* »[296]

La politique pénale qui se décline ainsi, valorise donc le « local » : c'est ici que s'inventent des réponses spécifiques rendant indispensable la coordination des acteurs et des stratégies. La logique sous-jacente se retrouve dans la politique pénale déployée par l'actuelle majorité UMP adossée à l'idée de coordination. Le 28 mai 2009, le président de la République présidait au ministère de l'Intérieur une réunion rassemblant tous les acteurs de la sécurité. Dans le but de répondre plus efficacement aux nouvelles formes de délinquance relevant du banditisme et des violences urbaines, le président de la République invitait à la mise en place d'un continuum « *entre l'action menée sous la responsabilité de l'autorité préfectorale et celle relevant de l'autorité judiciaire dans cet objectif commun.* »[297] Cette action coordonnée se développe à partir du comité départemental de sécurité et se déploie autour des états-majors de sécurité. L'état-major de sécurité réunit, sous l'autorité conjointe du préfet et du procureur de la République, les responsables de la police, de la gendarmerie, l'inspecteur d'académie, le directeur général des impôts, le directeur des douanes, et de manière ponctuelle, d'autres acteurs locaux comme les bailleurs sociaux.

---

[296] Ministère de la Justice, *Circulaire relative à la politique judiciaire de la ville*, SADJPV 2002-01/12-04-2002, NOR JUSJ0290001C, p.2.
[297] Ministre d'Etat, garde des Sceaux, Ministre de l'Intérieur, *Circulaire du 7 septembre 2009 relative aux états-majors de sécurité*, JUSD0920871C.

Selon une circulaire du 24 septembre 2009, les états-majors de sécurité permettent aux chefs des parquets de « *participer, en concertation avec le préfet, à l'élaboration des priorités d'action de la police et de la gendarmerie sur leur ressort et à la définition des moyens mis en œuvre, qu'il s'agisse de cibler cette action sur certains territoires ou sur certaines infractions, dans un laps de temps déterminé.* »[298] Les états-majors de sécurité expriment la codirection de la politique de sécurité, les parquets étant invités à décliner la politique pénale en fonction des orientations arrêtées au niveau de ces instances. Les unités territoriales de quartier (Uteq) sont à cet égard des instruments permettant de cibler la réponse judiciaire, et d'adapter la stratégie pénale aux réalités locales de la délinquance. Selon la chancellerie, ces unités « *ont pour objectif, sur un territoire choisi pour sa sensibilité à la délinquance et aux violences urbaines, de rechercher le renseignement opérationnel, établir un partenariat opérationnel et développer un lien de confiance entre la police et la population. Pour répondre à ces missions, ces unités doivent manifester une présence visible et dissuasive dans les quartiers ciblés et assurer un contact avec les populations résidentes.* »[299] Conçus sur le modèle de la police de proximité pourtant honnie depuis 2003, les Uteq sont des moyens mis au service des instances sécuritaires locales, afin de permettre la reconquête par l'Etat, des zones de non-droit : « *l'objectif spécifique est ici de discriminer dans chaque territoire « les noyaux durs » de la délinquance.* »[300]

La circulaire du garde des Sceaux en date du 1er novembre 2009 portant instructions générales de politique pénale réaffirme la volonté de territorialiser la politique pénale, impliquant une « *déclinaison territoriale des politiques pénales et de l'action*

---

[298] Ministre d'Etat, garde des Sceaux, DACG, *Circulaire du 24 septembre 2009 relative au fonctionnement des états-majors de sécurité et aux unités territoriales de quartier*, JUSD0922277C, page 1.
[299] Ibid. page 2
[300] Ibid.

publique »[301] et l'articulation d'intervenants divers. Défendant une conception hiérarchisée du ministère public, la circulaire considère que l'optimisation de la réponse pénale implique l'adaptation locale des orientations définies par le garde des Sceaux au nom du gouvernement. Les procureurs sont invités à activer tous les leviers permettant de s'informer réellement sur la situation de la délinquance locale : mobilisant les ressources dont il dispose au sein d'instances ad hoc telles les états-majors de sécurité, le procureur peut alors « *engager les moyens dont il dispose dans les actions et les secteurs qui paraissent prioritaires. L'utilisation des Groupes locaux de Traitement de la Délinquance (G.L.T.D.) apparaît come l'instrument privilégié de la mise en œuvre d'une action publique intensifiée sur un territoire défini.* »[302] De même, pour réagir à l'ancrage local de la criminalité organisée, les parquets sont invités à participer pleinement au réseau d'initiatives des partenaires institutionnels impliqués. Ainsi, la chancellerie demande aux procureurs de jouer un rôle actif au sein des structures de pilotage des Groupes d'Intervention Régionaux, tant en participant à la définition des cibles que de la doctrine d'emploi, ou en intensifiant la saisine du GIR dans les dossiers susceptibles de révéler une économie souterraine en zone urbaine sensible notamment.

Rappelons que les GIR créé par la circulaire interministérielle du 22 mai 2002, relèvent par définition d'une composition interministérielle : cette composition associe policiers (sécurité publique, police judiciaire, renseignement intérieur, police des frontières), gendarmes, douaniers, fonctionnaires de la direction des finances publiques, des services de la concurrence et de la répression des fraudes, et des fonctionnaires de la direction du Travail et de l'Emploi. Les structures de rattachement normales du GIR sont les services régionaux de police judiciaire et les sections de recherche de la gendarmerie nationale. Le GIR est composé d'une structure de commandement (unité d'organisation et de commandement) et de personnels dits « ressources »

---

[301] Ministre d'Etat, garde des Sceaux, DACG, *Circulaire du 1er novembre 2009, Instructions générales de politique pénale,* NOR JUS D 0925748 C, page 3
[302] Ibid. page 4

émanant des administrations concernées : ces personnels sont mobilisables à tout moment en fonction des opérations réalisées[303].

Le problème demeure alors de savoir comment coordonner, l'action d'intervenants, qui ne sont pas toujours habitués à coopérer.

La coordination des acteurs et stratégies locales

La politique pénale est désectorisée : elle prétend articuler les interventions d'acteurs politico-administratifs peu habitués à coopérer entre eux. Elle associe des acteurs issus de la société civile, prélevés sur les territoires, cibles de la politique gouvernementale. Cette configuration n'obéit, du moins dans la conception de ses promoteurs, ni à une logique « *top down* », ni même « *botumb up* » : la politique pénale territorialisée et partenariale qui se décline n'est pas la réception mécanique des impulsions des administrations centrales par les échelons administratifs déconcentrés. Si l'évaluation des actions mise en œuvre doit permettre de faire remonter les résultats des expérimentations locales aux autorités centrales, l'échelon local est devenu le lieu pertinent de l'invention des stratégies opérationnelles, au gré d'échanges et d'arbitrages entre acteurs et institutions variés. Se pose dès lors le problème de la régulation des échanges et interactions entre ces différents acteurs, qui rejoint la question plus générale de la gouvernance locale. Plusieurs analyses sont à cet égard possibles.

La théorie de la coordination administrative perçoit l'action étatique comme une stratégie de coordination simultanée intra-administrative (modèle hiérarchique) et extra-administrative (modèle polyarchique)[304]. Elle conduirait à analyser la manière dont les administrations impliquées dans la politique pénale structurent leurs stratégies en fonction de leurs logiques

---

[303] Voyez : LAMBERT T., TURPIN D., Eds 2005, *Les Groupes d'intervention régionaux*, Paris, L'harmattan Finances Publiques.
[304] Voir par exemple : G. TIMSIT 1975, « Le concept de coordination administrative », *Bulletin IAP* n°36 125-48.

sectorielles, puis les confrontent avec celles des autres acteurs impliqués, jusqu'aux arbitrages ultimes. Le modèle, à notre sens trop général et complexe, est d'une efficience nulle.

La théorie de la régulation administrative a produit des analyses diverses qui peuvent s'avérer heuristiques. François Rangeon et Franck Bachelet ont vu dans la « *supra-ministérialité locale* » une technique de coordination de l'action des administrations déconcentrées impliquées dans la politique locale[305]. Pour ces auteurs, les politiques publiques sont traditionnellement constituées en sous-systèmes sociaux « *portés par des communautés professionnelles organisées autour du découpage d'un champ d'expertise.* »[306] Cette approche sectorielle conduit à faire des politiques publiques des programmes d'activité publics appliqués à un segment de l'espace social, caractérisé par son autonomie et la stabilité, liée au monopole qu'exercent des « médiateurs sectoriels » sur la définition des problèmes et la préconisation des solutions. Les politiques « *transversales* » et « *déconcentrées* » qui se mettent en place s'affichent comme clairement interministérielles, exprimant la volonté d'instances centrales, de fixer l'action publique sur les territoires, et, nous l'avons vu en matière pénale, de la territorialiser.

L'interministérialité réalise alors un « *glissement du pouvoir de décision vers la périphérie.* »[307] Cette stratégie se heurte au plan local à des obstacles majeurs : les auteurs évoquent l'affaiblissement du préfet, dont la vocation à la coordination de l'action administrative locale est remise en cause. Il a été possible de voir la manière dont le centre de gravité du pouvoir décisionnel en matière de sécurité, s'est, au niveau local, déplacé des préfectures vers les parquets généraux. Rangeon et Bachelet évoquent aussi la crise des administrations déconcentrées : « *affaiblies par la décentralisation, elles revendiquent leur*

---

[305] F. BACHELET, F. RANGEON 1996, « La politique de la ville ou les difficultés de l'interministérialité locale », *Politique et management Public* 14(3), 1 et sq.
[306] Ibid. p 2.
[307] F. BACHELET, F. RANGEON 1996, prec.cit.

autonomie et acceptent mal de se soumettre au pouvoir préfectoral. »[308]

L'interministérialité locale conduit à l'éclatement des dispositifs classiques de l'action publique déconcentrée. Elle permet la constitution d'un ordre supra-ministériel, où, la coordination des administrations déconcentrées ne se donne à voir que de manière symbolique, alors qu'en son sein seules les administrations de mission parviennent à imposer des arbitrages « *sous couvert de l'autorité du préfet.* »[309] Ce schéma est, sur le terrain pénal, pertinent pour l'observation des logiques professionnelles à l'œuvre. Adossé à la valorisation de la mission coordinatrice du préfet et au rôle des SGAR, il cadre cependant mal avec la configuration dyarchique de la politique sécuritaire au niveau local : si les procureurs généraux et procureurs sont devenus des acteurs centraux du dispositif de lutte contre l'insécurité et le maintien de l'ordre au plan local, le préfet conserve l'essentiel des moyens opérationnels.

Pour d'autres auteurs, la régulation s'opère de l'intérieur même des contextes d'action qui secrètent des règles n'ayant pas nécessairement été imaginées en amont. J.-L. Denis et A. Valette considèrent que dans ces contextes d'action, émergent « *un potentiel de régulation* »[310] dévolu à un acteur investi d'une mission de coordination. Dans le secteur sanitaire et social, la direction régionale des Affaires sanitaires et sociales est cet acteur pertinent, disposant de deux ressources : le schéma régional de l'organisation sanitaire, et la procédure d'allocation budgétaire. La DRASS pourrait d'ailleurs faire penser au parquet général. La politique sanitaire et sociale est cependant fortement sectorisée. Contrairement à la politique pénale, elle n'est pas transversale. Par ailleurs le rôle formel de coordination de la stratégie pénale dévolu au procureur général, n'enlève pas aux préfets et aux chefs d'administrations déconcentrées, toute capacité décisionnelle et d'influence. De même, ne peut être occultée l'interpénétration des

---

[308] Ibid. p.3
[309] Ibid. p.7
[310] J.-L. DENIS, A. VALETTE 1997, « Régulation régionale au concret : l'expérience des DRASS », *Politiques et management publics*, vol 15 n°4, p.4.

filières administratives (logique bureaucratique), politiques (logique strictement élective) et judiciaires empêchant à notre sens l'émergence d'une coordination de type monopolistique.

Les politiques publiques locales sont parfois considérées comme négociées entre les acteurs impliqués. L'importance des contrats locaux de sécurité dans le développement de la politique pénale territoriale, le très récent fond interministériel de prévention de la délinquance, justifient d'éprouver en la matière, les analyses proposées des politiques dites contractuelles. Ici, la régulation est appréhendée à partir du degré de stabilité des réseaux d'action publique au niveau local. La contractualisation est, en elle-même, un mode de pilotage de l'action publique. La négociation se présente comme un procédé normal d'intervention publique : « *elle n'est plus marginale, cachée, illégitime, mais devenue officielle, mise au grand jour en tant qu'élément du débat démocratique.* »[311] Dans ce contexte, une configuration institutionnelle rénovée se met en place impliquant « *l'horizontalisation des rapports entre acteurs.* »[312] Anne Wyvekens a mis en évidence les enjeux qui structurent ces politiques de sécurité. Pour elle, la modification des ressorts du fonctionnement des acteurs publics impliqués entraîne l'adaptation des logiques routinières, obligeant les protagonistes à de nouveaux apprentissages. Se met en forme une nouvelle manière de gouverner la sécurité dans les territoires, une « *magistrature sociale* » spécifique obligeant les intervenants à dépasser les modes d'action habituels. Cette magistrature sociale « *signe, selon, A. Wyvekens, un renouvellement du partage des préoccupations entre les autorités régaliennes, police et justice, et les autres acteurs de la vie sociale, conduisant lui-même à une mise en œuvre des compétences de chacun qui se veut plus en prise sur ce qui fait au quotidien le sentiment de l'insécurité.* »[313]

---

[311] J.-P GAUDIN, « La négociation des politiques contractuelles », J.-P. GAUDIN 1996 (Ed) *La négociation des politiques contractuelles*, l'Harmattan, p.10.
[312] Ibid. p.13.
[313] A. WYVEKENS, « Les politiques de sécurité : une magistrature sociale, pour quelle proximité ? », *Droit et société* 44/45 2000, 128 ; voir plus précisément : J. DONZELOT, A. WYVEKENS, « Magistrature sociale et souci du territoire : les groupes locaux de traitement de la délinquance », *Les*

Dans le cadre d'une approche partenariale de la politique pénale, se mettent en effet en forme des réseaux de négociation transversaux, impliquant l'apprentissage de logiques de fonctionnement nouvelles. La politique de sécurité n'est pourtant pas totalement le produit de transactions. Elle est soumise à une temporalité spécifique, à laquelle les administrations déconcentrées ne sont pas habituées : il faut parfois réagir dans l'urgence en matière pénale, ce qui laisse peu de place aux arbitrages longs et aux négociations interminables. Faisant nôtres les apports de tous ces modèles théoriques, disons pour l'instant que la politique pénale territorialisée est semi-contractuelle par forum : elle est animée opérationnellement par un nombre extrêmement réduit d'acteurs administratifs, politiques et judiciaires. Elle est dynamisée par des arbitrages plus complexes impliquant la société civile locale. La coordination s'effectue au gré des transactions dans les forums pertinents, et est alors le fait d'un réseau d'acteurs fonctionnant en communautés.

Le système local de politique pénale est, on l'a vu, placé sous la direction au moins formelle du procureur général qui anime, en fonction du ressort, la conférence d'action publique consacrée à la définition des axes et des moyens de la stratégie locale, en fonction des orientations nationales. Si elle comprend systématiquement des services de la police nationale et de la gendarmerie, des magistrats du siège, des responsables territoriaux de l'administration pénitentiaire et de la PJJ, elle n'intègre qu'à titre très accessoire le préfet et les responsables locaux de la politique de la ville, ainsi que les représentants des autres administrations déconcentrées. N'y participent de même que de manière secondaire les bâtonniers, les chefs des greffes judiciaires, et les représentants des associations habilitées. Cette composition signale la prédominance des logiques répressives et policières.

Dans les ressorts des cours d'appel de Paris et Versailles a été mis en forme un conseil régional de politique pénale, réunissant les deux procureurs généraux, les procureurs du ressort, et les chefs

---

Cahiers de la Sécurité Intérieure 33, 1998 ; A. WYVEKENS 1997, *L'insertion locale de la Justice pénale. Aux origines de la justice de proximité*, Paris l'Harmattan.

des services de police et de gendarmerie. Ici le pilotage du système est strictement dévolu à des acteurs judiciaires, et parmi eux à des parquetiers. Ils assurent l'harmonisation des décisions de correctionnalisation et les seuils de transaction douanière, ce qui souligne « *la nécessaire coordination en amont de toute politique pénale dans un domaine ciblé, avec l'ensemble des composantes de l'institution judiciaire.* »[314] Poursuivant l'objectif affiché d'une application égale de la loi pénale, le parquet général de Montpellier, au terme d'un examen attentif du passé judiciaire et pénal de condamnés de première instance eu égard au quantum des peines prononcées, poursuit une «*politique active d'appel*», lorsque la peine prononcée ne prend pas en compte la personnalité pénale du condamné. A Lyon, c'est encore le parquet général qui a mis au point la « hiérarchie de proximité » : le procureur général ou ses avocats et substituts généraux se déplacent dans les parquets pour y solutionner les problèmes identifiés, au moyen par exemple de la conclusion de contrat d'objectif : « *Le parquet général identifie à travers les notices d'instruction les retards de règlements et apporte une aide aux parquets en difficultés, soit en déléguant un magistrat du parquet général, soit en se faisant adresser des dossiers pour règlement.* »[315] La réponse qui se construit ainsi localement est le produit d'une coordination interne au secteur judiciaire, et en son sein le parquet général. Cet agencement extrêmement centralisé se retrouve au stade de la déclinaison opérationnelle des axes de l'action publique, notamment au sein des groupes locaux de traitement de la délinquance.

La création d'un groupe local de traitement de la délinquance est décidée par le procureur de la République. Sa composition exprime une articulation des logiques judiciaire, administrative et politique. Le groupe local de traitement de la délinquance consacre un « *partenariat opérationnel* » à double visage. Le groupe assure d'abord au plan opérationnel, « *une intervention répressive systématisée* »[316], à travers un mode de fonctionnement incluant

---

[314] Direction des Affaires Criminelles et des Grâces, *Rapport au garde des Sceaux sur la politique pénale menée en 2004*, octobre 2005 p. 7
[315] Ibid. p. 8 et 9
[316] A. WYVEKENS 2000, 129

les parquets et les forces de l'ordre. Il participe ensuite à la prévention générale en permettant, en relation avec la société civile et des autres administrations publiques, la mise au point de stratégies globales. Comme le montre A. Wyvekens, il s'agit de « *tenter de restaurer les régulations intermédiaires sur la base d'une reprise de confiance des divers intervenants non pénaux appuyés sur le parquet.* »[317] Bailleurs sociaux, représentants de l'éducation nationale, exploitants de transport public de voyageurs, fonctionnaires de l'administration préfectorale sont ainsi associés à la mise en forme de réponses globales, non exclusivement pénales.

Le groupe local de traitement de la délinquance donne ainsi à voir deux forums au sein desquels la régulation opère différemment : sur la scène strictement opérationnelle, les interactions pertinentes se déroulent entre les magistrats du parquet, les services départementaux chargés de la sécurité. Sur la scène plus élargie le fonctionnement est plus négocié, et intègre la logique de fonctionnement des acteurs non pénaux, et leurs intérêts sectoriels (sécurité et salubrité des logements sociaux, violence scolaire, absentéisme scolaire…). C'est sur ce second site que se mettent en forme des communautés de politique publique : elles se composent d'acteurs non exclusivement répressifs qui, au fur et à mesure des échanges et des apprentissages, vont promouvoir la même analyse des situations et des actions à mener.

Le contrat local de sécurité de l'agglomération nouvelle de Sénart signé en janvier 2001, associe par exemple les présidents des syndicats d'agglomération, les maires des différentes communes membres de l'établissement public de coopération intercommunale, les préfets de Seine et Marne et de l'Essonne, les procureurs de la République des tribunaux de grande instance de Melun et d'Evry. Il comprend aussi le recteur d'Académie de Créteil. Le contrat ambitionne de « *pérenniser le dialogue entre les élus, les professionnels et les habitants* »[318] Il met en avant la nécessité pour les acteurs impliqués de coopérer à la définition de la réponse à la délinquance qui doit être tout à la fois rapide et

---

[317] Ibid.
[318] Agglomération de Nouvelle Sénart, *Contrat local de sécurité*, janvier 2001 p. 5

ciblée. Les acteurs non répressifs participent ainsi aux tâches qui jalonnent la mise en forme de la réponse. Au stade strictement pénal, le fonctionnement du système consacre le rôle central du parquet, qui doit cependant composer avec les intervenants non répressifs. Le contrat fait du service de permanence une structure de veille, assurant au long cours la certitude qu'une réponse doit être donnée à tout acte délinquant signalé par les protagonistes du contrat : « *ce service reçoit le signalement de toutes les affaires pénales en cours. Un magistrat du parquet en assure la permanence hebdomadaire. Il dirige en temps réel l'action des enquêteurs, oriente les suites à donner aux procédures et décide, quant il y a lieu, des modalités de poursuite ou des mesures alternatives. Ce service reçoit également les signalements dont sont victimes les mineurs, relayés par la cellule départementale de signalement mise en place par les services du Conseil Général ainsi que les signalements de toute situation d'urgence émanant de l'éducation nationale et des autres services de l'Etat.* »[319]

Le contrat prévoit également la mise en place de cellules de veille, coordonnées par les parquets, chargées de surveiller et de lutter contre les « points noirs » identifiés sur l'agglomération, et en particulier de cibler et traiter les zones potentiellement exposées aux violences urbaines. Il y a donc d'une part un fonctionnement proprement pénal dont la finalité immédiate est l'alimentation de la chaîne pénale. Mais il y a d'autre part une démarche désectorisée, administrations déconcentrées, établissements publics, et acteurs de la société civile étant associés pour signaler les situations à traiter, et à la conception des réponses et des stratégies préventives.

Le mode de coordination dépend donc du forum (conférence d'action publique, GLTD, CLS, CCDP …) ou de la définition des tâches et actions dans le contrat local de sécurité. Le contrat local de sécurité de la ville du Mans est signé le 9 février 1998 entre le préfet de la Sarthe, le procureur de la République près le Tribunal de Grande Instance du Mans, le Recteur de l'Académie de Nantes, le département de la Sarthe représentée par le président du conseil général, le président de la communauté urbaine ainsi que l'office

---

[319] Ibid. p. 9

public d'HLM du Mans[320]. L'essentiel des actions est dévolu à l'Etat qui, à travers le parquet et l'administration préfectorale notamment, se voient impartir un rôle de pilotage et de coordination du contrat local de sécurité.

Mais en fonction de la déclinaison des responsabilités, les rôles peuvent être plus ou moins affirmés, et par conséquent la position des intervenants dans la mise en œuvre de la réponse. Lorsqu'il s'agit d'affecter des agents de proximité municipaux pour des missions de prévention-proximité, de promouvoir une meilleure articulation des intervenants au titre de l'ilotage, on valorise naturellement le rôle de la Ville du Mans. Ce rôle est partagé entre l'Etat, la communauté urbaine et la société des transports de l'agglomération (SETRAM) lorsque la mission consiste à renforcer la prévention de la délinquance par le recrutement de nouveaux agents d'accueil dans les transports urbains. L'objectif implique la mobilisation de moyens répartis entre plusieurs intervenants qui sont appelés à la négociation.

Le même type d'arrangements est à l'œuvre dans la mise en œuvre des objectifs de réinsertion. Le développement des travaux d'intérêt général implique les acteurs étatiques, et en leur sein des juges de l'application des peines. Mais le dispositif n'est opérationnel qu'en tant qu'il associe des partenaires non institutionnels, comme les associations de réinsertion, ou institutionnels telles les collectivités locales qui mettent à disposition les travaux nécessaires à l'exécution de ces peines alternatives. L'objectif contractuellement affiché d'associer plusieurs partenaires au service de la réinsertion des délinquants, suppose la coopération effective des acteurs impliqués, invités à mutualiser les moyens, et à articuler les logiques de fonctionnement. On retrouve la même configuration dans le développement des chantiers extérieures : les placements ne peuvent être décidés par le juge de l'application des peines, que si le conseil général, la Ville du Mans, la communauté urbaine, se

---

[320] Ville du Mans, *Contrat local de sécurité*, Février 1998 ; on retrouve la même articulation des intervenants dans le contrat local de sécurité de la Ville d'Allonnes : Ville d'Allonnes, *Contrat local de sécurité*, Février 1999.

sont conformés aux engagements pris de développer les projets, les supports et les formations permettant d'accueillir les condamnés.

L'aspect semi-contractuel s'observe dans les différentes structures chargées d'appliquer les orientations arrêtées dans les contrats locaux de sécurité. Ici, la sécurité est coproduite par les protagonistes du plan. C'est le cas des conférences départementales de sécurité, souvent co-présidées par le préfet et le procureur de la République, ce qui traduit une volonté affichée de l'administration préfectorale d'investir les politiques de prévention et de sécurité[321].

C'est également le cas des conseils départementaux de la prévention, ou les conseils locaux de sécurité et de prévention de la délinquance, ces derniers étant perçus « *comme instances d'analyse et de mise en place d'actions coordonnées en matière de prévention.* »[322] Il faut faire une part aux contrats locaux de sécurité, qui mettent en évidence de manière emblématique l'aspect négocié de la politique pénale locale. Un comité interministériel de prévention de la délinquance avait reçu pour mission de mettre en cohérence les textes relatifs aux contrats locaux de sécurité. Ses travaux ont abouti à la circulaire interministérielle du 4 décembre 2006 qui donne aux nouveaux contrats les objectifs suivants : « *viser un territoire déterminé en raison des problèmes de sécurité dont il est particulièrement affecté. Planifier des actions de prévention prenant en compte les situations individuelles et familiales. Produire à court et moyen terme des effets mesurables sur l'amélioration de la sécurité sur ce territoire.* » Désormais, un contrat local de sécurité n'est justifié que par la présence d'une délinquance importante et dans le cadre d'une concertation entre le procureur de la République et le préfet. L'animation et le suivi du contrat étant assurés par le conseil local de sécurité.

---

[321] Ecole Nationale d'Administration, *Territoire et sécurité. Séminaire de question sociale. Les politiques territoriales de prévention et de traitement de la délinquance des mineurs*, 1998-2000.
[322] Direction des Affaires Criminelles et des Grâces, prec. cit. 26

C'est également au niveau local, et dans le cadre de la promotion d'une démarche partenariale, que la Chancellerie a souhaité promouvoir, à partir de 2007, une nouvelle conception de la politique pénale. Cette dernière est définie comme une composante de la politique globale de sécurité. Elle doit permettre à l'institution judiciaire de conquérir une place centrale dans la prévention de la délinquance.

Pour la Chancellerie, la prévention de la délinquance est un axe de la politique gouvernementale de sécurité. Optant pour le pragmatisme, le gouvernement demande aux acteurs de l'institution judiciaire, de détecter en amont les causes de la délinquance, et en aval de coordonner le travail de tous les services de l'Etat intéressés à la sécurité. Dans ce cadre, l'institution judiciaire a un rôle rénové, qui était l'objet de la loi du 5 mars 2007. Car, « *l'autorité judiciaire a un rôle particulièrement important dans l'exercice de ses attributions régaliennes et par son implication dans les politiques locales de prévention et de lutte contre la délinquance* »[323]. La loi du 5 mars 2007 réaffirme le rôle du ministère public dans la conduite de la politique pénale et la lutte contre la délinquance. Elle confie au préfet la prévention administrative de la délinquance dans le département, et au maire à l'échelon local. Cette loi instaure un cloisonnement entre l'administration et l'autorité judiciaire, que les réformes précédentes et les actions locales voulaient gommer. L'objectif est de cantonner l'autorité judiciaire à son cœur de métier, ce qui revient à remettre en cause tout fonctionnement désectorisé. Il fallait cependant affirmer le rôle du parquet, face à cette architecture administrative. C'est la raison pour laquelle le procureur de la république s'est vu impartir un rôle institutionnel affirmé, reposant sur un cadre légal enfin explicite. L'article 39-1 du code de procédure pénale confie au procureur la mission d'animer et de coordonner « *la politique de prévention de la délinquance dans sa composante judiciaire conformément aux orientations nationales de cette politique déterminée par l'Etat, telles que précisées par le procureur général.* »

---

[323] Ministère de la Justice, DPJJ DAP DACG, *Circulaire relative au rôle de l'institution judiciaire en matière de prévention de la délinquance*, crim-08-4/e5-06/02/2008, page 3.

Est ainsi consacrée une conception hiérarchisée du parquet, lequel se trouve lié au gouvernement dont il a pour mission de mettre en œuvre les orientations, qui sont « précisées » par le procureur général.

Le procureur a pour rôle de mettre en forme les actions visant à éviter chez les primo-délinquants, la réitération des infractions pénales et la récidive. Pour la Chancellerie, « *dans les choix qu'il est amené à faire dans l'exercice de son cœur de métier, le ministère public vise davantage la prévention de la réitération et de la récidive que la prévention au sens premier du terme, hormis quelques initiatives comme les réquisitions de contrôle d'identité ou de véhicules* »[324]. En ce sens il doit veiller à la certitude de la peine en s'assurant de la rapidité de sa mise à exécution. De même, dans cette approche rénovée, la protection judiciaire de la jeunesse qui dépend du procureur a un rôle majeur. Pour la Chancellerie, « *les services déconcentrés de la protection judiciaire de la jeunesse interviennent à la fois en amont, leur rôle étant important dans la prévention primaire, notamment à travers les informations transmises sur l'accès au droit et devoirs des jeunes au sein des établissements scolaires, et en aval, qu'ils participent aux actions de lutte contre la récidive dans le cadre de leur mission de prise en charge des jeunes.* »[325]

La prévention de la délinquance suppose par ailleurs l'implication forte du parquet dans les politiques locales de sécurité. Cela se traduit par une contribution aux plateformes de concertation dans le cadre des contrats locaux de sécurité, et la formalisation systématique d'avis dans la définition, par les préfets, des axes des plans départementaux de prévention de la délinquance. A ce titre, et pour garantir un contrôle par l'administration centrale de ces activités « hors le palais », les parquets sont invités à renseigner un outil statistique permettant de mesurer l'impact des actions menées. D'une manière générale, le parquet doit participer activement aux actions développées par les autres acteurs publics, mais également la société civile, laquelle peut être intéressée par

---

[324] Ministère de la Justice, DPJJ DAP DACG, prec.cit. Page 5
[325] Ibid.

divers financements au titre du fonds interministériel de prévention de la délinquance.

Le procureur de la République a un rôle pivot et doit assurer la concertation entre les acteurs judiciaires intéressés à la politique de prévention de la délinquance. A ce titre il diffuse les comptes-rendus des réunions des acteurs locaux de la politique de sécurité et de prévention. Il organise semestriellement des réunions avec les magistrats du siège impliqués (présidents de tribunaux correctionnels, juge des enfants, juges de l'application des peines).

C'est également au plan local que se décline la politique administrative de prévention de la délinquance, notion inédite qui, dans l'argumentaire des services centraux du ministère de la Justice, désigne « *les moyens d'action des administrations de l'Etat et des collectivités territoriales, notamment des mesures socio-éducatives et de police administrative susceptibles de concerner des personnes, des lieux ou des activités présentant un risque du point de vue de la délinquance.* »[326] Le maire est le coordonateur de cette politique. La loi du 5 mars 2007 lui donne des prérogatives fortes allant du rappel à la loi des contrevenants, à l'instauration au profit des parents de mineurs délinquants d'un accompagnement parental. Mais ces compétences sont limitées par celles de l'autorité judiciaire et du représentant de l'Etat. Cette même loi a prévu la création d'un conseil local de sécurité et de prévention de la délinquance dans les communes de plus de 10.000 habitants et dans celles de moins de 10.000 habitants mais comprenant une zone urbaine sensible. C'est le président du conseil qui désigne les personnalités qualifiées devant siéger Le directeur départemental de la protection judiciaire de la jeunesse et le directeur des services pénitentiaires d'insertion et de probation[327] sont présents à titre d'autorités invitées par le préfet,

---

[326] Ibid. page 6

[327] L'action du SPIP est maintenant arrimée à un réseau d'intervenants, dans le souci d'améliorer la prise en charge des détenus et condamnés. Cette logique partenariale a été réaffirmée par la circulaire du directeur de l'administration pénitentiaire en date du 19 mars 2008. C'est au personnel du SPIP qu'incombe de définir le projet de sortie du condamné. L'objectif affirmé est la rapidité de la prise en charge, le service devant intervenir après le prononcé de la condamnation, ou la mise sous écrou. Le SPIP est d'ailleurs saisi de plein droit

ou de personnalités désignées par le procureur. Dans ce cadre, l'autorité judiciaire est chargée de rappeler les conditions et les limites des initiatives locales.

La création du plan départemental de prévention de la délinquance parachève, avec le fonds interministériel de prévention de la délinquance, l'ancrage local de la lutte contre la réitération et la récidive des infractions pénales. Le plan départemental de prévention de la délinquance est élaboré par le préfet. Il définit les priorités en matière de prévention de la délinquance sur le territoire, en accord avec les orientations arrêtées au sein du comité interministériel de prévention de la délinquance. Ce plan est adopté après la consultation du procureur de la République, lequel est invité à émettre, un avis après avoir consulté les instances concernées relevant de l'autorité judiciaire (DPJJ, DSPIP, DSTEMO). Le parquet devra vérifier : « *la prise en compte des priorités judiciaires, l'absence de contradiction avec la politique pénale mise en place localement, la conformité avec les besoins, sur le terrain, identifiés par les acteurs judiciaires, et notamment pour la DPJJ au projet départemental, la non inclusion d'actions, fût-ce à titre d'exemple, dont le fondement juridique serait incertain. L'adéquation entre le service attendu de la part des structures bénéficiaires de subventions et la qualité des prestations proposées par ces dernières notamment en termes de disponibilité réelle auprès des publics concernés.* »[328]

---

par la juridiction, laquelle remet d'ailleurs maintenant une convocation conformément à l'article 474 du code de procédure pénale. Les SPIP sont aujourd'hui incités à placer leur action dans le cadre des programmes de prévention de la récidive, les PPR, conformes à la recommandation 2000/22 du comité des ministres du conseil de l'Europe préconisant l'instauration de « programmes d'intervention qui consistent à apprendre aux délinquants à réfléchir aux conséquences de leur conduite criminelle, à les amener à mieux se contrôler, à reconnaître et à éviter les situations qui précèdent le passage à l'acte et à leur donner la possibilité de mettre en pratique des comportements pro-sociaux. » Ministère de la Justice, DAP, *Circulaire relative aux missions et aux méthodes d'intervention des services pénitentiaires d'insertion et de probation*, n°113/PMJ1 19 mars 2008.
[328] Ministère de la Justice, DPJJ DAP DACG, *Circulaire relative au rôle de l'institution judiciaire en matière de prévention de la délinquance*, crim-08-4/e5-06/02/2008, page 14.

La politique pénale trouve donc dans les territoires de nouveaux sites d'expérimentation. Les mutations des relations internationales et l'apparition de menaces globales, vont cependant obliger les acteurs du pénal à décliner des stratégies spécifiques pour faire face aux contraintes de l'internationalisation.

Politique pénale et globalisation de la menace criminelle

La chute du mur de Berlin et l'effondrement du bloc de l'est rendaient désormais improbable une agression militaire de grande envergure contre les pays de l'Europe de l'ouest. Des menaces d'un genre nouveau sont pourtant apparues, justifiant l'adaptation des politiques nationales, et la redéfinition des cadres de la coopération internationale en matière de lutte contre la criminalité.

Le terrorisme international est la première de ces menaces. Il apparaît comme le danger le plus emblématique pour les Etats, au lendemain des attaques terroristes du 11 septembre 2001. Les démocraties occidentales découvrent sur leur territoire[329] des cellules terroristes dormantes. Les actes terroristes peuvent être le fait de communautés étrangères, implantées au sein même des sociétés pourtant prises pour cibles.

On découvre dans le même temps que la possibilité d'attaques terroristes avait été envisagée par les services de sécurité. Comme le montre bien E. Laurent, « *alors que débute le mois de septembre 2001, la situation est ubuesque. A travers le monde tous les services secret ou presque s'attendent à l'imminence d'un attentat sur le sol américain mais personne au sein de l'administration Bush ne semble avoir conscience de la montée des périls.* »[330] L'Europe et le monde dit « libre » devront faire face à cette nouvelle menace, qui est le fait d'acteurs tirant parti des failles des systèmes démocratiques et de l'économie capitaliste. Usant des

---

[329] Lire par exemple : Y. FOUDA, N. FIELDING 2003, *Les cerveaux du terrorisme. Le 11 septembre par ceux qui l'ont commis*, Editions du Rocher notamment pages 103 à 125. Voir aussi par exemple : R. JACQUARD, *Les archives secrètes d'Al-Qaida*, Paris Jean Picollec, pages 111 et suivantes
[330] E. LAURENT 2004, *La face cachée du 11 septembre*, Paris Plon.

nouvelles technologies les plus sophistiquées, les mouvements terroristes disposent de ressources importantes, souvent des produits du crime organisé. Le diagnostic est clair: « *La vague terroriste [...] revêt un caractère mondial et elle est liée à un extrémiste religieux violent. Les causes en sont complexes et sont liées notamment aux pressions exercées par la modernisation, aux crises culturelle, sociale et politique et à l'aliénation des jeunes personnes vivant dans des sociétés étrangères. Ce phénomène fait également partie de notre propre société.* »[331]

La menace terroriste, et la détermination des mouvements extrémistes impliqués à répandre la terreur donnent une acuité particulière à un autre danger, que les acteurs des politiques de sécurité doivent intégrer : la prolifération des armes de destruction massive. Pour les analystes, la perspective la plus dramatique serait l'appropriation par les groupes terroristes d'armes de destruction massive, qui leur donnerait une capacité de nuisance encore plus importante. Par ailleurs, le monde occidental et l'Europe paraissent exposés à des périls, pouvant remettre en cause le caractère démocratique des régimes et les fondements des sociétés : la multiplication des conflits régionaux est le terreau sur lequel prolifère le terrorisme, et qui favorise la demande d'armes de destruction massive. La déliquescence des Etats, favorise la prise de contrôle des institutions par les organisations criminelles ou les groupes terroristes. Le développement de la criminalité organisée procure aux groupes terroristes des ressources importantes. De fait, « *le trafic transfrontalier de drogue, la traite des femmes, l'immigration clandestine et le trafic d'armes représentent une grande partie des activités des groupes criminels. La criminalité organisée peut avoir des liens avec le terrorisme.* »[332]

La France s'était dotée d'institutions pour faire face à ces périls, dont l'éradication est maintenant inscrite sur l'agenda des organisations internationales. Une unité de coordination et d'analyse a ainsi été créée en 1993 pour lutter contre le phénomène

---

[331] Union Européenne 2003, *Une Europe sûre dans un monde meilleur. Stratégie européenne de sécurité*, Bruxelles, p.3
[332] Union Européenne 2003, prec cit. p. 4

des mafias : l'unité de coordination et de recherche anti-mafia. Elle a pour mission de faciliter les échanges entre les administrations préposées à la lutte anti-mafia (douanes, gendarmerie, intérieur, justice). Sur le terrain de la lutte contre la criminalité organisée, des instances opérationnelles sont également à l'œuvre : office central de répression du banditisme (OCRB), centre de recherche et d'analyse sur le crime organisé (CRACO), office central de lutte contre la traite des être humains, l'office central de lutte contre le trafic illicite de stupéfiants, et récemment, l'office central de lutte contre l'immigration irrégulière (aujourd'hui DCPAF). Les directions opérationnelles du ministère de l'intérieur (police judiciaire, renseignements généraux), la direction nationale de la recherche et des enquêtes douanières et la direction nationale des enquêtes fiscales complètent le panorama d'un dispositif plus explicitement tourné vers l'international[333].

Il convient d'analyser les réponses construites aux plans européen et international.

L'Europe de la justice et de la sécurité

Le maillage normatif opérationnel

Au plan européen on a assisté à la définition de nouveaux objectifs stratégiques pour faire face au terrorisme international et à la criminalité organisée. On rappellera que la politique européenne de justice et de sécurité se déploie, dans un cadre institutionnel précis, faisant intervenir l'Office de lutte anti-fraude ou OLAF. L'OLAF est chargé de la recherche et du déferrement des auteurs de fraude aux intérêts financiers de l'Union Européenne. Il remplace un ancien service de la commission, l'unité de coordination de lutte anti-fraude (UCLAF). Cette instance est cependant décriée : agissant exclusivement sur un mode administratif, elle est dotée de pouvoirs d'enquête, mais soustraits à tout contrôle de légalité, la

---

[333] Voir : P. MARBRIER, « Depuis la chute du Rideau de Fer, quelle politique l'Union européenne met-elle en œuvre face à la criminalité organisée d'Europe de l'Est ? », *www.diploweb.com* *Géopolitique de l'Europe*, mise en ligne janvier 2005.

coopération avec les autorités judiciaires nationales n'étant pas un paradigme intégré aux modes de fonctionnement de l'office[334].

Le dispositif européen intègre aussi l'unité EUROPOL, l'office européen de police, placé sous la coordination du conseil, alors que l'action de l'OLAF relève de la commission. Entré en fonction en octobre 1998, EUROPOL s'est substitué à l'unité anti-drogue EUROPOL, pour embrasser les secteurs plus larges de la lutte contre le trafic de stupéfiants, le trafic de matières nucléaires, la lutte contre l'immigration illégale et la traite des êtres humain, le trafic de voitures volées, le blanchiment, la fausse monnaie et la lutte contre le terrorisme. EUROPOL est exclusivement dédiée à la mutualisation des informations, en vue de leur exploitation par les forces de police des Etats membres, conformément aux orientations arrêtées par le conseil des ministres de la justice et de l'intérieur. La convention EUROPOL permet la collecte d'informations sur les infractions pénales relevant de la compétence de l'office, leur mise en réseau et en index, et la confection de rapports d'analyse criminelle. EUROPOL est donc en l'état dépourvu de prérogatives opérationnelles. L'évolution de cette instance, d'ailleurs souhaitée par les autorités françaises et allemandes dans le cadre des travaux de la convention européenne, devait s'effectuer dans le sens de l'octroi de pouvoir d'enquête à l'office, qui serait doté d'un directeur responsable devant le conseil[335].

Le troisième acteur de la politique européenne de justice et de sécurité est l'unité EUROJUST, dont la création résulte du traité de Nice, mais plus particulièrement encore des décisions arrêtées lors du conseil européen de Tampere les 15 et 16 octobre 1999. C'est Helmut Kohl qui, le premier lance l'idée d'un FBI à l'européenne, en 1991. Sous l'impulsion de Wolfgang Schomburg

---

[334] Voir : E. ALT, « Pour un espace judiciaire européen », J.-P. MIGNARD, A. VOGELWEITH, 2001 (Ed), *Justice pour Tous*, Paris la Découverte collection cahiers libres 50-51. Voir aussi H. HAENEL, *Justice, police et sécurité dans l'Union européenne*, Notes de la fondation Robert Schuman, février 2003, pp 76 et suivantes.
[335] J. FISCHER, D. de VILLEPIN, « Propositions conjointes franco-allemandes pour la Convention européenne dans le domaine de la justice et des affaires intérieures », Conv 435/02 contribution 156.

(secrétaire d'Etat à la Justice du Land de Berlin) se développe l'idée d'une agence européenne qui pourrait être structurée sur le modèle d'EUROPOL, mais spécifiquement dédiée à la coopération judiciaire. EUROJUST épouse aussi, sur un mode mimétique, le modèle d'institution à l'œuvre au plan européen : le centre pour l'information, l'étude et l'échange dans le domaine de l'asile, ou le centre pour l'information, l'étude et le domaine de l'immigration vont inspirer, vers 1993, la création d'un centre pour l'information l'étude et l'échange dans le domaine de la coopération judiciaire (CIREJUD)[336].

En 1999, la Finlande prend la présidence de l'Union européenne. Pour la première fois dans le fonctionnement du système décisionnel européen, la présidence finlandaise suggère une réunion du conseil, consacrée à la justice et aux affaires intérieures. Ce conseil réaffirme l'objectif de faire de l'Union un espace de liberté, de sécurité et de justice. La décision est prise de placer sur l'agenda européen, l'homogénéisation de mécanismes de coopération en matière judiciaire, civile et pénale, et l'intensification de la recherche de réponses, censées traduire en acte, le projet politique de faire émerger une stratégie globale et intégrée en matière de justice et d'affaires intérieures. Pour le conseil, « *le citoyen ne peut jouir de la liberté que dans un véritable espace de justice, où chacun peut s'adresser aux tribunaux et aux autorités de tous les Etats membres aussi facilement qu'il le ferait dans son propre pays. Les auteurs d'infraction ne doivent pouvoir, par aucun moyen, mettre à profit les différences entre les systèmes judiciaires des Etats membres. Les jugements et décisions doivent être respectés et exécutés dans l'ensemble de l'Union, mais il faut aussi préserver la sécurité juridique fondamentale des particuliers et des opérateurs économiques (...) Les citoyens sont en droit d'attendre de l'Union qu'elle réagisse à la menace que représente la grande criminalité pour leur liberté et les droits que leur donne la loi.* »[337]

---

[336] M. MANGENOT, « Un organe judiciaire pour l'union européenne : EUROJUST (1999-2004) », *EIPAS SCOPE* 2005/1 27 et sq.
[337] Parlement européen, *Conseil européen de Tampere 15 et 16 octobre 1999. Conclusions de la présidence*, pp 2 et 3.

Le conseil préconise l'accélération et l'intensification de la coopération opérationnelle entre les institutions des Etats membres, dans le cadre même d'enquêtes consacrées à la grande criminalité. Le conseil demande ainsi la création d'équipes communes d'enquête, impliquant la participation en appui et soutien, des agents d'EUROPOL. Il recommande la création d'une structure de liaison opérationnelle *« au sein de laquelle les responsables des services de police européens échangeraient, en coopération avec EUROPOL, expériences, meilleures pratiques et informations sur les tendances de la criminalité transfrontière, et contribueraient à l'organisation des opérations »*[338] Le conseil décide ainsi la création d'une unité composée de magistrats et policiers, pour *« contribuer à une bonne coordination entre les autorités nationales chargées des poursuites et d'apporter son concours dans les enquêtes relatives aux affaires de criminalité organisée. »*[339]

Avant la mise en actes de cette décision, le conseil européen instituait, le 14 décembre 2000, une unité provisoire de coopération judiciaire, s'appuyant sur les infrastructures du conseil. Les objectifs qui lui sont assignés sont d'améliorer la coopération entre les autorités nationales compétentes relatives aux investigations et aux poursuites en relation avec la criminalité grave, particulièrement lorsqu'elle est organisée, impliquant deux Etats membres ou plus. Elle devrait, par ailleurs, stimuler et améliorer la coordination des enquêtes et des poursuites entre les Etats membres, en apportant son expertise aux Etats membres et au conseil, dans la perspective de la négociation des décisions relatives à la création d'EUROJUST[340]. La création d'EUROJUST, est décidée le 28 février 2002, aux termes d'un processus qu'il convient d'analyser.

Conçu à l'origine comme *« le pendant judiciaire d'Europol »*[341], EUROJUST se compose de magistrats et de policiers chargés d'assurer une bonne coordination de la recherche et de la poursuite

---
[338] Ibid. p.8
[339] Ibid.
[340] Décision du Conseil du 14 décembre 2000 N°2000-799 JAI
[341] H. HAENEL, op. Cit. P. 78.

de la criminalité organisée, en exploitant les données collectées par l'office européen de police. L'unité EUROJUST qui peut préfigurer un parquet européen[342], peut également inviter les autorités nationales à déclencher l'action publique pour assurer la répression de faits dont elle aurait eu connaissance. La dernière institution dans le paysage européen est le réseau judiciaire européen.

La réaction européenne à la grande criminalité et au terrorisme prend la forme de la création d'institutions qui doivent répondre, de manière coordonnée à ces phénomènes. Cette réaction se traduit aussi par l'adoption de mesures pénales spécifiques, constituant autant d'outils au service des services répressifs nationaux.

Dans le cadre de la convention de Strasbourg du 8 novembre 1990 relative au blanchiment, au dépistage, à la saisie et à la confiscation des produits du crime, les Etats ont prévu l'adoption de mesures législatives homogènes, en vue de l'utilisation de techniques spéciales d'investigation facilitant l'identification et la recherche du produit ainsi que la réunion des preuves afférentes. La convention cite, pour exemple les ordonnances de surveillance de comptes bancaires, l'observation, l'interception de télécommunications, l'accès à des systèmes informatiques et les ordonnances de production de documents déterminés (Chapitre II article 4 § 2).

C'est dans le même esprit qu'avait été adoptée le 27 janvier 1999, la convention pénale sur la corruption qui prévoit l'utilisation de techniques spéciales d'enquêtes impliquant le cas échéant la saisie des instruments et produits de la corruption. La convention prévoit l'adoption de mesures législatives par chaque Etat permettant d'« habiliter ses tribunaux ou ses autres autorités compétentes à ordonner la communication ou la saisie de dossiers bancaires, financiers ou commerciaux », dans le but de caractériser les faits de corruption. Cette convention instaure par ailleurs

---

[342] Pour O. de BAYNAST, EUROJUST serait ainsi un « *creuset pour des évolutions ultérieures* ». Voir : O. de BAYNAST, « Eurojust, une avancée décisive », *Europ Magazine*, printemps 2002, 90 à 91.

l'inopposabilité du secret bancaire dans le cadre de la recherche des faits susceptibles de recevoir la qualification de corruption.

Le conseil européen de Tampere des 15 et 16 octobre 1999 est le forum sur lequel se formalisent les grands axes de la politique européenne en matière de justice et d'affaires intérieures. Pour le conseil européen, la justice doit être, après l'intégration économique et monétaire largement accomplie, le nouvel horizon des politiques de l'Union : « *L'union européenne a déjà mis en place pour ses citoyens les éléments principaux d'un espace commun de prospérité et de paix : un marché unique, une union économique et monétaire et la capacité à relever les défis politiques et économiques mondiaux. Le pari du traité d'Amsterdam est de veiller maintenant à ce qu'il soit possible de jouir de la liberté, qui comprend le droit de circuler librement dans toute l'Union, dans des conditions de sécurité et de justice accessible à tous. C'est un projet qui répond aux préoccupations souvent exprimées par les citoyens et qui aura une incidence directe sur leur vie quotidienne.* »[343] Les citoyens de l'Union sont alors en droit d'attendre des autorités européennes, qu'elles répondent de manière effective et coordonnées aux menaces pouvant compromettre l'émergence d'une véritable « Union de liberté. » L'enjeu est clair : ne pas permettre aux criminels de jouer des différences existant entre les systèmes judiciaires ; garantir l'exécution des décisions de justice sur tout le territoire de l'Union ; garantir une sécurité juridique maximale aux particuliers et aux acteurs économiques ; faciliter le rapprochement entre les systèmes juridiques des Etats membres. Sont ainsi posés, au-delà des aspects purement judiciaires, les jalons d'une véritable politique européenne en matière de justice et d'affaires intérieures.

Dans le prolongement du Conseil de Tampere vont être adoptées une série de décisions et d'instruments internationaux visant à faciliter la coopération judiciaire et policière entre les Etats de l'Union. Il s'agit, pour les Etats de l'Union, d'assurer la mise en forme d'un maillage juridique permettant d'appréhender de manière coordonnée la criminalité organisée, qui devient ainsi la

---

[343] Parlement européen, Conseil européen de Tampere 15 et 16 octobre 1999, Conclusions de la présidence, page 2.

menace ultime. Mais la matière civile n'est pas exclue du périmètre de ces réformes. Le 29 mai 2000 est adopté un règlement relatif à la reconnaissance et à l'exécution des décisions en matière matrimoniale et de responsabilité parentale des enfants communs[344]. Création de l'unité Pro-Eurojust le 14 décembre 2000 comme on l'a vu, l'objectif étant : « *a) améliorer la coopération entre les autorités nationales compétentes relatives aux investigations et aux poursuites en relation avec la criminalité grave, particulièrement lorsqu'elle est organisée, impliquant des Etats membres ou plus. B) dans le même cadre, stimuler et améliorer la coordination des enquêtes et des poursuites entre les Etats membres, en tenant compte de toute demande émanant d'une autorité nationale compétente et de toute information fournie par tout organe compétent selon des dispositions arrêtées dans le cadre des traités. 2. L'unité provisoire apporte son expertise aux Etats membres et au Conseil en tant que de besoin, dans la perspective de la négociation et de l'adoption par le Conseil de l'acte instituant Eurojust.* »[345]. Le 22 décembre 2000 est adopté le règlement relatif à la compétence judiciaire, la reconnaissance et l'exécution de décisions de justice[346]

Dans le droit fil du programme de Tampere, sont créées les équipes communes d'enquête exprimant « *la volonté de développer une coopération judiciaire intégrée.* »[347]. Le 29 mai 2000 est adoptée la convention européenne d'entraide judiciaire en matière pénale. Le 28 mai 2001 est prise une décision cadre relative à la lutte contre la contrefaçon de moyens de paiement ; le même jour est adoptée une décision cadre relative à la création du réseau judiciaire européen en matière civile et commerciale. L'adoption du maillage légal se poursuit le 26 juin 2001 par l'adoption d'une décision cadre du conseil sur le blanchiment d'argent sale.

---

[344] Règlement dit de Bruxelles II, JOCE L 30 juin 2006.
[345] Voir Conseil de l'Union européenne, *Décision du 14 décembre 2000 instituant une unité provisoire de coopération judiciaire*, JO L324 du 21/12/2000 pp 0002-0003.
[346] Voir JOEC L 12 du 16 janvier 2001.
[347] CEE, *Annexe à la communication de la commission. Espace de Liberté, de sécurité et de Justice : bilan du programme de Tampere et futures orientation*, Bruxelles, le 2 juin 2004, SEC (2004) 693 p. 24.

Le 19 septembre 2001, huit jours après les attentats aux Etats unis d'Amérique, le comité des ministres adoptait une recommandation relative aux principes directeurs pour la lutte contre le crime organisé, et incitant les Etats membre à adapter leur système de justice pénale : *« Les Etats membres devraient adopter une législation autorisant ou étendant l'utilisation de mesures d'investigation qui permettent aux organes de répression de mieux connaître, dan le cadre des enquêtes pénales, les activités des groupes criminels organisés, comme la surveillance, l'interception des communications, les opérations d'infiltration, les livraisons surveillées et le recours à des informateurs. Ils devraient fournir aux organes de répression les moyens techniques nécessaires et une formation appropriée. »*[348] Souhaitant institutionnaliser la pratique des enquêtes proactives, le comité des ministres invite les Etats à « élaborer de nouvelles méthodes de travail de la police, privilégiant l'anticipation par rapport à la réaction, et comprenant l'exploitation de renseignements stratégiques et le recours à l'analyse criminelle. »[349]

La coopération entre les organes de répression des Etats membres doit permettre l'échange d'information sur les groupes criminels opérant sous leur juridiction, le dépistage, le gel et la saisie ou la mise sous séquestre des avoirs d'origine délictueuse. Les membres de l'Union sont appelés à l'approfondissement de la coopération policière qui, n'est pas récente[350]. Deux propositions de décisions cadre sont prises sur la lutte contre le terrorisme, et sur le mandat d'arrêt européen. Lors du conseil européen extraordinaire de Bruxelles, les Etats membres adoptent un plan de lutte contre le terrorisme, sur la base des orientations mises en forme le 19 septembre précédent, et sur l'institution d'un mandat d'arrêt européen. Dans le prolongement, un règlement est adopté le 4 octobre 2001 sur le financement du terrorisme, et le gel des avoirs des organisations terroristes, ou d'organisations soupçonnées de financer le terrorisme.

---

[348] Annexe à la Recommandation REC(2001) adoptée le 19 septembre 2001.
[349] Ibid.
[350] J. ANDERSON, « L'Europe de la sécurité : les débats, les processus », L. MUCCHUELLI, Ph. ROBERT 2002 (Ed), *Crime et sécurité. L'état des savoirs*, Paris La Découverte, coll. Textes à l'appui, 404 et sq.

Le 8 novembre 2001, est adopté un protocole additionnel à la convention d'entraide judiciaire en matière pénale. Ce protocole renforce les ressources des autorités policières, en étendant le périmètre géographique de leur action. Il crée ainsi la procédure dite de l'observation transfrontalière qui permet aux enquêteurs qui opèrent depuis leur Etat, de poursuivre leur observation sur le territoire d'une autre partie à la convention : « *Les agents d'une des parties qui, dans le cadre d'une enquête judiciaire, observent dans leur pays une personne présumée avoir participé à un fait punissable pouvant donner lieu à extradition, ou une personne à l'égard de laquelle il y a de sérieuses raisons de penser qu'elle peut conduire à l'identification ou à la localisation de la personne ci-dessus mentionnée sont autorisés à continuer cette observation sur le territoire d'une autre partie, lorsque celle-ci a autorisé l'observation transfrontalière sur la base d'une demande d'entraide judiciaire présentée au préalable. L'autorisation peut être assortie de conditions.* » (Chapitre 17 § 1) L'objectif affiché est la certitude de l'intervention policière, et l'assurance de l'identification puis l'interpellation des délinquants.

Le caractère prioritaire de la réaction policière se traduit dans l'assouplissement, en cas d'urgence, des procédures d'autorisation préalable. Le protocole étend également la procédure des livraisons surveillées, pouvant dès lors s'opérer sur le territoire de toutes les parties contractantes (Chapitre 18). Il institutionnalise la procédure dite des « enquêtes discrètes » : « *La partie requérante et la partie requise peuvent convenir de s'entraider pour la réalisation d'enquêtes pénales menées par des agents intervenant en secret ou sous une identité fictive.* » (Chapitre 19) Au plan strictement opérationnel, est prévue la possibilité pour plusieurs Etats, de constituer des équipes communes d'enquête, « *avec un objectif précis et pour une durée limitée pouvant être prolongée avec l'accord de toutes les parties, pour effectuer des enquêtes pénales dans une ou plusieurs des parties qui créent l'équipe.* »

Le système de réaction pénale, valorisant la surveillance de groupes à risque (mafias, étrangers…) et l'investigation, promeut la rapidité de l'intervention policière pour garantir la défense de la sécurité et de la paix publiques. Les dispositifs consacrés au plan européen privilégient la facilitation des enquêtes pénales, à la défense des droits de l'homme à travers la recherche de la sûreté individuelle. Alors que l'Europe pénale s'est constituée en grande partie par la valorisation des droits et garanties judiciaires, celle qui se dessine, a pour préoccupation majeure l'amélioration de la capacité de réaction des Etats face aux menaces criminelles.

La convention de Budapest du 23 novembre 2001 relative à la cybercriminalité traduit, dans le domaine particulier de la lutte contre la délinquance assise sur les nouvelles technologies de l'information et les réseaux informatiques, une volonté de faire reculer les limites de l'investigation policière, en la facilitant en amont. L'article 16 de cette convention invite ainsi les Etats membres à l'adoption de mesures législatives qui se révèleraient nécessaires d'ordonner ou imposer en vue de la conservation rapide de données électroniques spécifiées, y compris des données relatives au trafic, stockées au moyen d'un système informatique. Les autorités judiciaires pourraient enjoindre une personne à stocker, conserver ou protéger des données « *pendant une durée aussi longue que nécessaire, au maximum de quatre-vingt-dix jours, afin de permettre aux autorités compétentes d'obtenir leur divulgation* » (article 16 §2). La convention prévoit également des mécanismes tels l'injonction de produire des données stockées dans un système informatique ou un support de stockage informatique, adressées aux particuliers ou aux fournisseurs de services informatiques (article 19) ; la collecte et le stockage en temps réel de données relatives au trafic, l'interception de données.

En décembre 2001 est modifiée la directive relative au blanchiment d'argent de 1991. Elle élargit les dispositifs de lutte contre le blanchiment aux notaires et à d'autres professions juridiques indépendantes. C'est le 6 décembre 2001 qu'est instituée l'unité Eurojust[351]. Le sommet de Laecken du 15 décembre 2001 examine la mise en œuvre du plan européen de

---

[351] Voyez : O. de BAYNAST, « Eurojust, une avancée décisive », *Europ magazine printemps* 2002, 90; Union européenne, *Eurojust – Renforcer la coopération judiciaire au sein de l'UE en vue de combattre la criminalité transfrontière*,
http://ec.europa.eu/justice_home/news/laecken_council/fr/Eurojust_fr.htm

lutte contre le terrorisme. A partir de 2002, entrent en vigueur les principales décisions cadre (mandat d'arrêt, terrorisme), et s'amorcent les processus de transposition en droit interne (mandat d'arrêt européen notamment).

Logiques professionnelles[352] et innovations européennes

On assiste à une transformation des canaux traditionnels d'expression de la politique pénale formelle. La production de la politique pénale apparaît comme un processus concentré entre les mains d'une élite professionnalisée : universitaires ayant des liens forts avec le monde du « palais », ils côtoient, dans les lieux de décision, des magistrats essentiellement issus de l'administration centrale du ministère de la Justice. Cette configuration du milieu décisionnel pénal est liée au rôle structurant de la doctrine universitaire dans la production et le renouvellement des matrices conceptuelles, ensuite mobilisées dans l'élaboration des réponses pénales. Les acteurs décisionnels sont intégrés, de manière plus ou moins centrale dans des communautés épistémiques pénales. L'évolution de la scène pénale est cependant marquée par la « *fin des écoles* », et un déclin de l'influence doctrinale sur la prise de

---

[352] Pour schématiser, on peut voir dans la professionnalisation, au sens wébérien, les processus de spécialisation aux termes desquels des acteurs vont s'approprier le contrôle d'un secteur social et l'allocation de biens et services produits dans ce segment. La déprofessionnalisation traduirait la perte de contrôle subie par ces acteurs spécialisés. Une définition heuristique est proposée par G. Dussault : « *La notion de professionnalisation [désigne] le processus de prise en charge de la production d'une catégorie de biens ou services par un groupe occupationnel qui est parvenu à réserver à ses membres le contrôle, à la fois de la définition des besoins de leurs clients de manière à les satisfaire.* » En regard, la déprofessionnalisation est « *le processus d'érosion de l'autorité et du contrôle des professionnels sur un secteur de production donné.* » G. DUSSAULT, « Professionnalisation et déprofessionnalisation », dans J. DUFRESNE, F. DUMONT, Y. MARTIN (Ed), *Traité d'anthropologie médicale*, Presses de l'Université de Québec 1985. De même pour M. Chauvière, « *le professionnalisation est partout un processus de différenciation qualitative, imposée par un cumul des rapports de forces intellectuels, scientifiques et militants dans des conditions historiques déterminées (...). Pareil processus est toujours intimement lié à la construction d'objets sociaux ciblés qu'il est possible de traiter.* » M. CHAUVIERE, « Problématique pour comprendre la transformation des enjeux professionnels dans l'action sociale », *2ème congrès de l'AFS* – Bordeaux 5-9 septembre 2006.

décision. Ont émergé de nouveaux acteurs, pas nécessairement issus du champ doctrinal, poursuivant la promotion, parfois marchande de modèles théoriques qui n'ont pas reçu le « polissage » de la joute doctrinale. Experts en sécurité, parlementaires, magistrats se drapant opportunément sous la bannière des victimes, ils mettent au point, sur un mode mimétique[353], des réponses supposées éprouvées en Amérique du nord. Ces « *aboyeurs de la tolérance zéro* » diffèrent, par leurs modes d'action, de l'élite qui peuplait depuis la fin de la guerre, les milieux décisionnels, étant intimement connectée à la doctrine.

Formulons l'hypothèse que les dynamiques à l'œuvre au plan européen pourraient être des réactions à cette déprofessionnalisation de la politique pénale, et des réponses à l'affaiblissement de la capacité décisionnelle des acteurs nationaux.

Les institutions européennes apparaissent au fond comme des lieux d'autonomisation d'une politique publique en matière de justice et de sécurité. La construction de cette politique est le fait d'acteurs, extrêmement réduits mus par la volonté d'utiliser comme leviers d'action, les institutions d'où ils opèrent, et d'en faire des lieux de décision pertinents. Ces acteurs sont des entrepreneurs puisqu'ils maximisent les ressources dont ils disposent, notamment l'occupation de positions centrales dans le système décisionnel et la maîtrise de son agenda. Cette seconde ressource leur permet parfois de tirer parti d'événements dramatiques, réinterprétés comme des révélateurs des problèmes à traiter. C'est ainsi qu'après l'assassinat de la journaliste Véronica Guérin en Irlande par des réseaux criminels, la présidence irlandaise décide de consacrer le sommet de Dublin d'octobre 1996 à la lutte contre la criminalité organisée, alors que le programme initial prévoyait l'examen de la question très générale de la répression du trafic de stupéfiants.

Ces acteurs disposant d'une capacité d'intervention au niveau du secrétariat général ont parfois occupé les fonctions de conseillers

---

[353] Voit Y. MENY et Alii 1995, *Le mimétisme institutionnel*, Paris l'Harmattan.

justice au sein des représentations permanentes et au comité K4. Ils parviennent à promouvoir une conception spécifique de la coopération judiciaire en matière européenne. C'est dans le cadre de ces dynamiques, au cœur de la bureaucratie européenne que s'inventent des *modus operandi* et des cadres rénovés pour la pensée et l'action en matière de justice et de sécurité. Comme le montre M. Mangenot, «*ces nouvelles valeurs seraient celles de l'européanisation.*»[354]

Plusieurs conseillers représentant leur pays entretiennent des relations interpersonnelles transcendant les agencements formels des agences. C'est au fur et à mesure de ces relations que sont mis au point les cadres d'un embryon de politique européenne autonome en matière de justice et de sécurité. Mangenot met bien en évidence le poids des liens interpersonnels, notamment le rôle structurant des représentants belges et suédois : « *Dans ce système relationnel, les deux parties sont mues par des intérêts réciproques. Pour de Kerchove et Nielsen, il s'agit de développer le rôle du secrétariat général, de s'appuyer sur cette expertise nationale, et de savoir en quelque sorte, avant les négociations ce qui est susceptible d'aboutir à un accord.* »[355] Ces conseillers peuvent faire avaliser leurs propres synthèses dans les réunions sectorielles. Le concept d'Eurojust sera ainsi élaboré dans le cadre d'une coopération institutionnelle entre acteurs au sein de la direction Justice Affaires Intérieures (DGJAI).

La réponse européenne est bien construite par des technocrates intéressés à l'autonomisation d'une politique publique en matière de justice et d'affaires intérieures. Pour revenir à notre problématique, il est possible de conclure que le style des politiques publiques est très largement déterminé par le type des institutions qui en ont la charge, et la nature des interactions ont lieu en leur sein.

---

[354] M. MANGENOT, « Arrêter et juger en Europe. Genèse, luttes et enjeux de la coopération pénale. Jeux européens et innovation institutionnelle. Les logiques de création d'Eurojust (1996-2004) », *Culture et conflits* N°62 2/2006 43 et sq.
[355] Ibid.

Le G8 et les stratégies pénales globales

L'appropriation de la question de la lutte contre le crime organisé par le G8 traduit d'abord une transformation des conceptions de la coopération internationale : les 8 grandes puissances mondiales vont progressivement substituer au concept d'interdépendance, celui de « *gouvernance de la globalisation.* » La globalisation n'est pas à l'origine perçue comme une menace qui pèserait sur les nations industrialisées, même si des doutes persistent sur la capacité du système économique international à canaliser les forces centrifuges nécessairement générées. De fait, entre les sommets de Naples (1994) et de Denver (1997), le G8 consacre son agenda à la réforme des institutions de coopération multilatérale[356]. Les leaders du G8 vont cependant progressivement réaliser que la globalisation allait de pair avec l'apparition de nouveaux problèmes. A cet égard, le sommet de Birmingham conduit à mettre sur l'agenda des questions qui étaient classiquement exclues des conférences à ce niveau : outre les problèmes de chômage, de la pauvreté, des désordres et catastrophes financières, la problématique du crime organisé et des troubles internes aux Etats deviennent des enjeux émergents. Comme l'écrit N. Bayne, avec Birmingham, la globalisation appelle une action sur des questions jusqu'alors considérées comme relevant des affaires internes des Etats. Les sommets deviennent moins dédiés aux seules questions économiques, puisqu'ils apparaissent aussi comme des réunions politiques, des instances de prise de décision sur des sujets perçus comme globaux, au nombre desquels figurent la lutte contre le crime[357].

Cette évolution est propice au renforcement et à l'autonomisation du G8 non seulement au sein des instances chargées de la gouvernance de la sécurité globale, mais aussi sa promotion comme une instance de réflexion et d'action capable de diffuser

---

[356] N. BAYNE, « The G8 and the Globalisation Challenge », *Academic Symposium* G8 2000. New Directions in Global Governance? G8's Okinawa Summit.
[357] Voir: G. GARAVOGLIA, P.C. PADOAN, « The G7 Agenda: old and new Issues », *The international Spectator* 29 N°2 (April/June 1994) Special Issue 46-65.

des référentiels inédits en matière de lutte contre le crime organisé sous toutes ses formes. On dénie pourtant traditionnellement au G7 puis au G8 toute capacité d'action en matière de sécurité internationale[358]. Le G8 ne serait ni prêt, ni d'ailleurs habilité à embrasser et résoudre les problèmes de sécurité collective[359] dont fait partie, d'évidence la lutte contre le crime organisé et le terrorisme. D'autres auteurs considèrent que le G8 n'est qu'une instance subsidiaire du conseil de sécurité des Nations unies.

Un autre courant voit le G8 comme une instance qui, dans le contexte de globalisation rapide de l'immédiate après guerre froide, a joué un rôle de régulation par défaut[360]. Pour ces auteurs, la décision d'intervenir militairement au Kosovo en 1999 impulsée par le G8 en l'absence de toute initiative opérationnelle du conseil de sécurité démontre une capacité d'action internationale. Il n'est pas démontré, poursuivent les tenants de ce courant, que le G8 ne serait pas capable, face à une fenêtre d'opportunité similaire, à reprendre le même type d'initiatives. Par ailleurs, ils considèrent qu'il y a aujourd'hui un consensus en faveur de la défense des droits de l'homme, de la sécurité et du bien-être des peuples, justifiant des intervention militaires à seules fins humanitaires, ce qui bat en brèche la souveraineté des Etats en contradiction même avec les principes de la charte des Nations unies, en tout cas rendant licite des initiatives stratégiques au niveau du G8. Si le G8 n'a ni les capacités opérationnelles des Etats ni l'ambition à long terme d'empiéter sur les prérogatives des Nations unies, il peut jouer un rôle d'initiateur de réponses, face aux menaces inhérentes à la globalisation, notamment face à l'inefficacité des instances classiques de coopération multilatérale. En tout état de cause, le

---

[358] W. KUHNE J. PRANTL (Ed), *The Security Council and the G8 in the new Millennium*, Berlin Stifung Wissenschaft und Politik.

[359] J. KIRTON, « From Collective Security to Concert: The UN, G8 and Global Security Governance », *Centre Etudes Internationales et mondialisation*, Montréal 27/08/2005.

[360] W. WALLACE, « Political issues at the Summits : A new Concert of Powers », in Cesare MERLINI 1984 (Eds) *Economic Summits and Western Decision Making*, St Martin's Press London ; R. ROSECRANCE «A new Concert of Powers», *Foreign Affair* 71, Spring 1990 ; M. FRATIANNI et Alii 2005, *New Perspectives on Global Governance : Why America needs the G8*, Ashgate Aldershot.

G8 paraît avoir un rôle complémentaire à celui du conseil de sécurité, qui lui permet, à un très haut niveau de mettre en forme des cadres de politiques, de participer à leur légitimation, mais aussi et surtout à leur mise en œuvre opérationnelle[361].

C'est ainsi qu'en matière de lutte contre le crime le G8 va être le lieu de l'institutionnalisation d'une « communauté normative » centrée sur une la promotion de réponses coordonnées. En marge ou en complément des politiques mises en œuvre dans le cadre des Nations Unies notamment, le G8 fonctionne comme « *un entrepreneur de normes, favorisant par son impulsion une plate-forme multilatérale afin que ces normes soient mises en œuvre.* »[362] Et de fait, au niveau ministériel (justice, affaires intérieures) sont arrêtées les axes de stratégies de lutte contre la criminalité organisée et le terrorisme international. Au titre de ces stratégies, la promotion de l'utilisation des technologies biométriques pour lutter contre l'utilisation de documents de voyage frauduleux à des fins criminelles, aboutit par exemple, dans le cadre d'un partenariat G8/OACI (organisation de l'aviation civile internationale) à une plate-forme opérationnelle sur laquelle les Etats sont invités à aligner leurs politiques publiques : la « *G8 and Lyon Group Statement for ICAO on Biometric Applications for international Travel.* » Cette déclaration met l'accent sur l'urgence d'adopter des systèmes fiables permettant en urgence d'identifier et d'interpeller les criminels se déplaçant au moyen de documents falsifiés. Dans la foulée s'est constitué sous la coprésidence française et américaine, un groupe de travail pour la mise en œuvre des conclusions de la déclaration.

Le G8 est aussi une instance permettant une coopération policière opérationnelle. C'est en son sein que s'élabore l'idée de techniques spéciales d'enquête permettant des investigations complexes dans plusieurs pays. C'est notamment dans ce cadre qu'est prévu le renforcement de l'échange d'informations entre les Etats membres en matière d'ADN des criminels. Le G8 œuvre pour l'amélioration des mécanismes d'extradition, d'assistance mutuelle et de

---

[361] A. SCHERER, Le G8 face au crime organisé, *G8 Governance* N°11 février 2005
[362] A. SCHERER, prec.cit. p. 21

transfèrement pour mise en jugement des criminels. On met en place des « *points de contact centralisés* » pour des échanges en temps réel d'informations sur les grands réseaux criminels. Une des préconisations opérationnelles mises en forme dans le cadre du G8 et très largement suivie au niveau des Etats est le système pour la surveillance des voyageurs et passagers susceptibles d'être des criminels ou des terroristes.

Le GAFI (groupe d'Action Financière) propose ainsi en 2005 un dispositif de filtrage des passagers des compagnies aériennes : « les pays sont encouragés à mettre en place des systèmes de filtrage des passagers pour analyser le comportement, l'apparence et les communications (verbales et non verbales) des passeurs de fonds potentiels. Les autorités doivent prendre note des anomalies en matière de comportement. L'une des parties intégrantes du processus de filtrage réside dans la réalisation d'entretiens avec les passagers qui méritent un examen approfondi. Les autorités doivent élaborer un questionnaire de référence avant de s'entretenir avec la personne. Une liste d'indicateurs d'alerte visant à faciliter la détection des passeurs de fonds est à la disposition des autorités compétentes par les canaux du GAFI. »[363]

Les adaptations observées des stratégies policières et judiciaires se doublent, comme nous l'avons montré, d'une transformation profonde du cadre intellectuel.

---

[363] GAFI, *Détection et prévention du transport transfrontalier d'espèces par des terroristes ou autres criminels. Meilleures pratiques internationales*, 12/02/2005

CONCLUSION

La politique pénale se transforme. On peut voir dans les processus qui jalonnent ces transformations, une américanisation du système répressif, porteuse de terribles dangers. Jacques Pradel a écrit à propos du rapport Léger qu'il proposait « *un changement radical vers le système anglo-américain d'un juge devenu simple arbitre entre les parties [l'imitation n'apportant] pas nécessairement une amélioration de la qualité de notre justice, qui est liée notamment à la culture et pas seulement à l'économie.* »[364] C'est donc dire aussi que les processus complexes de changement de la politique pénale touchent aux cultures et traditions juridiques.

Ces transformations oscillent entre américanisation et européanisation. Américanisation sous les coups de butoirs d'acteurs qui ont trouvé dans la pensée pénale nord américaine, des leviers pour opérer leur aggiornamento sécuritaire. Ils ont, ce faisant « chassé » des lieux de production du référentiel pénal, l'élite intellectuelle qui, autour de la défense sociale nouvelle et de l'école néoclassique, mais aussi la criminologie critique, avait partout en Europe, permis l'institutionnalisation d'une stratégie sécuritaire ciblant le délinquant, et recherchant, son amélioration. Mais la nouvelle élite intellectuelle pénale et sécuritaire a aussi, en prenant le contrôle du champ pénal, contribué à la justification scientifique du discours politique des forces politiques de droite, adossé au dogme de l'impunité zéro, référentiel patiemment et efficacement testé par la droite française à partir de 2001 et jusqu'à ce jour.

Européanisation aussi : la construction européenne s'accompagne de la consécration de stratégies policières et judiciaires ayant

---

[364] PRADEL J., « Le rapport Léger sur la justice pénale : la grande illusion ? », *Revue pénitentiaire et de droit pénal*, n°3, juillet-septembre 2009, 550

vocation à être appliquées par tous les Etats membres de l'Union. Comme l'écrivait justement O. de Baynast à propos de l'unité Eurojust, les institutions européennes préfigurent les adaptations auxquelles les Etats devront procéder, pour prétendre moderniser leurs appareils répressifs. Les institutions européennes sont aussi les lieux d'où, une technocratie policière et judiciaire particulière, va déployer des stratégies de conquête, épousant le style et la stratégie des « anciennes élites. » Là où la production intellectuelle des experts nationaux épouse le style et les contours parfois populistes du discours des professionnels de la politique, les travaux produits au plan européen complexifient les représentations du crime et de la délinquance, perçus et donc traités sur un registre plus technique, en tout cas moins préoccupés de la réception des réponses par les électorats.

Au centre du jeu politique national, la sécurité a conservé, au même titre que la justice, une dimension très fortement mobilisatrice. L'aggravation de la répression pénale serait alors un analyseur de l'affrontement entre les forces politiques, préoccupées à contrôler leurs électorats, « naturellement » sensibles aux réponses et donc aux discours portant sur la récidive et l'insécurité. La problématique légitime en matière sécuritaire et judiciaire est, indubitablement la recherche des voies et moyens, de répondre à l'insécurité, et à l'augmentation supposée ou construite, du phénomène criminel. La valorisation à outrance du principe de précaution, maintenant appliqué au crime et à la délinquance ne risque-t-elle pas cependant d'aboutir à faire de la répression pénale, une fin en soi, déconnectée notamment des processus de criminalisation, dont on connaît la complexité ?

PRINCIPALES SOURCES CITEES

AGHULON M 1980, Histoire Vagabonde II, Paris Gallimard

AGHULON M, « 1830 dans l'histoire du 19ème siècle », Romantisme n°28-29,

AHMED S. 2003, «The Politics of Fear in the Making of Worlds» Qualitative Studies in Education 16 (may-June) : 377-98

ALLAIRE M.-B, GOULLIAUD P 2002, L'incroyable septennat. Jacques Chirac à l'Elysée 1995-2002, Paris Fayard,

ANCEL M 1981, La défense sociale nouvelle, Paris Cujas

BACHELET F, RANGEON F 1996, « La politique de la ville ou les difficultés de l'interministérialité locale », Politique et management Public 14(3).

BARRET M, « Paris New-York même combat contre le crime », Justice n°167

BASSIOUNI C, « L'Association internationale de droit pénal (AIDP) : Plus d'un siècle de dévouement à la justice pénale et aux droits de l'homme. » 1989

BAUER A 2006, Géographie de la France criminelle, Paris, Odile Jacob ;

BAUER A. PEREZ E, 2009, Les 100 mots du crime et de la police, PUF, Que sais-je?

BECK U. 1997, The reinvention of politics, rethinking modernity in the global social order, London, Polity Press.

BECK U. 2002, « The Terrorist Threat: World Risk Society Revisited », Theory Culture and Society 19: 39-55.

BENHAMOU G., Le pacte, Paris 2005, Ed Privé.

BERTRAND Y 2009, Ce que je n'ai pas dit dans mes carnets, Paris Fayard

BESSON J.-L. 2005, Les cartes du crime, Paris PUF

BIGO D. 1997, « La recherche proactive et la gestion du risque », Déviance et société, 21, 4, 423-29

BIRBAUM P 1978, La logique de l'Etat, Paris le Seuil pluriel.

BODY-GENDROT S 1999, « La politisation du thème de la criminalité aux Etats Unis », Déviance et Société, 23, 1, 75-89 ;

BOIGEOL A. 1981, « De l'idéologie du désintéressement chez les avocats », Sociologie et justice, N°spécial, 78-85.

BONNET Y 2002, La cour des miracles. Que font les juges, Paris Flammarion

BOUCHERON J.-M. et alii, Tous coupables. Réquisitoire contre le système judiciaire et la prison, Paris Balland

BOULARD D, H. FONTANAUD, Opération Elysée, Paris Editions. Du Rocher

BOUVIER J.-C. A. VOGELWEITH 1997, Les affaires ou comment s'en débarrasser, Paris, La découverte Enquête,

BREDIN J.-D, T. LEVY 1997, Convaincre. Dialogue sur l'éloquence, Paris, Odile Jacob

BRODEUR J.-P.1998, « Prévention et activités policières au Canada et au Québec », Centre International pour la Prévention de la criminalité, Inédit

BRUSCHI C 2002 (Ed), Parquet et politique pénale depuis le XIXème siècle, PUF Droit et justice.

CAMILLERI G., LAZERGES C. 1992, Atlas de la criminalité en France, Paris La documentation Française.

CANTER D. ALISON L. Eds 1999, Profiling in policy practice, Oxford, Ashgate

CARTON D 2000, Cohabitation, intrigues et confidences, Paris Albin Michel.

CEPC 1993, Interventions psychosociales dans le système de justice pénale. Actes de la 20ème conférence de recherches criminologiques, Strasbourg vol 31

CHALOM M, L. LEONARD 2001, Insécurité. Police de proximité et gouvernance locale Paris L'harmattan,

CHASTENET J 1976, Une époque de contestation : la monarchie bourgeoise (1830-1848), Paris, Librairie académique Perrin,

CHAUVIERE M 2006, « Problématique pour comprendre la transformation des enjeux professionnels dans l'action sociale », 2ème congrès de l'AFS – Bordeaux 5-9 septembre 2006.

COHEN S, Visions of Social Control : Crime, Punishment and Classification, Oxford Polity Press ;

Conseil de l'Europe, Rapport de la 9ème Conférence des directeurs de recherche criminologique, Aspects juridiques de la perception de la déviance et de la criminalité, Strasbourg 1972

CORNIL P 1975, Réflexions sur le cinquantenaire de l'Association internationale de droit pénal, RIDP, 387 et sq. ;.

CRAWFORD A 1997, *The local governance of Crime : appeals to community and partnerships*, Oxford, Clarendon Press ;

CRETIN T. 1998, *Mafias du monde. Organisations criminelles transnationales. Actualités et perspectives*, Paris, PUF

CULLEN F.T, P. VAN VOORIS, J.L SUNDT, « Prison in Crisis: the American Experience », in R. MATTHEWS, P. FRANCIS 1996 (Ed) *Prisons 2000. An International Perspective on The Curent State and Future of Imprisonment*, London Macmillan, 21-52.

DAMIENS A 1978, « La grève des avocats en 1602 », *Gazette du Palais* 2 novembre 1978, 547-548.

de BAYNAST O, « Eurojust, une avancée décisive », *Europ Magazine*, printemps 2002

de BAYNAST O, « Le conseil consultatif des procureurs européens », *Revue pénitentiaire et de droit pénal*, n°2 avril-juin 2008, 265-274

DEBRAY R., et Al, « Républicains n'ayons pas peur ! », *Le Monde* 4 septembre 1998

DELMAS-MARTY M,, *L'intégration pénale européenne*, Inédit

DELMAS-MARTY M. 2004, *Les forces imaginantes du droit*, Paris le Seuil

DENIS J.-L., A. VALETTE 1997, « Régulation régionale au concret: l'expérience des DRASS », *Politiques et management publics*, vol 15 n°4, .4.

DOBRY M 1986, *Sociologie des crises politiques*, Paris Presses de Science Po

DONZELOT J, A. WYVEKENS, « Magistrature sociale et souci du territoire : les groupes locaux de traitement de la délinquance », *Les Cahiers de la Sécurité Intérieure* 33, 1998 ;

DONZELOT J. WYVEKENS A 1998, *La politique de la ville : de la « prévention au traitement »*, ronéo 113 pages.

DRAY J 2001, *Evaluation de l'application et des conséquences sur le déroulement des procédures diligentées par les services de police et de gendarmerie des dispositions de la loi du 15 juin 2000 renforçant la protection de la présomption d'innocence et les droits des victimes*, 19 décembre 2001.

DUFRESNE J, F. DUMONT, Y. MARTIN (Ed), *Traité d'anthropologie médicale*, Presses de l'Université de Québec 1985.

DUMAS R, *L'épreuve. Les preuves*, Paris Michel Lafon

DUPUIS M.-C 1998, *Finance criminelle. Comment le crime*

organisé blanchit l'argent sale, PUF criminalité internationale

ERBES J.-M., « Aux origines de l'Institut », Les cahiers de la sécurité intérieure, n°37 7-15.

ERICSON R.V, HAGGERTY K.D., *Policing the risk society*, Oxford Clarendon Press.

FALLETI F., DEBOVE F. 1998, *Planète criminelle. Le crime phénomène social du siècle*, PUF criminalité internationale.

FEELEY M, J. SIMON 1992, « The new penology : notes on the emerging strategy of corrections and its implications», Criminology, 30 449-74 ;

FEELEY M, J. SIMON, «Actuarial Justice : the emerging new criminal law», in D. NELKEN 1994(Ed), *The futures of criminology*, London Sage 173-201

FEELEY M, J. SIMON, «The new penology: notes on the emerging strategy of corrections and its implications», in P.B KRASAKA 2004, *Theorizing Criminal Justice. Eight Essential Orientations*, Waveland Press Inc, 303.

FENECH. G. 2001, *Tolérance zéro. En finir avec la criminalité et les violences urbaines*, Paris Grasset

FINEGOLD K, T. SCKOCPOL 1982, "State Capacity and Economic Intervention in the Early New Deal", Political Science Quaterly 97 (1982) : 255-78 ;

FLORY D, « Crime organisé transnational : le trafic illicite de matières nucléaires », La criminalité organisée, Paris La documentation française, 83.

FOFFANI L, « Trente ans de congrès sur la défense sociale (de Paris 1971 à Lisbonne 2002) », RSC 2002, 311.

FOLL. O., 2002, *L'insécurité en France. Un grand Flic accuse*, Paris Flammarion.

FRATIANNI M et Alii 2005, *New Perspectives on Global Governance: Why America needs the G8*, Ashgate Aldershot.

FULGERAS A.-J 2002. *Affaires à suivre*, Paris Albin Michel.

FULLER L 1978 « The Forms and Limits of Adjudication », Harvard Law Review XCII 353-409.

FUREDI F. 2002, *Culture of Fear : Risk-taking and the Morality of Low Expectation*, London : Continuum

GAFI, Détection et prévention du transport transfrontalier d'espèces par des terroristes ou autres criminels. Meilleures pratiques internationales, 12/02/2005

GANOR B. 2005, *The counterterrorism Puzzle : A guide for*

Decision-Makers, New Brunswick : Transaction Publishers, en particulier 296 et sq

GARAPON A 1994, « Le juge, un nouvel acteur politique ? » Cahiers français n°268.

GARAPON A 1996, Le gardien des promesses. Justice et démocratie, Paris Odile Jacob ;

GARAVOGLIA, G P.C. PADOAN, « The G7 Agenda: old and new Issues », The international Spectator 29 N°2 (April/June 1994) Special Issue 46-65.

GARLAND D, P. YOUNG (Eds), The Power to Punish : Contemporary Penality and Social Analysis, London Heinemann ;

GASSIN R., 1969, Colloque de science criminelle de Toulouse, 117 et sq.

GAUDEMET, Y.-H. Les juristes et la vie politique de la 3ème République, Paris PUF

GAUDIN J.-P. 1996 (Ed) La négociation des politiques contractuelles, l'Harmattan,

GOLDSMITH A 2008, « The Governance of Terror : Precautionary Logic and Counterterrorist Law Reform After September 11 », Law & Policy 30 (2) :141-67

GORDON D, The Justice Juggernaut : Fighting Street Crime Controlling Citizens, New Brunschwig : Rutgens UP 1991.

GREILSAMER L. SCHNEIDERMAN D 2002, Où vont les juges, Paris Fayard.

GREMION P 1976, Le Pouvoir périphérique, Paris Seuil ;

GROSS O. 2000, « Exception and Emergency Powers : The Normless and Exceptionless Exception : Carl Schmitt's Theory of Emergency Powers and the 'Norm-Exception' Dichotomy », Cardoso Law Review 21 : 1825-68.

GUIGOU E, Une femme au cœur de l'Etat, Paris Fayard.

GUILLOTREAU G. 1999, Art et crime. La criminalité du monde artistique, sa répression, Paris, PUF,

HAENEL H, Justice, police et sécurité dans l'Union européenne, Notes de la fondation Robert Schuman, février 2003

HALPHEN E 2002, Sept ans de solitude, Paris Denoël Impacts

HAMELIN J, A. DAMIEN 1992, Les règles de la profession d'avocat, Paris Dalloz 7ème édition,

HASS, P, H. HECLO 1974, Modern Social Politics in Britain and Sweden New Haven, Yale U.P.

HENZELIN M, R. ROTH 2002, (Éd) Le droit pénal à l'épreuve de *l'internationalisation*, Bruxelles Bruylant.

HEYDEBRAND W, S. CARROLL 1990, *Rationalizing Justice: The Political Economy and Federal District Courts*. New York: State University of New York Press.

Institut Montaigne, *Management Public et tolérance zéro*, novembre 2001

Institute for Economic Affairs 1995, *Charles Murray and the Underclass: The Developing Debate*, London.

JACQUARD R, *Les archives secrètes d'Al-Qaida*, Paris Jean Picollec

JOLY E 2000, *Notre justice à tous*, Paris, Les arènes.

JONES C.O 1970, *An introduction to the study of Public Policy*, Belmont Duxbury Press.

KARPIK L 1995, *Les avocats. Entre l'Etat, le public et le marché. $18^{ème} - 20^{ème}$ siècles*, Paris Gallimard.

KARPIK L, « Démocratie et pouvoir au barreau de Paris », *Revue française de sociologie*, 36 (4) 1986 512 et sq.

KEATING M 1998, *The New Regionalism in Western Europe: Territorial Restructuration and Political Change*, Cheltenham, Edward Elgar.

KIRTON J, « From Collective Security to Concert: The UN, G8 and Global Security Governance », *Centre Etudes Internationales et mondialisation*, Montréal 27/08/2005.

LACAN J.-F. 2003, *Ces magistrats qui tuent la justice*, Paris, Albin Michel,

LAURENT E, 2004, *La face cachée du 11 septembre*, Paris Plon.

LOCHNER T. 2008, « Sound and Fury : Pretextual Prosecution and Departement of Justice Antiterrorism Efforts », *Law & Policy* 30 (2) page 174.

MALIGORNE S 2002, *Duel au sommet*, Paris Seuil

MANGENOT M, « Arrêter et juger en Europe. Genèse, luttes et enjeux de la coopération pénale. Jeux européens et innovation institutionnelle. Les logiques de création d'Eurojust (1996-2004) », *Culture et conflits* N°62 2/2006 43

MANGENOT M, « Un organe judiciaire pour l'union européenne : EUROJUST (1999-2004) », *EIPAS SCOPE* 2005/1 27.

MARBRIER P, « Depuis la chute du Rideau de Fer, quelle politique l'Union européenne met-elle en œuvre face à la criminalité organisée d'Europe de l'Est ? », www.diploweb.com *Géopolitique de l'Europe*, mise en ligne janvier 2005.

MARY P. 2001, « Pénalité et gestion des risques : vers une justice « actuarielle » en Europe ? », Déviance et société, vol 25 n°31 p 4.

MARY Ph 1998, Délinquant, délinquance et insécurité. Un demi-siècle de traitement en Belgique (1944-1997) Bruxelles Bruylant.

MAYNTZ R Ed 1980, (R, 1980) (P. G. , 1976), Königstein, Athenbaum.

MAZEROL M.-T., L'avocat dans un monde en bouleversement. Approche de psychologie sociale clinique, CRIV n°6 1993.

MENY Y et Alii 1995, Le mimétisme institutionnel, Paris l'Harmattan.

MERLE R., A. VITU, Traité de droit criminel, Paris Cujas 6ème édition.

MIGNARD J.-P., A. VOGELWEITH, 2001 (Ed), Justice pour Tous, Paris la Découverte collection cahiers.

MITTERRAND J.-C. 2001, Mémoire meurtrie, Paris, Plon.

MONTEBOURG A 2001, Proposition de résolution tendant au renvoi de monsieur Jacques Chirac occupant les fonctions de président de la République devant la commission d'instruction de la Haute Cour de Justice, Paris Denoël.

MONTJARDET D 1996, Ce que fait la police. Sociologie de la force publique, Paris, La Découverte.

MUCCHUELLI L, Ph. ROBERT 2002 (Ed), Crime et sécurité. L'état des savoirs, Paris La Découverte, coll. Textes à l'appui,

MUNSTER v R. 2004, «The War on Terrorism : When Exception Becomes the Rule », International Journal for the Semiotics of Law 17 : 141-53

MURPHY C, MUIR G, Les services de police communautaire: un examen de la question, Ottawa, Ministère du Solliciteur général 1985

MURRAY C 1990, The Emerging British Underclass, Institute of Economic Affairs, London; MURRAY C 1997 (Ed) Does Prison Work? IEA, London.

N. BAYNE, « The G8 and the Globalization Challenge », Academic Symposium G8 2000. New Directions in Global Governance? G8's Okinawa Summit.

PADIOLEAU J.G. 1982, L'Etat au concret, P.U.F, 139-140.

PEYREFITTE A 1981, Les chevaux du lac Ladoga. La justice entre feu et glace, Paris Plon ;

PORTELLI S 2006, Traité de démagogie appliquée. Sarkozy, la récidive et nous, Paris, Michalon,

PRADEL J., « Le rapport Léger sur la justice pénale : la grande illusion ? », Revue pénitentiaire et de droit pénal, n°3, juillet-septembre 2009, 550

QUELOZ N, « Quelles (s) criminologie (s) demain ? Quelques scénarios imaginables, notamment au plan suisse », dans B. BRAEGGER et Alii 2004 (Ed) La criminologie : évolutions scientifiques et pratiques, hier, aujourd'hui et demain, Zürich, Verlag Rüegger 321-347

QUINNEY R (Ed) 1980, State and Crime, New York Longman, 2ème edition.

RADZINOWICZ L, 1991 The Roots of the International Association of Criminal Law and their Significance, Max Planck Institute n°45

RASSAT ML 1983, Pour une politique anticriminelle de bon sens, Paris, La table ronde.

RAUFFER X. 2000, Entreprises, les 13 pièges du chaos mondial, PUF criminalité internationale

REICHMAN N 1986, «Managing Crime Risks: Toward an Insurance-based Model of Social Control. Research in Law», Deviance and Social Control, 8, 151-172 ;

RICHMAN D.C., STUNZ W.J. 2005, « Al Capone's Revenge : An Essay on the Political Economy of Pretextual Prosecutioin», Columbia Law Review 105: 583-639

ROSECRANCE R, «A new Concert of Powers», Foreign Affair 71, Spring 1990

ROSEN J. 2004, The Naked Crowd : Reclaiming Security and Freedom in an Anxious Age, New York : Random House ;

ROUSEL V 2002, Affaires de Juges. Les magistrats dans les scandales politiques en France, Paris La découverte

SABATIER PA, HANK C. JENKINS-SMITH (Eds), Policy Change and Learning. An Advocacy Coalition Approach, Boulder, San Francisco, Oxford Westview Press.

SAINATI G, U. SCHALCHLI 2007, La décadence sécuritaire, Paris, La fabrique éditions.

SCHERER A, Le G8 face au crime organisé, G8 Governance N°11 février 2005.

SCHRAMECK O 2001, Matignon. Rive gauche (1997-2001), Paris, Seuil.

SCKOCPOL T, « Bringing the State Back In: Strategies of Analysis in Curent Research », (P.-B. EVANS, 1997) 1997 (Ed), Bringing the State Back In, Cambridge, Cambridge U.P, 9

SIMON J 1987, «The Emergence of a Risk Society: Insurance Law and the State», Socialist Review, 22, 771-800.

SLAMA A.G 1996, La régression démocratique, Fayard.

SMEETS S., STREBELLE C. 2000, La police de proximité en Belgique. Vers un nouveau modèle de gestion de l'ordre ? Bruxelles Bruylant ;

SNACKEN S., « Justice et société : une justice vitrine en réponse à une société en émoi. L'exemple de la Belgique des années 1980 et 1990 », Sociologie et sociétés, Vol XXXIII 1. 107-136

SOULEZ-LARIVIERE D, H.DALLE (Ed), Notre Justice, Paris, Robert Laffont.

SOULEZ-LARRIVIERE D 1990, L'avocature. « Maître, comment pouvez-vous défendre ? », Paris, Ramsay.

SOYER J.-C 1982, La justice en perdition, Paris Plon ;

SPITZER S 2007, Contre-enquête sur le juge Bruguière. Raisons d'Etat, Paris Privé.

STEPAN, A 1978, The State and Society : Peru in Comparative Perspective Princeton N.Y Princeton U.P.

STERN J., WIENER J. 2006, « Precaution Against Terrorism », Journal Of Risk Research 9 (4) : 393-447

STOLLER I. 2002, Procureur à la 14ème section, Paris Michel Laffont

TERQUEM F, Le coup d'état judiciaire, Paris, Ramsay 88.

LECA J. GRAWITZ M 1985. Traité de science politique, Paris, PUF (Les politiques publiques)

TIMBERGER E.K 1978, Revolution from Above: Military Bureaucrats and Developement in Japan Turkey Egypt and Peru New Brunschwig, NJ.

TIMSIT G 1975, « Le concept de coordination administrative », Bulletin IAP n°36 125-48.

TROSSERO D 2002, Procureur de la République. La vérité, Paris Jacques Marie Laffont,

UHR J. 2004, « Terra Infirma, Parliament's Uncertain Role in the War on Terror », University of New South Wales Law 27 : (2) : 1-15

VARAUT J.-M, Faut-il avoir peur des juges ? Paris Plon Tribune libre

VAUGHAN B 2002, « The cultured Punishment : The Promise of Grid-Group Theory », Theoretical Criminology 6 (4) : 411-31

VOUYOUCAS C 1984, Vers un système pénal rationnel et efficace.

La rationalité dans les alternatives : la procédure simplifiée et la diversion en Grèce, HEUNI N°3

WACQUANT L 1999, *Les prisons de la misère*, Paris, Raisons d'agir.

WALLACE W, « *Political issues at the Summits : A new Concert of Powers* », in Cesare MERLINI 1984 (Eds) *Economic Summits and Western Decision Making*, St Martin's Press London ;

WILKINS Leslie T. 1973, «*Crime and Criminal Justice at the Turn of the Century*», Annal of the American Academy of Political and Social Science, 408, 13-29

WYVEKENS A, « *Les politiques de sécurité : une magistrature sociale, pour quelle proximité ?* », Droit et société 44/45 2000

WYVEKENS A1997, *L'insertion locale de la Justice pénale. Aux origines de la justice de proximité*, Paris l'Harmattan.

ZEMMOUR E, 1997, *Le coup d'état des juges*, Paris Grasset

ANNEXES

Strasbourg, 8 décembre 2009

AVIS N°12 (2009)
DU CONSEIL CONSULTATIF DE JUGES EUROPÉENS (CCJE)
ET

AVIS N°4 (2009)
DU CONSEIL CONSULTATIF DE PROCUREURS EUROPÉENS (CCPE)

À L'ATTENTION DU COMITÉ DES MINISTRES DU CONSEIL DE L'EUROPE

SUR

JUGES ET PROCUREURS DANS UNE SOCIÉTÉ DÉMOCRATIQUE

> Le présent Avis, adopté conjointement par le CCJE et le CCPE contient :
> - une Déclaration, dite « Déclaration de Bordeaux » ;
> - une Note explicative.

DÉCLARATION DE BORDEAUX :

« JUGES ET PROCUREURS DANS UNE SOCIÉTÉ DÉMOCRATIQUE »[365]

Le Conseil consultatif de juges européens (CCJE) et le Conseil consultatif des procureurs européens (CCPE), à la demande du Comité des Ministres du Conseil de l'Europe de fournir un avis sur les relations entre les juges et les procureurs, sont convenus de ce qui suit :

1. L'intérêt de la société requiert que l'Etat de droit soit garanti par une justice équitable, impartiale et efficace. Les procureurs et les juges doivent veiller, à tous les stades de la procédure, à ce que les droits individuels et les libertés soient garantis et que l'ordre public soit protégé. Cela implique le respect absolu des droits de la personne mise en cause et des victimes. Une décision de classement sans suite par le procureur devrait faire l'objet d'un contrôle par le juge. Une option serait de permettre à la victime de porter l'affaire directement devant le tribunal.

2. Une justice équitable exige le respect de l'égalité des armes entre le ministère public et la défense. Elle implique également le respect de l'indépendance du tribunal, du principe de la séparation des pouvoirs ainsi que de la force contraignante des jugements définitifs.

3. Le rôle distinct mais complémentaire des juges et des procureurs est une garantie nécessaire pour une justice équitable, impartiale et efficace. Si les juges et les procureurs doivent être indépendants dans l'exercice de leurs fonctions, ils doivent l'être et apparaitre ainsi également les uns vis-à-vis des autres.

4. Des moyens organisationnels, financiers, matériels et des ressources humaines suffisants devront être mis à la disposition de la justice.

5. Le rôle des juges et, le cas échéant, des jurys, est de juger les affaires portées régulièrement devant eux par le ministère public, sans aucune influence illicite exercée par l'accusation ou la défense, ou par toute autre source.

---

[365] La présente Déclaration est suivie d'une note explicative. Elle a été préparée à Bordeaux (France) conjointement par les Groupes de travail du CCJE et du CCPE et adoptée officiellement par le CCJE et le CCPE à Brdo (Slovénie) le 18 novembre 2009.

6. L'application de la loi et, le cas échéant, le pouvoir d'appréciation de l'opportunité des poursuites par le ministère public pendant la phase préalable au procès, exigent que le statut des procureurs soit garanti par la loi, au plus haut niveau, à l'instar de celui des juges. Les procureurs doivent être indépendants et autonomes dans leur prise de décision et doivent exercer leurs fonctions de manière équitable, objective et impartiale.

7. Le CCJE et le CCPE se réfèrent à la jurisprudence constante de la Cour européenne des droits de l'Homme en ce qui concerne l'article 5, paragraphe 3 et l'article 6 de la Convention européenne des droits de l'Homme. Il s'agit, en particulier, des décisions dans lesquelles la Cour a affirmé l'exigence d'indépendance vis-à-vis de l'exécutif et des parties, pour tout magistrat exerçant des fonctions judiciaires, ce qui n'exclut toutefois pas la subordination à une autorité hiérarchique judiciaire indépendante. Toute attribution de fonctions juridictionnelles aux procureurs devrait être limitée aux affaires n'impliquant que des sanctions mineures, ne devrait pas se cumuler avec le pouvoir de poursuivre dans la même affaire et ne devrait pas porter atteinte au droit du prévenu d'obtenir une décision sur la même affaire par une autorité indépendante et impartiale exerçant des fonctions judiciaires.

8. Un statut d'indépendance des procureurs requiert certains principes de base, en particulier :

    - ils ne doivent pas être soumis dans l'exercice de leurs fonctions à des influences ou à des pressions de toute origine extérieure au ministère public;
    - leur recrutement, leur carrière, leur sécurité de fonction, y compris le déplacement de fonctions qui ne peut être effectué que conformément à la loi ou soumis à leur consentement, ainsi que leur rémunération, doivent être protégés par la loi.

9. Dans un Etat de droit, et lorsque le ministère public est hiérarchisé, l'efficacité des poursuites est, en ce qui concerne les procureurs, indissociable de la nécessité d'instructions transparentes émanant de l'autorité hiérarchique, de l'obligation de rendre compte à celle-ci et de la responsabilité. Les instructions envers les procureurs doivent être faites par écrit, dans le respect de la loi et, le cas échéant, conformément à des directives et critères préalablement publiés. Toute révision, autorisée par la loi, d'une décision de poursuite ou de non poursuite prise par un procureur, doit être faite de manière impartiale et objective. En tout état de cause, les intérêts de la victime devront être pris en compte.

10. Le partage de principes juridiques et de valeurs éthiques communes par tous les professionnels impliqués dans le processus judiciaire est essentiel pour une bonne administration de la justice. La formation, y compris la formation à la gestion administrative, est un droit et un devoir pour les juges et les procureurs. De telles formations devront être organisées sur une base impartiale. Elles devront également être régulièrement et objectivement évaluées quant à leur efficacité. Lorsque cela est approprié, une formation commune aux juges, aux procureurs et aux avocats sur des sujets d'intérêt commun peut contribuer à la recherche d'une justice de la plus haute qualité.

11. L'intérêt de la société exige également que les médias puissent informer le public sur le fonctionnement du système judiciaire. Les autorités compétentes doivent fournir cette information, en respectant en particulier la présomption d'innocence des personnes mises en cause, le droit à un procès équitable et le droit à la vie privée et familiale de toutes les personnes impliquées dans un procès. Juges et procureurs devraient rédiger un code de bonnes pratiques ou des lignes directrices régissant leurs relations respectives avec les médias.

12. Les juges et les procureurs sont des acteurs clef de la coopération internationale en matière judiciaire. Le renforcement de la confiance mutuelle entre les autorités compétentes des différents Etats est indispensable. Dans ce contexte, il est impératif que l'information recueillie par les procureurs au moyen de la coopération internationale, et utilisée dans les procédures judiciaires, soit transparente tant dans son contenu que sur son origine, et soit disponible pour les juges et toutes les parties, dans le but d'assurer une protection efficace des droits et des libertés fondamentaux.

13. Dans les Etats membres où le ministère public exerce des fonctions s'étendant au-delà du domaine pénal, les principes mentionnés s'appliquent à toutes ces fonctions.

NOTE EXPLICATIVE

I. INTRODUCTION

a. Objet de l'Avis

1. L'une des missions essentielles d'une société fondée sur la démocratie et la primauté du droit est de veiller au respect absolu des libertés et droits fondamentaux et de l'égalité devant la loi, conformément, en particulier à la Convention de sauvegarde des droits de l'homme et des libertés fondamentales (la CEDH) ainsi qu'à la jurisprudence de la Cour européenne des droits de l'Homme (la Cour). Dans le même temps, il est important de garantir la sécurité et la justice au sein de la société en prenant des mesures efficaces contre les comportements criminels. La sécurité au sein de la société doit également être garantie dans un Etat démocratique par l'exécution effective des sanctions imposées aux comportements criminels (Déclaration, paragraphe 1).

2. Ainsi, appartient-il à l'Etat de mettre en place et d'assurer le fonctionnement d'un système judiciaire qui respecte pleinement les droits de l'homme et les libertés fondamentales, tout en étant efficace. Alors que de nombreux acteurs participent à cette mission, qu'ils soient issus du secteur public ou privé (tel que les avocats), les juges et les procureurs jouent un rôle-clé lorsqu'ils assurent le fonctionnement de la justice d'une manière indépendante et impartiale.

3. Dans leurs précédents avis, le Conseil consultatif de Juges européens (CCJE) et le Conseil Consultatif des Procureurs européens (CCPE) se sont penchés sur de nombreux aspects importants qui permettent de rendre la justice efficace et respectueuse des droits de l'homme et des libertés fondamentales. Il convient de noter que le but commun des juges et des procureurs, y compris pour les procureurs qui ont de telles tâches dans les matières non pénales, est d'assurer une justice équitable, impartiale et efficace. La nouveauté de cet avis vient du fait qu'il a été élaboré par des juges et des procureurs représentant leurs collègues nationaux et qu'il touche à des principes sur lesquels les juges et les procureurs se sont mis d'accord au vu de leur expérience du terrain.

4. C'est pourquoi le texte est concentré sur des aspects essentiels des deux missions et notamment: l'indépendance, le respect des droits et des libertés fondamentales, l'objectivité et l'impartialité, l'éthique et la déontologie, la formation et les relations avec les medias.

5. Cet avis devrait être compris dans le contexte des relations des juges et des procureurs avec les autres professionnels qui interviennent aux différents stades de la procédure judiciaire, par exemple les avocats, les experts judiciaires, les greffiers, les huissiers de justice ou la police, comme le préconise le Programme cadre d'action global pour les juges en Europe adopté par le Comité des Ministres le 7 février 2001 et la Recommandation Rec (2000) 19 sur le rôle du ministère public dans le système de justice pénale, adoptée par le Comité des Ministres le 6 octobre 2000.

b.   Diversité de systèmes nationaux

6. Au sein des pays du Conseil de l'Europe, plusieurs systèmes judiciaires cohabitent :

i. les systèmes de « common law » où il existe une séparation nette entre les juges et les procureurs et où le pouvoir d'investigation n'est pas combiné avec les autres fonctions ;
ii. les systèmes de droit continental où l'on trouve des variantes dans lesquels juges et procureurs font partie du "corps judiciaire" ou au contraire dans lesquels cette appartenance est réservée aux seuls juges.

De plus, dans ces divers systèmes, l'autonomie du ministère public par rapport à l'exécutif peut être complète ou limitée.

7. Le but de cet Avis est d'identifier des principes et approches applicables, à la lumière de la jurisprudence de la Cour, en tenant compte des points communs et des différences.

8. La garantie de séparation des fonctions représente une condition essentielle de l'impartialité du juge à l'égard des parties au procès. Ainsi que l'énonce l'Avis n°1 du CCJE sur les normes relatives à l'indépendance et l'inamovibilité des juges, l'impartialité est la première des garanties organiques qui définissent la mission du juge. Elle implique, par ailleurs, que le ministère public a la charge de la preuve et développe l'acte d'accusation, ce qui constitue une des premières garanties procédurales de la décision finale de juger

9. La mission du juge est donc différente de celle du ministère public et ce, dans tous les systèmes. Leurs missions respectives n'en demeurent pas moins complémentaires. Il n'existe pas de relations hiérarchiques entre le juge et le procureur (Déclaration, paragraphe 3).

10. L'indépendance du ministère public constitue un corollaire indispensable à l'indépendance du pouvoir judiciaire. Le procureur ne joue jamais aussi bien son rôle dans l'affirmation et la défense des droits de l'homme – tant des personnes mises en causes que des victimes – que lorsqu'il prend des décisions indépendamment des organes exécutif et législatif et que juges et procureurs exercent correctement leurs fonctions respectives. Dans les démocraties qui se fondent sur la prééminence du droit, c'est le droit qui sert de base à la politique du ministère public (Déclaration, paragraphe 3).

c. **Spécificités des fonctions**

11. Les procureurs et les juges doivent exercer leurs fonctions de façon juste, impartiale, objective et cohérente, respecter et s'efforcer de protéger les droits de l'homme et garantir que le système de justice fonctionne de façon prompte et efficace.

12. Que l'action des procureurs se base sur un système de poursuite discrétionnaire (principe d'opportunité) ou sur un système de poursuite obligatoire (principe de légalité), ceux-ci agissent non seulement au nom de la société dans son ensemble mais ils ont aussi des devoirs envers des individus bien précis, notamment les accusés, vis-à-vis desquels ils ont un devoir d'équité, et les victimes à qui ils doivent garantir que justice sera faite. En ce sens, et sans préjudice du respect de l'égalité des armes, les procureurs ne doivent pas être considérés comme une partie comme les autres (Déclaration, paragraphe 2). Les procureurs devraient également tenir dûment compte du point de vue et des préoccupations des victimes et prendre ou encourager des mesures visant à garantir que celles-ci soient informées de leurs droits et de l'évolution de la procédure. Lorsqu'une enquête impartiale conclut sur la base des preuves disponibles que la charge n'est pas fondée, le procureur ne doit pas déclencher ni poursuivre l'action pénale.

d. **Normes internationales existantes**

13. Plusieurs textes du Conseil de l'Europe ainsi que la jurisprudence de la Cour concernent, directement ou implicitement, les relations entre juges et procureurs.

14. Tout d'abord, la Cour réserve certaines tâches aux juges garants des droits et libertés – voir en particulier les articles 5 (Droit à la liberté et à la sûreté) et 6 (Droit à un procès équitable) – mais aussi au ministère public (par le biais de l'article 5 paragraphes 1a et 3 et de l'article 6).

15. La Cour, dont l'un des rôles est d'interpréter la CEDH, s'est prononcée à plusieurs reprises sur des questions relatives aux rapports institutionnels entre les juges et le ministère public ainsi que sur des questions de procédure dans des affaires pénales et civiles.

16. Elle s'est notamment prononcée sur l'exercice successif des fonctions de procureur et de juge par une seule et même personne dans la même affaire (arrêt du 1er octobre 1982, affaire *Piersack c. Belgique*, §§ 30-32), sur la nécessité de garantir l'absence de toute pression politique sur les tribunaux et les autorités de poursuite (arrêt du 12 février 2008, affaire *Guja c. Moldova*, §§ 85-91), sur la nécessité de protéger les juges et les procureurs dans le contexte de la liberté d'expression (arrêt du 8 janvier 2008, affaire *Saygili et autres c. Turquie*, §§ 34-40), sur l'obligation procédurale des tribunaux et des services du ministère public d'instruire, de poursuivre et de sanctionner les violations des droits de l'homme (arrêt du 15 mai 2007, affaire *Ramsahai et autres c. Pays-Bas*, §§ 321-357) et enfin sur la contribution des autorités de poursuite à l'uniformisation de la jurisprudence (arrêt du 10 juin 2008, affaire *Martins de Castro et Alves Correia de Castro c. Portugal*, §§ 51-66).

17. En ce qui concerne la procédure pénale, la Cour a examiné le statut et les pouvoirs du ministère public et les exigences posées par l'article 5 paragraphe 3 de la CEDH (relatif aux juges ou aux autres magistrats habilités « par la loi à exercer des fonctions judiciaires ») à partir de différentes situations de fait (voir, parmi d'autres, l'arrêt du 4 décembre 1979, affaire *Schiesser c. Suisse*, §§ 27-38 ; l'affaire *De Jong, Baljet et Van den Brink c. Pays-Bas*, §§ 49-50 ; l'affaire *Assenov et autres c. Bulgarie*, §§ 146-150 ; affaire *Niedbala c. Pologne*, §§ 45-47 ; l'affaire *Pantea c. Roumanie*, §§ 232-243, et l'arrêt du 10 juillet 2008, affaire *Medvedyev et autres c. France*, §§ 61, 67-69). La Cour a également examiné le statut, la compétence et les pouvoirs de contrôle des autorités de poursuite dans des affaires d'écoutes téléphoniques (arrêt du 26 avril 2007, affaire *Dumitru Popescu c. Roumanie*, §§ 68-86) et la question de la présence du ministère public aux délibérés des juridictions suprêmes (arrêt du 30 octobre 1991, affaire *Borgers c. Belgique*, §§ 24-29, et arrêt du 8 juillet 2003, affaire *Fontaine et Berlin c. France*, §§ 57-67).

18. Enfin, en dehors de la sphère pénale, la Cour a une jurisprudence claire et bien établie sur la « théorie des apparences », selon laquelle la présence du ministère public aux délibérés des juridictions est contraire à l'article 6 § 1 de la CEDH (arrêt du 20 février 1996, affaire *Lobo Machado c. Portugal*, §§ 28-32, et arrêt du 12 avril 2006, affaire *Martinie c. France* [GC], §§ 50-55).

19. D'autres textes ont été élaborés par le Conseil de l'Europe :

- la Recommandation Rec(94)12 du Comité des Ministres sur l'indépendance, l'efficacité et le rôle des juges, qui est applicable à toutes les personnes exerçant des fonctions judiciaires, reconnaît l'existence de rapports entre les juges et le ministère public, au moins dans les pays où ce dernier a une dimension d'autorité judiciaire au sens qui est accordé à cette expression par la Cour ;

- la Recommandation Rec(2000)19 du Comité des Ministres sur le rôle du ministère public dans le système de justice pénale souligne explicitement les rapports entre les juges et le ministère public, tout en mettant en avant les principes généraux essentiels pour garantir que ces rapports contribuent à l'accomplissement des missions des juges et du ministère public. La Recommandation met en particulier l'accent sur l'obligation positive qui incombe aux Etats de prendre « toutes mesures afin que le statut légal, la compétence et le rôle procédural des membres du ministère public soient définis par la loi de sorte qu'il ne soit possible de nourrir aucun doute légitime quant à l'indépendance et à l'impartialité des juges ».

- La Recommandation Rec(87)18 du Comité des Ministres concernant la simplification de la justice pénale, contient divers exemples de tâches qui étaient précédemment dévolues aux seuls juges et qui sont aujourd'hui confiées au ministère public (dont la mission première consiste toujours à engager et diriger les poursuites). Ces nouvelles tâches créent des exigences supplémentaires quant à la manière d'organiser le ministère public et au choix des personnes appelées à assumer ces fonctions.

II. STATUT DU JUGE ET DU PROCUREUR

a. Garanties d'indépendance interne et externe des juges et des procureurs ; l'Etat de droit, condition nécessaire à leur indépendance

20. Les juges et les procureurs doivent être indépendants les uns par rapport aux autres et jouir d'une indépendance effective dans l'exercice de leurs fonctions respectives. Ils ont des fonctions distinctes au sein du système judiciaire et de la société dans son ensemble. Il existe ainsi différentes perspectives d'indépendance institutionnelle et fonctionnelle (Déclaration, paragraphe 3).

21. Le pouvoir judiciaire se fonde sur le principe de l'indépendance à l'égard de tout pouvoir extérieur et sur l'absence tant de toute directive émanant de qui que ce soit que de hiérarchie interne. Son rôle et, le cas échéant, celui du jury, est de juger régulièrement les causes portées devant lui par le ministère public et par les parties.

Ceci implique l'absence de toute influence illicite exercée par le ministère public ou la défense (Déclaration, paragraphe 5). Juges, procureurs et avocats doivent chacun respecter le rôle des autres.

22. Le principe fondamental de l'indépendance des juges est inscrit dans l'Article 6 de la CEDH et souligné dans les avis précédents du CCJE.

23. La fonction de juger implique la responsabilité de rendre des décisions contraignantes pour les personnes concernées par celles-ci et de trancher les litiges en disant le droit. Les deux sont l'apanage du juge, autorité judiciaire indépendante des autres pouvoirs de l'Etat[366]. En général, elle n'est pas du ressort du procureur, qui est lui-même responsable de l'engagement ou de la conduite des poursuites pénales.

24. Le CCJE et le CCPE se réfèrent à la jurisprudence constante de la Cour en ce qui concerne l'article 5, paragraphe 3 et l'article 6 de la CEDH. Il s'agit en particulier de l'arrêt Schiesser c. Suisse dans lequel la Cour a affirmé l'exigence d'indépendance vis-à-vis de l'exécutif et des parties pour tout « *magistrat exerçant des fonctions judiciaires* », ce qui n'exclut toutefois pas la subordination à une autorité hiérarchique judiciaire indépendante (Déclaration, paragraphe 7).

25. Certains Etats membres attribuent au ministère public le pouvoir de rendre des décisions contraignantes dans certains domaines, au lieu d'engager des poursuites criminelles ou afin de protéger certains intérêts. Le CCJE et le CCPE estiment que toute attribution de fonctions juridictionnelles aux procureurs devrait être limitée aux affaires impliquant des sanctions mineures, ne devrait pas se cumuler avec le pouvoir de poursuivre dans la même affaire et ne devrait pas porter atteinte au droit du prévenu d'obtenir une décision sur la même affaire par une autorité indépendante et impartiale exerçant des fonctions judiciaires. Cette attribution ne devrait en aucun cas permettre au ministère public de prendre des décisions définitives restrictives des libertés individuelles et privatives de liberté, dépourvues du droit d'exercer un recours devant un juge ou un tribunal. (Déclaration, paragraphe 7).

26. Le ministère public est une autorité indépendante qui doit se fonder sur la loi, au plus haut niveau. Dans un Etat démocratique, ni

---

[366] Voir notamment l'Avis n°1 du CCJE sur les normes relatives à l'indépendance et l'inamovibilité des juges et la Recommandation Rec(94)12 sur l'indépendance, l'efficacité et le rôle des juges.

le Parlement ni aucune instance gouvernementale ne doivent chercher à influencer indûment les décisions du ministère public relatives à telle ou telle affaire pour déterminer la manière de conduire les poursuites dans un cas précis, ou contraindre le ministère public à modifier sa décision (Déclaration, paragraphes 8 et 9).

27. L'indépendance du ministère public est indispensable pour lui permettre de remplir sa mission. Elle renforce le rôle de celui-ci dans l'Etat de droit et la société et est également une garantie pour que le système judiciaire fonctionne avec impartialité et efficacité et pour que tous les bénéfices attendus de l'indépendance des juges soient effectifs (Déclaration, paragraphes 3 et 8). A l'instar de l'indépendance accordée aux juges, l'indépendance du ministère public n'est pas une prérogative ou un privilège octroyé dans l'intérêt de ses membres, mais une garantie pour une justice équitable, impartiale et efficace et protège les intérêts publics et privés des personnes concernées.

28. La mission du procureur, qui peut se caractériser par les principes de légalité ou d'opportunité des poursuites, diffère selon le système existant dans chaque Etat, en fonction de la place qu'occupe le ministère public dans le paysage institutionnel et dans la procédure pénale.

29. Quel que soit son statut, le ministère public doit jouir d'une indépendance fonctionnelle totale dans l'exercice de ses missions légales, tant pénales que non pénales. Qu'il soit ou non hiérarchisé, pour que ses membres puissent rendre compte et afin d'empêcher que des poursuites soient intentées de manière arbitraire ou sans raison valable, le ministère public doit édicter des lignes directrices claires et transparentes sur l'exercice des poursuites. (Déclaration, paragraphe 9).

30. A cet égard, le CCJE et le CCPE renvoient en particulier à la Recommandation Rec (2000) 19 qui reconnaît que pour favoriser l'équité, la cohérence et l'efficacité de l'action du ministère public, les Etats doivent veiller à arrêter des principes et des critères généraux servant de référence aux décisions dans les affaires individuelles prises par les procureurs[367].

31. Les instructions aux procureurs doivent être faites par écrit, dans le respect de la loi et, le cas échéant, conformément à des directives et critères préalablement publiés (Déclaration, paragraphe 9).

---

[367] Voir également Avis n°3 (2008) du CCPE sur le rôle du Ministère public en dehors du système de la justice pénale.

32. Toute décision du Ministère public de poursuite ou de non poursuite doit être légalement justifiée. Toute révision autorisée par la loi d'une décision de poursuite ou de non poursuite prise par un procureur doit être faite de manière impartiale et objective, que ce soit par le ministère public lui-même ou par une autorité judiciaire indépendante. Les intérêts de la victime doivent, tout comme ceux des autres personnes concernées, toujours être pris en compte (Déclaration, paragraphe 9).

33. La complémentarité des fonctions de juge et de procureur implique qu'ils soient chacun conscients qu'une justice impartiale exige l'égalité des armes entre le ministère public et la défense et que le ministère public doit toujours agir dans ses poursuites avec honnêteté, objectivité et impartialité. Juge et ministère public auront à chaque moment le souci de respecter la personne mise en cause et les victimes ainsi que les droits de la défense (Déclaration, paragraphes 2 et 6).

34. L'indépendance du juge et du ministère public est indissociable de la primauté du droit. Les juges comme les procureurs agissent dans l'intérêt général, au nom de la société et des citoyens qui veulent que leurs droits et libertés soient garantis sous tous leurs aspects. Ils interviennent dans des domaines où les droits de l'homme les plus sensibles (liberté individuelle, vie privée, préservation des biens, etc.) méritent la plus grande protection. Ainsi, le ministère public doit s'assurer que les preuves sont recueillies et les poursuites engagées et menées conformément à la loi. Ce faisant, il doit respecter les principes consacrés par la CEDH et les autres conventions internationales, notamment la présomption d'innocence, les droits de la défense et le droit à un procès équitable. Le juge doit veiller au respect de ces principes dans les procédures qui lui sont soumises.

35. S'il est permis au procureur de saisir le juge des actions et demandes définies par la loi et de lui présenter tous les éléments de fait et de droit à l'appui de celles-ci, il ne peut s'ingérer d'une manière quelconque dans le processus décisionnel du juge et est tenu de respecter ses décisions. Il ne peut s'opposer à l'exécution de ces décisions, sauf en exerçant les recours prévus par la loi (Déclaration, paragraphes 4 et 5).

36. L'intervention et l'attitude du ministère public et du juge ne doivent laisser planer aucun doute sur leur impartialité objective. Si les juges et les procureurs doivent être indépendants dans l'exercice de leurs fonctions, ils doivent l'être et apparaitre ainsi également les uns vis-à-vis des autres. Il ne faut pas qu'aux yeux du justiciable et

de la société en général, il puisse exister ne fût-ce qu'une impression de connivence entre eux ou de confusion entre les deux fonctions.

37. Le respect des principes qui précèdent implique que le statut des procureurs soit, à l'instar de celui des juges, garanti par la loi au plus haut niveau. La proximité et la complémentarité des missions de juge et de procureur imposent des exigences et garanties semblables sur le plan du statut et des conditions d'emploi, en particulier en ce qui concerne le recrutement, la formation, le développement de la carrière, la discipline, le déplacement de fonctions (qui ne peut être effectué que conformément à la loi ou soumis à leur consentement), la rémunération, la cessation de fonctions et la liberté de créer des associations professionnelles (Déclaration, paragraphe 8).

38. Les juges et les procureurs doivent selon le système national en vigueur, être directement associés à l'administration et à la gestion de leurs services respectifs. A cette fin, les moyens budgétaires suffisants ainsi que l'infrastructure et les ressources humaines et matérielles nécessaires doivent être mis à la disposition des juges et des procureurs et doivent être utilisés et gérés sous leur autorité (Déclaration, paragraphe 4).

b. Ethique et déontologie des juges et des procureurs

39. Les juges et les procureurs doivent être intègres et posséder les qualifications professionnelles et compétences organisationnelles nécessaires. En raison de la nature de leurs fonctions qu'ils ont acceptées en connaissance de cause, les juges et les procureurs sont constamment exposés aux critiques publiques et doivent en conséquence s'imposer un devoir de réserve, sans préjudice, dans le cadre de la loi, de leur droit à communiquer sur les affaires dont ils sont saisis. Acteurs essentiels de la justice, ils doivent en permanence préserver la dignité et l'honneur de leur charge et adopter une attitude digne de leur fonction[368] (Déclaration, paragraphe 11).

---

[368] En ce qui concerne les juges, voir par exemple l'Avis n° 3 (2002) du CCJE sur les principes et règles régissant les impératifs professionnels applicables aux juges et en particulier la déontologie, les comportements incompatibles et l'impartialité, ainsi que les Principes de Bangalore sur la déontologie judiciaire (2002) (adoptés par l'ECOSOC des Nations Unies en 2006) ainsi que la Charte universelle du juge, adoptée par le conseil central de l'association international des juges le 17 Novembre 1999 à Taipei (Taiwan). En ce qui concerne les procureurs, voir les principes directeurs de l'ONU sur le rôle des procureurs ainsi que les Lignes directrices européennes sur l'éthique et la conduite des membres du ministère public (Lignes directrices de Budapest), adoptées par les Procureurs généraux d'Europe lors de leur Conférence de Budapest le 31 mai 2005.

40. Juges et procureurs doivent s'abstenir de toute action ou attitude qui pourrait compromettre la confiance en leur indépendance et leur impartialité. Ils doivent examiner les causes qui leur sont présentées avec diligence et dans un délai raisonnable, d'une manière objective et impartiale.

41. Les procureurs doivent s'abstenir, en public, de toute déclaration ou commentaire susceptible de donner à penser qu'ils font pression directe ou indirecte sur le tribunal pour que celui-ci rende une certaine décision, ou qui pourrait compromettre le caractère équitable de la procédure.

42. Les procureurs devraient se familiariser avec les normes éthiques qui régissent les fonctions des juges, et réciproquement. Cela permettrait d'améliorer la compréhension et le respect pour les deux missions et ainsi d'augmenter les chances d'une collaboration harmonieuse.

c. **Formation des juges et des procureurs**

43. Le plus haut niveau de compétences professionnelles constitue une condition préalable indispensable à la confiance que l'opinion publique accorde aux juges et aux procureurs et dont ceux-ci tirent principalement leur légitimité et leur rôle. Il est crucial que leur formation professionnelle soit appropriée, car elle permet d'améliorer l'efficacité de leur performance dans leur travail et, partant, de renforcer la qualité de la justice dans son ensemble (Déclaration, paragraphe 10).

44. La formation des juges et des procureurs ne vise pas seulement l'acquisition des aptitudes professionnelles exigées pour l'accès à la profession, mais également la formation permanente tout au cours de la carrière. Elle revêt les aspects les plus divers de leur vie professionnelle, y compris la gestion administrative des cours et services d'enquête et doit aussi répondre aux nécessités de spécialisation. Dans l'intérêt d'une bonne administration de la justice, la formation permanente requise pour maintenir un niveau élevé de qualification professionnelle et pour parfaire celle-ci est pour chaque juge et procureur non seulement un droit mais aussi un devoir (Déclaration, paragraphe 10).

45. Lorsque cela est approprié, une formation commune aux juges, aux procureurs et aux avocats sur des sujets d'intérêt commun peut contribuer à la recherche d'une justice de la plus haute qualité. Cette communauté de formation devrait permettre de créer un socle de culture juridique commun (Déclaration, paragraphe 10).

46. Les différents systèmes juridiques européens forment les juges et les procureurs selon des modèles divers. Certains pays ont créé une académie, une école nationale ou d'autres instituts spécialisés. D'autres pays confient la formation à des organes spécifiques. Des formations internationales pour les juges et les procureurs devraient être organisées. Dans tous les cas, il est essentiel de veiller à l'autonomie de l'institution chargée d'organiser la formation judiciaire, car cette autonomie est la garante du pluralisme culturel et de l'indépendance[369].

47. Dans ce contexte, la contribution directe des juges et des procureurs aux cours de formation revêt une importance capitale, car elle permet de présenter des points de vue tirés de l'expérience professionnelle respective. Les matières enseignées devraient porter non seulement sur le droit et la protection des libertés individuelles, mais également sur les techniques de management et comporter une réflexion sur les missions respectives des juges et des procureurs. Dans le même temps, les contributions d'autres juristes et du monde universitaire sont essentielles pour éviter le risque d'une approche étroite d'esprit. Enfin, la qualité et l'efficacité de la formation devraient être régulièrement et objectivement évaluées.

III. FONCTIONS ET ROLES DES JUGES ET DES PROCUREURS DANS LA PROCEDURE PENALE

a. Rôles des juges et procureurs pendant la phase préparatoire

48. Au stade de l'enquête, le juge contrôle, seul ou parfois en collaboration avec le procureur la légalité des enquêtes, en particulier lorsqu'elles touchent aux droits fondamentaux (décisions concernant l'arrestation, le placement en détention, la confiscation de biens, recours à des techniques d'enquête spéciales).

49. En règle générale, lorsqu'il décide de déclencher ou de poursuivre l'action pénale, le ministère public doit vérifier attentivement que l'enquête est menée de manière conforme au droit et qu'elle respecte les droits de l'homme.

---

[369] Voir l'Avis n° 4 (2003) du CCJE sur la formation initiale et continue appropriée des juges, aux niveaux national et européen et l'Avis n° 10 (2007) du CCJE sur le Conseil de la Justice au service de la société, paragraphes 65-72.

50. Selon la Recommandation Rec(2000)19, lorsque la police est placée sous l'autorité du ministère public ou que les enquêtes de police sont dirigées ou supervisées par ce dernier, l'Etat prend toutes mesures pour que le ministère public puisse donner des instructions, procéder aux évaluations et aux contrôles nécessaires et puisse sanctionner les violations. Lorsque la police est indépendante du ministère public, le texte préconise simplement que l'Etat prenne toutes mesures pour que le ministère public et les autorités d'enquête coopèrent de façon appropriée et efficace.

51. Même dans les systèmes où l'enquête est contrôlée par le procureur dont le statut fait de lui une autorité judiciaire, il est impératif que les mesures prises dans ce cadre et constituant des atteintes importantes aux libertés, notamment la détention provisoire, soient contrôlées par les juges ou un tribunal.

b.   Relations entre juges et procureurs pendant les poursuites et l'audience

52. Dans certains Etats, le ministère public peut réguler le flux des affaires grâce au pouvoir discrétionnaire qui lui permet de décider des dossiers à transmettre aux tribunaux et des affaires pouvant être réglées par voie extrajudiciaire (conciliation entre l'accusé et la victime, règlement avant procès avec le consentement des parties, procédures simplifiées et raccourcies dérivées du plaider-coupable, mesures alternatives aux poursuites, médiation), ce qui contribue à réduire l'encombrement judiciaire et à dégager des priorités en matière de poursuites.

53. Ces compétences du ministère public, qui reflètent la modernisation, l'adaptation à la société, l'humanisation et la rationalisation de l'exercice de la justice pénale, sont utiles pour réduire la surcharge des tribunaux. Cela étant, à partir du moment où les procureurs ont le pouvoir de ne pas porter telle ou telle affaire devant les tribunaux, il est nécessaire d'éviter toute décision arbitraire ou discrimination, ou toute pression illicite qui émanerait du pouvoir politique et de protéger les droits des victimes. Il est également nécessaire de permettre à toute personne intéressée, en particulier aux victimes, d'exercer un recours contre la décision du procureur de ne pas mettre l'action publique en mouvement. Une option pourrait permettre à la victime de porter l'affaire directement devant le tribunal.

54. Par conséquent, dans les pays où s'applique le principe de l'opportunité des poursuites, le ministère public doit se montrer particulièrement attentif lors de la décision d'engager ou non des poursuites et se référer à des principes objectifs ou lignes directrices

destinés à assurer la cohérence des décisions relatives aux poursuites.

55. L'impartialité du procureur, pendant le déroulement de la procédure, doit se manifester comme suit : il doit faire preuve d'objectivité et d'équité pour veiller notamment à ce que les tribunaux disposent de tous les éléments de fait ou de droit pertinents, y compris les preuves favorables à l'accusé ; il doit tenir dûment compte de la situation du mis en cause et de la victime, vérifier que les preuves ont été obtenues par des méthodes admissibles au regard des règles du procès équitable et rejeter les preuves obtenues en violation des droits de l'homme, telles que la torture (Déclaration, paragraphe 6).

56. Lorsqu'une instruction impartiale a établi que les accusations sont sans fondement, le procureur ne doit pas déclencher ou poursuivre l'action pénale mais mettre fin à la procédure.

57. Globalement, pendant la procédure, le juge et le ministère public exercent leurs fonctions respectives pour garantir le déroulement équitable du procès pénal. Le juge veille au respect de la légalité des preuves réunies par le ministère public ou les autorités d'enquête et à l'abandon des poursuites lorsque les preuves sont insuffisantes ou illégales. De son côté, le ministère public a le pouvoir de faire appel des décisions judiciaires.

c. L'exercice des droits de la défense à tous les stades de la procédure

58. Les juges doivent appliquer les règles de procédure pénale en respectant pleinement les droits de la défense (en donnant aux accusés la possibilité d'exercer leurs droits, en leur notifiant leur chef d'accusation, etc.), les droits de la victime dans la procédure, le principe de l'égalité des armes et le droit à une audience publique, de manière à ce que l'équité du procès soit en toute hypothèse sauvegardée[370] (Déclaration, paragraphes 1, 2, 6 et 9).

59. L'acte d'accusation joue un rôle déterminant dans les poursuites pénales : à compter de sa signification, la personne mise en cause est officiellement avisée par écrit de la base juridique et factuelle des reproches formulés contre elle (Cour européenne des droits de l'homme, arrêt du 19 décembre 1989, affaire *Kamasinski c. Autriche*,

---

[370] Voir l'Avis n 8 (2006) du CCJE sur le rôle des juges dans la protection de l'Etat de droit et des droits de l'homme dans le contexte du terrorisme.

§ 79). En matière pénale, l'exigence du procès équitable prescrite par l'article 6 paragraphe 1 de la CEDH implique pour l'accusé la possibilité de discuter les preuves recueillies sur les faits contestés qui sont mis à sa charge et sur lesquels se fonde l'accusation, mais aussi la qualification juridique donnée à ces faits.

60. Dans les pays où le ministère public supervise l'enquête, il incombe aussi au procureur de s'assurer que les droits de la défense sont respectés. Dans les pays où l'enquête pénale est dirigée par la police ou toute autre autorité chargée de l'application de la loi, le juge intervient en tant que garant des libertés individuelles (habeas corpus), notamment en matière de détention provisoire, et il lui appartient de vérifier que les droits de la défense sont respectés.

61. Toutefois, dans de nombreux Etats, le contrôle de l'exercice des droits de la défense ne revient au juge et au procureur qu'une fois l'enquête terminée et lorsque commence l'examen des charges. Il appartient alors au procureur qui reçoit les procès-verbaux des autorités d'enquête, puis au juge qui examine les charges et les preuves recueillies, de vérifier que tout accusé a notamment été informé dans le plus court délai, dans une langue qu'il comprend et d'une manière détaillée, de la nature et de la cause de l'accusation portée contre lui.

62. Le procureur et le juge, selon leur rôle dans le pays considéré, doivent ensuite s'assurer notamment que l'accusé a pu disposer du temps et des facilités nécessaires pour préparer sa défense, qu'il est défendu, le cas échéant par un avocat commis d'office à la charge de l'Etat, qu'il dispose si nécessaire d'un interprète et qu'il peut solliciter certains actes nécessaires à la manifestation de la vérité.

63. Une fois l'affaire portée devant la juridiction de jugement, les pouvoirs du juge et du procureur varient selon le rôle de l'un et de l'autre dans le procès. En tout état de cause, si l'un des éléments du respect des droits de la défense fait défaut, soit le juge, soit le procureur, soit les deux selon le système national en vigueur, doivent avoir la capacité de relever cette situation et d'y remédier objectivement.

IV. RELATIONS ENTRE JUGES ET PROCUREURS ET ROLE DU MINISTERE PUBLIC EN DEHORS DU DOMAINE PENAL ET DEVANT LES COURS SUPREMES

64. Selon les Etats membres, le procureur peut avoir ou non des fonctions en dehors de la sphère pénale[371]. Lorsqu'il remplit de telles fonctions, celles-ci peuvent inclure, entre autres, le droit civil, administratif, commercial, social, électoral et le droit du travail, ainsi que la protection de l'environnement, les droits sociaux des groupes vulnérables tels que les mineurs, les personnes handicapées et les personnes à faibles revenus. Le rôle du procureur dans ce domaine ne devrait pas lui permettre d'exercer une influence illicite sur le processus définitif de prise de décision des juges (Déclaration, paragraphe 13).

65. Il convient également de mentionner le rôle que le ministère public remplit dans certains pays devant la cour suprême. Ce rôle est comparable à celui des avocats généraux devant la Cour de justice des Communautés européennes. Devant ces juridictions, l'avocat général (ou son équivalent) n'est pas une partie et ne représente pas l'Etat, mais est un organe indépendant qui dépose des conclusions dans chaque affaire ou seulement dans les affaires qui présentent un intérêt particulier afin d'éclairer la cour sur tous les aspects des questions de droit qui lui sont soumises en vue d'une application correcte du droit.

66. Conformément aux règles de l'Etat de droit dans une société démocratique, toutes les compétences des procureurs, ainsi que toutes les procédures d'exercice de celles-ci devraient être établies avec précision par la loi. Lorsqu'un procureur agit en dehors du domaine pénal, il doit respecter la compétence exclusive du juge et tenir compte des principes suivants, développés notamment par la jurisprudence de la Cour européenne des droits de l'Homme:

i. la participation du ministère public aux procédures judiciaires ne doit pas affecter l'indépendance des tribunaux ;

ii. le principe de la séparation des pouvoirs doit être respecté dans le cadre, d'une part, des tâches et activités confiées aux procureurs en dehors du domaine de la justice pénale et, d'autre part, du rôle des tribunaux dans la protection des droits de l'homme ;

iii. sans préjudice de leur mission de représentants de la société, les procureurs doivent jouir des mêmes droits et être soumis aux mêmes obligations que toute autre partie et

---

[371] Voir également Avis n°3 du CCPE sur le rôle du Ministère public en dehors du système de la justice pénale.

> ne doivent pas bénéficier d'une position privilégiée dans la procédure (*égalité des armes*) ;
>
> iv. lorsqu'ils agissent au nom de la société pour défendre l'intérêt public et les droits des individus, les procureurs ne doivent pas violer le principe de l'autorité de la chose jugée (res judicata), sous réserve des exceptions établies par les mesures et engagements internationaux y compris par la jurisprudence de la Cour.

Les autres principes mentionnés dans la Déclaration s'appliquent mutatis mutandis à toutes les fonctions des procureurs en dehors du domaine pénal (Déclaration, paragraphe 13).

V. LE JUGE, LE PROCUREUR ET LES MEDIAS (Déclaration, paragraphe 11)

67. Les médias jouent un rôle essentiel dans les sociétés démocratiques et notamment à l'égard du système judiciaire. La perception de la qualité de la justice au sein de la société dépend beaucoup de la façon dont les médias rendent compte de la manière dont le système judiciaire fonctionne. La publicité des débats contribue à l'équité du procès, en protégeant les parties contre une justice opaque.

68. L'opinion publique et les médias accordant de plus en plus d'attention aux affaires pénales et civiles, les tribunaux et les autorités de poursuite doivent leur fournir de plus en plus d'informations objectives.

69. Il est fondamental que les tribunaux d'une société démocratique inspirent confiance aux justiciables [372]. La publicité de la procédure est l'un des moyens essentiels de préserver cette confiance.

70. Deux instruments du Conseil de l'Europe traitent notamment de cette question : (i) la Recommandation Rec (2003)13 sur la diffusion d'informations par les médias en relation avec les procédures pénales ; (ii) l'Avis n°7 du CCJE sur Justice et Société (2005).

71. Compte tenu du droit du public à recevoir des informations d'intérêt général, les journalistes doivent pouvoir recevoir les informations nécessaires pour être à même de rendre compte du fonctionnement du système judiciaire et faire des commentaires à ce

---

[372] Voir par exemple Cour européenne des droits de l'Homme, *Olujić c. Croatie* (requête n° 22330/05).

sujet. Ce droit s'exerce sans préjudice du devoir de réserve des juges et des procureurs concernant les affaires pendantes et des limitations prévues par les lois nationales et conformément à la jurisprudence de la Cour.

72. Les médias doivent respecter, tout autant que les juges et les procureurs, certains principes fondamentaux, tels que la présomption d'innocence[373] et le droit à un procès équitable, le droit au respect de la vie privée des personnes concernées, la nécessité d'éviter de porter atteinte au principe et à l'apparence d'impartialité des juges et des procureurs impliqués dans une affaire.

73. La couverture médiatique d'affaires en cours d'instruction ou de procès peut constituer une ingérence et exercer une influence et une pression néfastes sur les juges, les jurés et les procureurs chargés de l'affaire. De bonnes compétences professionnelles, de solides valeurs éthiques et une autodiscipline afin de ne pas faire une évaluation prématurée des affaires en cours, sont nécessaires aux juges et procureurs pour faire face à ce défi.

74. Des personnes chargées de la communication avec les médias, par exemple les responsables de l'information au sein des tribunaux ou un groupe de juges et procureurs formés à entretenir des contacts avec les médias, pourraient aider ces derniers à diffuser des informations plus précises sur le travail et les décisions judiciaires.

75. Les juges et les procureurs doivent respecter mutuellement le rôle spécifique de chacun dans le système judiciaire. Juges et procureurs devraient élaborer des lignes directrices ou un code de bonne conduite pour chaque fonction dans sa relation avec les médias[374]. Certains codes d'éthique interdisent aux juges de commenter les affaires pendantes, afin de ne pas faire de déclarations dont le public pourrait estimer qu'elles mettent en cause l'impartialité du juge[375] et la présomption d'innocence. En toute hypothèse, le juge doit s'exprimer avant tout par sa décision et, lorsqu'il s'exprime, conformément à la loi, sur des affaires pendantes

---

[373] Voir notamment le Principe I de l'annexe de la Recommandation Rec(2003)13 et son exposé des motifs.
[374] Ceci a été proposé pour les juges et les journalistes dans l'Avis n°7 du CCJE sur Justice et Société, paragraphe 39 (2005).
[375] Voir par exemple Avis n° 3 du CCJE sur l'éthique et la responsabilité des juges, paragraphe 40 (2003).

ou jugées, la retenue et le choix des mots sont importants[376]. Le procureur doit commenter avec retenue la procédure suivie par le juge ou la décision rendue, et ne doit faire part de son désaccord avec une décision que par le biais, le cas échéant, de l'appel.

VI. LE JUGE, LE PROCUREUR ET LA COOPERATION INTERNATIONALE (Déclaration, paragraphe 12)

76. Pour une protection efficace des droits de l'Homme et des libertés fondamentales, il importe de souligner la nécessité d'une coopération internationale efficace, notamment entre les Etats membres du Conseil de l'Europe et sur la base des valeurs contenues dans des instruments internationaux pertinents, tout particulièrement la CEDH. La coopération internationale doit reposer sur la confiance mutuelle. Les informations rassemblées grâce à la coopération internationale et utilisées dans les procédures judiciaires doivent être transparentes tant dans leur contenu que dans leur origine et accessibles au juge, au procureur et aux parties. Il conviendra de veiller à ce que la coopération judiciaire internationale fasse l'objet d'une évaluation et tienne compte, de manière appropriée, en particulier des droits de la défense et de la protection des données personnelles.

---

[376] Voir par exemple Cour européenne des droits de l'Homme, *Daktaras c. Lituanie* (Requête n°42095/98) et *Olujić c. Croatie* (Requête n° 22330/05)

TABLE DES MATIERES

SOMMAIRE _____ 7

ANALYSER LE CHANGEMENT DE LA POLITIQUE PENALE _____ 9

- **Les enjeux de définition** _____ 12
- **L'analyse de l'adaptation des politiques pénales** _____ 16
- **Le positionnement institutionnel de la démarche** _____ 18
- **Le matériau et le plan** _____ 21
  - Matériaux et méthodes _____ 21
  - Le plan _____ 22

EVOLUTIONS DU CHAMP INTELLECTUEL _____ 23

- **Les adaptations du courant pénal critique** _____ 26
  - La défense sociale nouvelle et les abolitionnistes _____ 26
  - L'école de défense des droits de l'homme _____ 32
  - Droit pénal européen _____ 34
  - Néo-classicisme et écoles criminologiques _____ 37
  - Prévenir et punir : le nouveau paradigme sécuritaire _____ 39
- **Le nouveau « régime » du pénal** _____ 44
- **Les aboyeurs de la tolérance zéro** _____ 51
- **Le complexe économico-sécuritaire** _____ 62
- **Le statut de la tolérance zéro dans le jeu politique** _____ 63

LES CHANGEMENTS DE LA JUSTICE AU CONCRET __ 77

- **Le temps de l'apaisement** _____ 84
  - L'échec des « petits juges » _____ 86
  - L'absence de relais politiques _____ 96
    - Le filtre des cours d'appel _____ 106
    - La nouvelle élite du barreau _____ 111
  - Le retournement autour de la loi présomption d'innocence et le retour des préoccupations sécuritaires _____ 116
  - Libéralisation judiciaire et parquet _____ 124

Les enjeux de la réforme de l'instruction	134
L'innovation dans la justice au concret	**146**
La reconquête des territoires	147
La construction d'enjeux locaux de la sécurité	148
La coordination des acteurs et stratégies locales	163
Politique pénale et globalisation de la menace criminelle	**177**
L'Europe de la justice et de la sécurité	**179**
Le maillage normatif opérationnel	179
Logiques professionnelles et innovations européennes	189
Le G8 et les stratégies pénales globales	**192**
CONCLUSION	*197*
PRINCIPALES SOURCES CITEES	*199*
ANNEXES	*209*
TABLE DES MATIERES	*231*

L'HARMATTAN, ITALIA
Via Degli Artisti 15 ; 10124 Torino

L'HARMATTAN HONGRIE
Könyvesbolt ; Kossuth L. u. 14-16
1053 Budapest

L'HARMATTAN BURKINA FASO
Rue 15.167 Route du Pô Patte d'oie
12 BP 226
Ouagadougou 12
(00226) 76 59 79 86

ESPACE L'HARMATTAN KINSHASA
Faculté des Sciences Sociales,
Politiques et Administratives
BP243, KIN XI ; Université de Kinshasa

L'HARMATTAN GUINÉE
Almamya Rue KA 028
En face du restaurant le cèdre
OKB agency BP 3470 Conakry
(00224) 60 20 85 08
harmattanguinee@yahoo.fr

L'HARMATTAN CÔTE D'IVOIRE
M. Etien N'dah Ahmon
Résidence Karl / cité des arts
Abidjan-Cocody 03 BP 1588 Abidjan 03
(00225) 05 77 87 31

L'HARMATTAN MAURITANIE
Espace El Kettab du livre francophone
N° 472 avenue Palais des Congrès
BP 316 Nouakchott
(00222) 63 25 980

L'HARMATTAN CAMEROUN
Immeuble Olympia face à la Camair
BP 11486 Yaoundé
(237) 458.67.00/976.61.66
harmattancam@yahoo.fr

L'HARMATTAN SÉNÉGAL
« Villa Rose », rue de Diourbel X G, Point E
BP 45034 Dakar FANN
(00221) 33 825 98 58 / 77 242 25 08
senharmattan@gmail.com

597908 - Février 2015
Achevé d'imprimer par